GONGSHANG BAOXIAN DAIYU JIUFEN ANLI JINGXUAN

工伤保险待遇纠纷案例精选

温必潜◎主编

曲以江　连允林◎副主编

暨南大学出版社
JINAN UNIVERSITY PRESS

中国·广州

图书在版编目（CIP）数据

工伤保险待遇纠纷案例精选/温必潜主编；曲以江，连允林副主编．—广州：暨南大学出版社，2023.9

ISBN 978－7－5668－3773－8

Ⅰ．①工…　Ⅱ．①温…　②曲…　③连…　Ⅲ．①工伤保险—经济纠纷—案例—中国　Ⅳ．①D922.284.5

中国国家版本馆 CIP 数据核字（2023）第 177084 号

工伤保险待遇纠纷案例精选

GONGSHANG BAOXIAN DAIYU JIUFEN ANLI JINGXUAN

主　编：温必潜　副主编：曲以江　连允林

出 版 人：张晋升
策划编辑：武艳飞
责任编辑：陈俞潼
责任校对：刘舜怡　林玉翠　王燕丽
责任印制：周一丹　郑玉婷

出版发行：暨南大学出版社（511443）
电　　话：总编室（8620）37332601
营销部（8620）37332680　37332681　37332682　37332683
传　　真：（8620）37332660（办公室）　37332684（营销部）
网　　址：http://www.jnupress.com
排　　版：广州尚文数码科技有限公司
印　　刷：广州市金骏彩色印务有限公司
开　　本：787mm×1092mm　1/16
印　　张：15.75
字　　数：315 千
版　　次：2023 年 9 月第 1 版
印　　次：2023 年 9 月第 1 次
定　　价：65.00 元

序

《2021 年度人力资源和社会保障事业发展统计公报》显示：2021 年末全国参加工伤保险人数为 28 287 万人，比上年末增加 1 523 万人。全国新开工工程建设项目工伤保险参保率为 99%。全年认定（视同）工伤 129.9 万人，评定伤残等级 77.1 万人。全年有 206 万人享受工伤保险待遇。在数量庞大的工伤认定与保险赔偿的过程中，纠纷在所难免。

作为全国经济最活跃省份的人力资源行业社会组织负责人，我非常关注劳动关系和社会保险的话题，广东省人力资源管理协会在通过《粤人协说法》栏目普及相关法律法规的同时，也收到很多“工伤保险待遇”的咨询。我分别以“养老保险待遇纠纷”“医疗保险待遇纠纷”“工伤保险待遇纠纷”“生育保险待遇纠纷”“失业保险待遇纠纷”为关键词，在“律呗”检索平台检索，结果显示，从 2013 年至 2022 年 11 月，全国审理上述各类型案件的总数分别为 10 750 件、270 件、93 593 件、912 件、4 101 件。可见，这些问题并不是广东省的特例。在全国，工伤保险行政案件占社会保险其他类型行政案件的比例都是最大的。这不仅仅是因为工伤保险涉及民生问题，关系到职工最切身的利益，或许还因为具体情况千差万别，《中华人民共和国社会保险法》（以下简称《社会保险法》）和《工伤保险条例》等法律法规对工伤认定标准只作出了原则规定，不能涵盖社会生活的所有情况，导致大量争议产生。

温必潜律师从业 30 年，持续关注和研究工伤保险领域的行政案件，通过整理相关法律法规，收集相关典型案例，形成本书。本书不是理论性的著作，而是着眼于探究实践中迫切需要研究的工伤认定标准在司法中的实际运用。

工伤保险仅仅是社会保险中的一部分，温必潜律师长期就这一领域进行比较深入的思考。以温必潜为主编的编撰团队从大量的工伤保险待遇纠纷案件中精选出具有普遍指导意义的典型案例，比较全面地反映了当前关于工伤保险待遇纠纷的司法主流观点；同时从这些案例中归纳出一些工伤认定的原则、规则，提出自己的见解。这种研究的方法和途径是值得尝试的，这种严谨的治学态度和研究成果是值得肯定的。

我把本书推荐给从事或涉及劳动法领域的律师、广大用人单位的领导、单位人力资源管理人员和人力资源行业的从业者们，在面对实践中形形色色的工伤保险待遇纠纷案件时，本书可作为思考、分析、处理案件的参考，期待做到理性、合法地处理纠纷，实现案结事了、止纷定争的良好社会效果。

广东省人力资源管理协会常务副会长兼秘书长
李颖锋
2022 年初冬于广州

前言

《最高人民法院关于人民法院在互联网公布裁判文书的规定》(法释〔2016〕19号) 规定，最高人民法院设立中国裁判文书网，统一公布各级人民法院的生效裁判文书。中国裁判文书网自设立至今，已经累积了海量的案例资源，为社会公众检索、查阅、研究提供了极大的方便。

华东政法大学的孙维飞老师曾说，类案研究的价值在于发掘价值观。成文法的背后体现了立法者在制定法律时所持的价值观，此种价值观如何具体作用于法律适用阶段，需借助于裁判者；成文法缺失时的裁判观点，更能反映裁判者的价值观。类案研究时，我们首先可以发现裁判观点。进一步深入分析，可以发掘出隐藏在裁判观点之后的价值观。通过价值观的发掘，我们就可以进一步明确法律应如何具体适用，发现分析说理的切入点，聚焦案件核心，拓宽诉讼思路，更好地回应法官关切的问题。[①] 这番话道出了我们研究案例的意义所在。

《最高人民法院印发〈关于案例指导工作的规定〉的通知》(法发〔2010〕51号) 第七条规定，最高人民法院发布的指导性案例，各级人民法院审判类似案例时应当参照。《最高人民法院印发〈关于案例指导工作的规定实施细则〉的通知》(法〔2015〕130号)(以下简称《实施细则》) 第九条规定，各级人民法院正在审理的案件，在基本案情和法律适用方面，与最高人民法院发布的指导性案例相类似的，应当参照相关指导性案例的裁判要点作出裁判。《实施细则》第十条规定，各级人民法院审理类似案件参照指导性案例的，应当将指导性案例作为裁判理由引述，但不作为裁判依据引用。《实施细则》第十一条规定，在办理案件过程中，案件承办人员应当查询相关指导性案例。在裁判文书中引述相关指导性案例的，应在裁判理由部分引述指导性案例的编号和裁判要点。《最高人民法院关于统一法律适用加强类案检索的指导意见(试行)》(以下简称《指导意见》) 第四条规定了类案检索范围为：①最高人民法院发布的指导性案例；②最高人民法院发布的典型案例及裁判生效的案件；③本省(自治区、直辖市)高级人民法院发布的参考性案例及裁判生效的案件；④上一级人民法院及本院裁判

---

① 沈一：《类案研究的意义和方法》，转引自"天同诉讼圈"微信公众号，2019年1月12日。

生效的案件。《指导意见》第九条规定，检索到的类案为指导性案例的，人民法院应当参照作出裁判，但与新的法律、行政法规、司法解释相冲突或者为新的指导性案例所取代的除外。检索到其他类案的，人民法院可以作为作出裁判的参考。《指导意见》第十条规定，公诉机关、案件当事人及其辩护人、诉讼代理人等提交指导性案例作为控（诉）辩理由的，人民法院应当在裁判文书说理中回应是否参照并说明理由，提交其他类案作为控（诉）辩理由的，人民法院可以通过释明等方式予以回应。

鉴于指导性案例具有明确、具体的裁判观点，起到把法律条文的模糊部分明晰化或者填补法律漏洞的作用，故指导性案例被提高到“应当”参照适用的具有“准司法解释”的地位。诉讼当事人提出待决案件与最高人民法院颁布的指导案例在基本事实、争议焦点及法律适用等方面具有高度相似性的，法官应当参照该指导案例的裁判要点对待决案件进行裁判，否则属于程序违法，应发回重审。①

对于最高人民法院发布的典型案例及裁判生效的案件、本省（自治区、直辖市）高级人民法院发布的参考性案例及裁判生效的案件、上一级人民法院及本院裁判生效的案件，人民法院可以作为作出裁判的参考，通过释明等方式予以回应。

本书收录工伤保险待遇纠纷案例近百例，具有以下特色：

一是分类精细。按照《最高人民法院印发〈关于修改民事案件案由规定的决定〉的通知》（法〔2020〕346 号）（第二次修正）规定，在一级案由“劳动争议”下设置了“劳动合同纠纷”和“社会保险纠纷”两个二级案由，在二级案由“社会保险纠纷”下，又设置了“养老保险待遇纠纷”“工伤保险待遇纠纷”“医疗保险待遇纠纷”“生育保险待遇纠纷”“失业保险待遇纠纷”五个三级案由。本书所选的案例为“社会保险纠纷”中的三级案由“工伤保险待遇纠纷”，焦点集中，便于读者进行专题研究。

二是为适应《指导意见》的规定，每个案例萃取出“裁判观点”“法院查明事实”“争议焦点”“裁判结果”“裁判理由”五个部分，并给出案例索引，方便读者迅速检索裁判文书原文。

三是“导读”具有提示性。本书在每个专题前设置“导读”，收集了该专题所涉法律法规、部门规章和司法解释，提出笔者的理解与适用的意见，分析该专

① 参见辽宁省高级人民法院（2021）辽民申 5273 号案件，在该案中，法院认为，根据《最高人民法院关于统一法律适用加强类案检索的指导意见（试行）》第九条、第十条规定，对于再审申请人提出本案与最高人民法院颁布的第 24 号指导案例案件基本事实、争议焦点及法律适用具有高度相似性，应同案同判的理由，原一、二审法院未予论述说理，应参照该指导意见重新予以审理。

题疑难问题及其解决方案，使读者不局限于该专题的案例本身，而是较全面地掌握该专题所涉的法律规定和政策，举一反三地应用于解决实际纠纷中。

四是所选案例具有代表性。本书收集了最高人民法院的指导性案例及部分裁判生效的案例、部分省（自治区、直辖市）高级人民法院裁判生效的案例以及部分地方中级人民法院比较典型的案例，整理成“工作时间、工作场所、工作原因的司法认定”“意外伤害导致工伤的司法认定”“因工外出导致工伤的司法认定”“在上下班途中导致工伤的司法认定”“突发疾病导致工伤的司法认定”“达到法定退休年龄劳动者工伤的司法认定”“工伤保险待遇的司法认定”“工伤保险待遇赔偿主体的司法认定”“工伤认定程序相关问题的司法认定”九个专题，基本涵盖工伤保险待遇纠纷的主要争议焦点，反映了各地主流司法观点。

由于笔者知识贫乏，对相关法律法规、司法解释的学习和理解尚有不足，对相关问题的研究不够深入，对案例的提炼可能不够精准，错漏之处在所难免，书中观点仅为个人意见，可能尚需进一步商榷，不应理解为对具体个案的法律意见。笔者殷切地希望读者不吝提出意见，非常感谢！

温必潜

2023 年 2 月

目 录

CONTENTS

专题一

工作时间、工作场所、工作原因的司法认定

导 读

一、关于工作时间、工作场所、工作原因的相关规定

（一）《工伤保险条例》

第十四条第（一）项规定，职工在工作时间和工作场所内，因工作原因受到事故伤害的，应当认定为工伤。

（二）《最高人民法院关于审理工伤保险行政案件若干问题的规定》（法释〔2014〕9号）

第四条规定，社会保险行政部门认定下列情形为工伤的，人民法院应予支持：①职工在工作时间和工作场所内受到伤害，用人单位或者社会保险行政部门没有证据证明是非工作原因导致的；②职工参加用人单位组织或者受用人单位指派参加其他单位组织的活动受到伤害的；③在工作时间内，职工来往于多个与其工作职责相关的工作场所之间的合理区域因工受到伤害的；④其他与履行工作职责相关，在工作时间及合理区域内受到伤害的。

二、对“三工”要件的理解

（一）对“工作时间”的理解

《工伤保险条例》第十四条第（一）项规定的“工作时间”，是指法律法规规定的工作时间、劳动合同约定的工作时间或者用人单位规定的工作时间、确因工作需要而加班加点的时间以及其他因工作需要的工作时间等，不包括“因工外出期间”的工作时间[“因工外出期间”由《工伤保险条例》第十四条第（五）项专门规定]，也不包括从事与工作有关的预备性或者收尾性工作的时间[“预备性或者收尾性工作”由《工伤保险条例》第十四条第（二）项专门规定]。

本项规定的“工作时间”具体包括：

1. 标准工作时间

《国务院关于职工工作时间的规定》（国务院令第174号）第三条规定，职工每日工作8小时、每周工作40小时。这是标准工作时间。

2. 实行不定时工作制的工作时间

企业对符合下列条件之一的职工，可以实行不定时工作制：①企业中的高级管理人员、外勤人员、推销人员、部分值班人员和其他因工作无法按标准工作时间衡量的职工；②企业中的长途运输人员，出租汽车司机，铁路、港口、仓库的部分装卸人员以及因工作性质特殊、需机动作业的职工；③其他因生产特点、工作特殊需要或职责范围的关系，适合实行不定时工作制的职工。

3. 实行综合工时制的工作时间

企业对符合下列条件之一的职工，可实行综合工时制，即分别以周、月、

季、年等为周期，综合计算工作时间，但其平均日工作时间和平均周工作时间应与法定标准工作时间基本相同：①交通、铁路、邮电、水运、航空、渔业等行业中因工作性质特殊，需连续作业的职工；②地质及资源勘探、建筑、制盐、制糖、旅游等受季节和自然条件限制的行业的部分职工；③其他适合实行综合工时制的职工。

劳动合同约定的工作时间或者用人单位规定的工作时间，应当符合标准工作时间，实行不定时工作制或者综合工时制的，应当由属地人民政府劳动行政部门审批同意。

4. 加班时间

标准工作时间以外的工作时间为加班时间，加班时间又分为工作日延长工作时间、休息日加班时间和法定节假日加班时间。特殊情况下（如职工提前上班、推迟下班等），是否属于“工作时间”？一种意见认为不属于“工作时间”，因为这些时间不在用人单位规定的工作时间之内；另一种意见认为应当属于“工作时间”，毕竟从事了工作。我们认为，应该具体分析，区别对待。如果是因“工作原因”或者为用人单位的利益而提前上班、推迟下班，应当认定为“工作时间”；如果纯为从事私人事务而提前上班、推迟下班，则不能认定为“工作时间”，但需要用人单位举证证明。

5. 在工作场所内，为满足人体生理、生活需要的必要时间

在工作场所内，为满足吃饭、喝水、上厕所、工作时间休息等人体生理、生活需要的必要时间是否为“工作时间”，实务中对此争议颇大。有人认为不能算工作时间，因为劳动者并不是在工作；有人认为属于工作时间，因为吃饭、喝水、上厕所、工作时间休息等是劳动者正常生理、生活需要，是劳动者维持劳动能力的必要条件，也是劳动保障的基本要求；有人认为应区别对待，在约定的工作时间段内的间歇喝水、上厕所、休息等属于工作时间，在约定的工作时间段之外，不属于工作时间；也有人认为，劳动者未离开工作场所的，属于工作时间，如果离开工作场所的，以不认定为工作时间为宜。杨科雄认为，关键要看是否与工作有直接关系。如果在法律规定、劳动合同约定或用人单位规定且实际履行的工作时间中发生的，应当认定为工作时间。另外，也要考虑到工作场所的因素，在工作单位因满足吃饭、喝水或工作时间休息等人体正常生理、生活需要的时间也应视为工作时间。[①]

我们认为，喝水、上厕所、休息等时间短暂的事项，确为人体正常生理、生活的基本需要，且为用人单位制度安排的工作时间段之内的，应认定为工作时间。至于时间比较长的事项（如吃饭等），则要考虑用人单位的制度安排，如吃饭安排在规定的工作时间之内的，应认定为工作时间；如吃饭安排在两段工作时间之间的，以不认定为工作时间为宜。

---

① 杨科雄：《最新工伤认定规则与适用》（第二版），法律出版社2015年版，第116页。

当法律法规规定的工作时间、劳动合同约定的工作时间或者用人单位规定的工作时间与劳动者实际工作时间不一致时，应以劳动者实际工作时间为准。

（二）对“工作场所”的理解

所谓“工作场所”，是指用人单位能够对从事日常生产经营活动进行有效管理的区域和职工为完成某项特定工作所涉及的单位内或单位以外的相关区域。“工作场所”应根据职工的工作职责、工作性质、工作需要等方面综合考虑认定，“工作场所”是个“区域”，不等同于“工作岗位”。“工作岗位”是指职工日常工作所在的具体工作岗位或者本单位领导指派所从事具体工作的岗位。从语义概念上比较，“工作场所”的外延比“工作岗位”大。《最高人民法院关于审理工伤保险行政案件若干问题的规定》第（三）项规定，“在工作时间内，职工来往于多个与其工作职责相关的工作场所之间的合理区域”，属于“工作场所”。

在案例1中，法院认为，《工伤保险条例》第十四条第（一）项规定的“工作场所”，是指与职工工作职责相关的场所。在有多个工作场所的情形下，还应包括职工来往于多个工作场所之间的合理区域。因此，当职工接受单位领导安排到机场接客人时，其从单位本部下楼到停车场开车的整个途中，都是“工作场所”的延伸。

在案例2中，法院认为，《工伤保险条例》第十四条第（一）项规定的“工作场所”，是指职工从事工作的场所而不是指职工本人具体的工作岗位。因此，当职工受车间主任安排到本单位另一个岗位跟岗时，该另一岗位也属于职工的“工作场所”。

在案例6中，法院认为，在公司门外停车场吸烟，该停车场不属于“工作场所”。

在案例7中，法院认为，职工上班时间请假出厂买药，其离开工厂前往药店的途中，不属于“工作场所”。

（三）对“工作原因”的理解

“工作原因”是一个比较抽象的概念，特别是在一些表面上与职工工作职责关联性较弱的情形下（比如工作时间喝水、上厕所等）跌倒受伤，是否为“工作原因”受伤，不易掌握。一些地方人民法院制定了一些具体的规定，以指导本区域在“工作原因”的认定上的法律适用。比如，天津市高级人民法院《关于审理工伤认定行政案件若干问题座谈会纪要》（津高法〔2005〕164号）第十一条、江苏省高级人民法院《工伤认定行政案件审理指南》、重庆市高级人民法院《关于审理工伤行政诉讼案件若干问题的暂行规定》（渝高法〔2004〕249号）第十条、江苏省高级人民法院《关于审理劳动保障监察、工伤认定行政案件若干问题的意见》（2005年11月17日由审判委员会第51次会议讨论通过）第二十条、四川省高级人民法院《关于审理工伤认定行政案件若干问题的意见》（2006年12月7日本院审判委员会第111次会议讨论通过）第十九条、北京市高级人民法院《关于审理工伤认定行政案件若干问题的意见（试行）》第十条等。

上述人民法院规定的判断“工作原因”的具体范围可归结为：

（1）从事本岗（本职）工作。

（2）从事单位临时指派的工作。

（3）为了用人单位的利益处理重大、紧急情况或者其他为用人单位的利益所付出的劳动。

（4）用人单位安排的、强制要求参加或者鼓励参加的政治思想教育、学习考察、工作交流、文体比赛、娱乐等集体活动。

（5）在工作过程中临时解决必需的生理问题。

上述规定在一定程度上明确了“工作原因”的具体判断范围，为本地区工伤认定提供了法律依据。但是，鉴于实务中情况千变万化，采用列举式的方法对“工作原因”进行规定，毕竟还不能涵盖实际发生或者将来要发生的所有情形。我们认为，《社会保险法》第三十六条规定：“职工因工作原因受到事故伤害或者患职业病，且经工伤认定的，享受工伤保险待遇；其中，经劳动能力鉴定丧失劳动能力的，享受伤残待遇。”《工伤保险条例》第一条规定：“为了保障因工作遭受事故伤害或者患职业病的职工获得医疗救治和经济补偿，促进工伤预防和职业康复，分散用人单位的工伤风险，制定本条例。”上述规定表明，工伤就是工作原因造成的伤害。国家设立工伤保险制度的主要目的是维护职工合法权益，保障工作造成伤害的职工能够获得医疗救治和经济补偿。因此，在适用《工伤保险条例》时，是否属于“工作原因”应当从这一立法目的出发去综合考虑。

在案例1中，法院认为，孙某为完成开车接人的工作任务，必须从商业中心八楼的公司办公室下到一楼进入汽车驾驶室，该行为与其工作任务密切相关，是孙某为完成工作任务客观上必须进行的行为。

在案例4中，刘某既不在“工作时间”也不在“工作场所”，而是在工人宿舍内将瞬发电雷管改制成延期电雷管时因雷管爆炸受伤。当地社会保险行政部门三次不认定为工伤，被一审法院三次撤销，但二审、再审却撤销了一审判决，维持社会保险行政部门的不予认定工伤决定。经最高人民检察院抗诉，最高人民法院提审，最后判决撤销二审、再审判决，维持了一审判决。本案“剧情”一波三折，却最终完美地诠释了“工作原因”在“三工”要件中的主导地位。刘某之所以最终被认定为工伤，关键是刘某所做的工作直接关系到本单位重大利益。刘某要将瞬发电雷管改制成延期电雷管，是为了消除矿井的安全隐患。

在案例5中，法院认为运输公司司机在驾驶车辆运输货物的过程中临时停车至路边购物，属于正常的生活生理需要，属于“工作原因”。

在案例6中，法院认为抽烟并非“工作原因”。

在案例44中，法院认为，职工“为了单位的利益，将工作带回家，占用个人时间继续工作”，是“工作原因”。

三、“三工”要件之间的关系

对现行《工伤保险条例》第十四条第（一）项规定的“工作时间”“工作场所”“工作原因”三要件的关系问题，有四种观点。第一种观点认为，工作时间、工作场所和工作原因都是认定工伤的法定要件，这些要件之间的地位同等重要，只有完全具备这三个要件才能认定为工伤。第二种观点认为，工作原因是核心要件，是认定工伤的充分条件，只要能够认定是工作原因，就足以认定为工伤。工作时间、工作场所只是辅助判断条件，用以推定是否属于工作原因。第三种观点认为，工作原因、工作时间、工作场所均属于认定工伤的充分条件，只要是工作原因或者在工作场所内或者在工作时间内遭受伤害的，都应当认定为工伤。第四种观点认为，在工作时间、工作场所内遭受伤害的，不论是不是工作原因，均应当认定为工伤。

杨科雄认为第二种观点比较恰当，其理由是：①工伤补偿从本质上就是给予职工因工作原因受到伤害的补偿。因此，工作原因是核心。即使不在工作时间、工作场所，只要是工作原因，同样应当认定为工伤。②《社会保险法》第三十六条规定：“职工因工作原因受到事故伤害或者患职业病，且经工伤认定的，享受工伤保险待遇。”新旧《工伤保险条例》第一条均规定：“为了保障因工作遭受事故伤害或者患职业病的职工获得医疗救治和经济补偿，促进工伤预防和职业康复，分散用人单位的工伤风险，制定本条例。”这些规定均将工伤认定的标准锁定为工作原因。③工作场所、工作时间是工伤认定的辅助判断条件，它们的功能和作用，一方面是补强工作原因；另一方面是在工作原因无法查明时，用以推断是否属于工作原因。在工作场所、工作时间内，没有证据证明是否由工作原因导致职工伤亡的依然可以认定为工伤。[1]

我们认为，第三种观点和第四种观点扩大了工伤认定范围。第一种观点从字义上理解，与现行《工伤保险条例》第十四条第（一）项规定是比较接近的，但过于机械，没有考虑“工作时间”或者“工作场所”的合理延伸；第二种观点具有较强的社会适应性。随着科技和社会的进步，职工提供劳动的形式、时间、场所越来越复杂，工作内容多样化，工作时间和工作场地均有相当的灵活性，不一定在单位规定的时间内，也不一定在单位的范围内，这种情况给工伤认定带来许多困难。比如职工整个外出学习的期间是否都属于工作场地和工作时间的延伸？企业的一些高级管理人员或者技术人员无须坐班，他们随时随地都可以利用笔记本电脑和互联网进行工作，打破了传统的工伤保险的时空概念，发生事故受到伤害时如何认定工伤？职工受用人单位的委托与客户喝酒，因过量而引起酒精中毒，是否可认定为工伤？职工义务加班期间受到事故伤害，是否可认定为工伤？等等。在上述情形以及类似情形中，如果按照“三工”要件分析，有可

① 杨科雄：《最新工伤认定规则与适用》（第二版），法律出版社 2015 年版，第 80 页。

能排除在工伤之外，显然不符合工伤保险的立法目的。因此，从发展趋势看，上述第二种观点无疑是值得重视的。一些地方高级人民法院的司法文件已经倾向于第二种观点，在工作时间、工作场所难以认定的情形下，以是否属于工作原因来认定是否属于工伤；在是否属于工作原因难以认定的情形下，以工作时间、工作场所来推定是否属于工作原因。

案例 1

受公司指派到机场接人，从公司到停车场途中属于“工作场地”

裁判观点

（1）《工伤保险条例》第十四条第（一）项规定中的“工作场所”，是指与职工工作职责相关的场所，在有多个工作场所的情形下，还应包括职工来往于多个工作场所之间的合理区域。

（2）“因工作原因”，指职工受伤与其从事本职工作之间存在关联关系，即职工受伤与其从事本职工作存在一定关联。

（3）职工在从事本职工作中存在过失，不属于《工伤保险条例》第十六条规定的故意犯罪、醉酒或者吸毒、自残或者自杀情形，不影响工伤的认定。

法院查明事实

孙某受公司负责人指派去机场接人，从公司下楼到停车处去开车，行至一楼门口台阶处时，从四层台阶处摔倒在地面上，造成四肢不能活动。经医院诊断为颈髓过伸位损伤合并颈部神经根牵拉伤、上唇挫裂伤、左手臂擦伤、左腿皮擦伤。孙某向园区劳动局提出工伤认定申请，园区劳动局认为没有证据表明孙某的摔伤事故系由工作原因造成，决定不认定孙某摔伤事故为工伤事故。孙某不服，向法院提起行政诉讼。

争议焦点

（1）孙某摔伤地点是否属于其“工作场所”。

（2）孙某是否“因工作原因”摔伤。

裁判结果

一审判决撤销园区劳动局所作《认定工伤决定书》；限园区劳动局重新作出具体行政行为。

二审判决驳回园区劳动局的上诉，维持原判。

裁判理由

二审法院认为：

第一，关于孙某摔伤地点是否属于其“工作场所”的问题。《工伤保险条例》第十四条第（一）项规定中的“工作场所”，是指与职工作职责相关的场所，在有多个工作场所的情形下，还应包括职工来往于多个工作场所之间的合理区域。本案中，位于商业中心八楼的公司办公室，是孙某的工作场所，而其为完成去机场接人的工作任务需到的汽车停车处，是孙某的另一处工作场所。汽车停在商业中心一楼的门外，孙某要完成开车任务，必须从商业中心八楼下到一楼门外停车处，故从商业中心八楼到停车处是孙某来往于两个工作场所之间的合理区域，也应当认定为孙某的工作场所。

第二，关于孙某是否“因工作原因”摔伤的问题。《工伤保险条例》第十四条第（一）项规定的“因工作原因”，指职工受伤与其从事本职工作之间存在关联关系，即职工受伤与其从事本职工作存在一定关联。孙某为完成开车接人的工作任务，必须从商业中心八楼的公司办公室下到一楼进入汽车驾驶室，该行为与其工作任务密切相关，是孙某为完成工作任务客观上必须进行的行为，不属于超出其工作职责范围的其他不相关的个人行为。因此，孙某在一楼门口台阶处摔伤，系为完成工作任务所致。

案例索引

最高人民法院指导案例 40 号

案例 2

职工“串岗”地点也属于“工作场所”

裁判观点

《工伤保险条例》第十四条第（一）项规定的“工作场所”，是指职工从事工作的场所而不是指职工本人具体的工作岗位。职工“换岗”发生安全事故导致伤害的，只要是在工作时间和工作场所内因工作原因而发生的，即符合工伤认定条件。即使认定职工上班期间“串岗”行为成立，仅是违反了相关企业管理制度，不因此影响工伤认定。

法院查明事实

车间主任徐某安排原告王某打扫卫生。原告在打扫卫生过程中，徐某亦安排原告次日跟在张某后边工作，当张某备料到回收酒精车间时，原告跟其到回收酒精车间观看学习以便于次日跟岗。恰遇回收酒精岗位发生酒精溢料事故，原告为避险，慌乱中从窗户跳出，摔伤双足，车间主任等人迅速将原告送往医院救治。经医院诊断为双侧跟骨骨折。公司支付了医药费。原告向被告县劳保局提出工伤认定申请，被告认定原告不属于工伤。县人民政府作出复议决定，维持被告作出的具体行政行为。

争议焦点

原告王某“串岗”地点是否属于“工作场所”。

裁判结果

一审判决撤销被告县劳保局作出的《认定工伤决定书》，责令被告重新作出具体行政行为。一审宣判后，法定期间内双方当事人均未上诉，一审判决已发生法律效力。

裁判理由

法院认为，《工伤保险条例》第十四条第（一）项规定的“工作场所”，是指职工从事工作的场所，而不是指职工本人具体的工作岗位。被告县劳保局认为原告因“串岗”受伤不能认定为工伤，对此法院认为，首先，原告王某临时更换岗位是按照管理人员即车间主任的安排进行的，并不是擅自离岗换岗，不属于“串岗”，应为正常工作变动；其次，即使认定原告上班期间“串岗”行为成立，原告仅是违反了相关企业管理制度，其只导致具体工作岗位及相关工作内容有所变动，并不能改变原告仍在工作场所内工作的事实，因此，“串岗”行为应由企业内部管理规章制度进行调整，不能因此影响工伤认定。

案例索引

《最高人民法院公报》2011 年第 9 期

案例 3

不能提供证据证明受伤发生在上班时间内，不认定为工伤

裁判观点

当事人申请工伤认定，应当提供初步证据证明其受伤事故发生及发生的时间、地点、原因以及伤害程度等基本情况，在其未能进一步提供证据予以证明的情况下，不能认定为工伤。

法院查明事实

林某申请工伤认定时陈述，其于 2018 年 2 月 10 日上午 10 点多在某分公司清理仓库、搬运铁门窗的工作过程中受伤。但根据管委会调取的医疗机构挂号记录以及某分公司提交的考勤记录，其在医疗机构挂号就诊的时间为 2018 年 2 月 10 日上午 9 时 48 分，当日第一次上班考勤打卡时间为 10 时 42 分，其陈述的受

伤时间与客观情况不符，且不在上班时间之内。后林某主张因间隔时间较长记忆模糊，将受伤时间更正为“2018 年 2 月 9 日中午或下午”，与其受伤后即行就医的之前陈述存在矛盾，且未能就其受伤过程作出合理陈述。管委会作出《不予认定工伤决定书》，市政府作出《行政复议决定书》予以维持。

争议焦点

申请工伤填表时间与病历挂号时间有差别是否影响工伤认定。

裁判结果

一审判决驳回原告林某的诉讼请求。

二审驳回上诉，维持原判。

再审驳回林某的再审申请。

裁判理由

最高人民法院再审认为，根据《工伤保险条例》第十八条第一款、第二款规定，当事人申请工伤认定，申请表应当包括事故发生的时间、地点、原因以及职工伤害程度等基本情况。本案中，林某自述其于 2018 年 2 月 10 日上午 10 点多在某分公司清理仓库、搬运铁门窗的工作过程中受伤，但根据管委会调取的医疗机构挂号记录以及用人单位的考勤记录，其在医疗机构挂号就诊的时间为 2018 年 2 月 10 日上午 9 时 48 分，当日第一次上班考勤打卡时间为 10 时 42 分，其陈述的受伤时间与客观情况不符，且不在上班时间之内。在其未能进一步提供证据予以证明的情况下，管委会作出《不予认定工伤决定书》，市政府复议决定予以维持，并无不当。

案例索引

一审：（2019）浙 01 行初 316 号

二审：（2019）浙行终 1869 号

再审：（2020）最高法行申 8676 号

案例 4

不在工作时间、工作场所中，但从事直接关系本单位重大利益的工作时负伤应认定为工伤

裁判观点

即使不在工作时间和工作场所，职工从事直接关系本单位重大利益的工作而负伤，只要其行为不构成违法、犯罪或蓄意违章，应当认定为工伤。

法院查明事实

煤矿副矿长刘某得知该矿井下三水平三米八煤层第三采仓仓顶被拉空，将会给煤矿生产安全带来隐患且炮工无法下井生产，拉空仓工人按规定也将被单位处罚。刘某与炮工余某一起在工人周某的宿舍内，将瞬发电雷管改制成延期电雷管时，雷管爆炸，将刘某的左手拇指、食指、中指炸去，无名指受伤。

市人社局两次作出不予认定工伤决定，均被市人民法院判决撤销。

之后，市人社局认为刘某改造电雷管属个人私自制造行为，且不在工作时间和工作区域内；其行为是一种非法制造爆炸物的行为，属违法行为，再次作出第24号《不予认定工伤决定书》，不予认定刘某为工伤。市人民法院再次判决撤销市人社局24号《不予认定工伤决定书》。市人社局不服，提出上诉。自治州中级人民法院判决撤销市人民法院行政判决，维持市人社局第24号《不予认定工伤决定书》，自治区高级人民法院判决维持自治州中级人民法院行政判决。

争议焦点

（1）刘某不在工作的时间和工作场所内受伤是否为工伤。

（2）刘某的行为是否属于违法行为。

裁判结果

最高人民法院提审判决撤销自治区高级人民法院再审行政判决；撤销自治州中级人民法院二审行政判决；维持××市人民法院一审行政判决；××市××区人社局应重新作出具体行政行为。

裁判理由

最高人民法院提审认为，根据《企业职工工伤保险试行办法》的规定，从事本单位日常生产、工作或者本单位负责人临时指定的工作的，在紧急情况下，虽未经本单位负责人指定但从事直接关系本单位重大利益的工作负伤、致残、死亡的，应当认定为工伤。刘某作为煤矿副矿长，其基于煤矿正常生产的需要而与其他炮工一起在工人宿舍内将瞬发电雷管改制成延期电雷管，并因雷管爆炸而受伤，该行为显然与本单位工作需要和利益具有直接关系。

公安部《关于对将瞬发电雷管改制为延期电雷管的行为如何定性的意见》认为，雷管中含有猛炸药、起爆药等危险物质，在没有任何防护的条件下将瞬发电雷管改制为延期电雷管，属于严重违反国家有关安全规定和民爆器材产品质量技术性能规定的行为，不应定性为非法制造爆炸物品的行为。参照上述规定，本案刘某将瞬发电雷管改制成延期电雷管的行为，不属于《企业职工工伤保险试行办法》第九条第（一）项规定的“犯罪或违法”情形。

案例索引

一审：（2002）米行初字第9号

二审：（2002）昌中行终字第32号

再审：（2006）新行再字第2号

提审：（2011）行抗字第5号

案例5

司机在运货途中停车购物属于工作原因

裁判观点

运输公司司机在驾驶车辆运输货物的过程中临时停车至路边购物，属于正常的生活生理需要，属于工作原因。

法院查明事实

毕某驾驶某运输有限公司的货车从事货物运输工作。陈某驾驶苏L小型轿车沿308省道由东往西行驶时，因避让停在路边的苏L重型仓栅式货车（原告所有）往左侧打方向时，与先前驾驶苏L重型仓栅式货车（送货途中）行至事发地点停在路边后，步行至道路南侧购物而返回的毕某发生碰撞致其受伤，毕某经抢救无效于当日死亡。毕某负事故次要责任。市人社局对毕某认定工伤，市人民政府行政复议决定维持了市人社局认定工伤决定。

争议焦点

毕某在为单位送货途中停车购物返回时，发生交通事故，是否属于在工作时间和工作场所内，其所从事的行为是否为工作原因。

裁判结果

一审判决驳回原告某运输有限公司的诉讼请求。

二审判决驳回上诉，维持原判。

再审裁定驳回某运输有限公司的再审申请。

裁判理由

再审法院认为，《工伤保险条例》第十四条第（一）项规定，职工在工作时间和工作场所内，因工作原因受到事故伤害的，应当认定为工伤。本案中，毕某系某运输有限公司职工，专职从事驾驶工作，其发生交通事故时是在其为某运输有限公司送货途中，属于在工作时间和工作场所内；因毕某为专职驾驶员，其工作性质必然包含驾驶车辆过程中可能导致自身受到交通事故伤害的不确定危险性，因此其在工作过程中发生交通事故可解释为工作原因，该工作原因并不必然排除驾驶人因合理理由临时下车的行为。

案例索引

一审：（2019）苏1111行初49号

二审：（2019）苏11行终261号

再审：（2020）苏行申1166号

案例 6

上班时间外出抽烟不属于“工作原因”

裁判观点

在工作场所外停车场吸烟时发生交通事故受伤，事发时虽为工作时间，但并非在工作地点，亦非因工外出，又未因工作原因受伤，不符合《工伤保险条例》第十四条规定的应当认定工伤的条件。

法院查明事实

林某在公司办公地址门外北侧墙边吸烟时，被面前停车位突然启动的机动车撞伤，后经公安交管部门认定为机动车司机负此次事故全部责任。林某被医院诊断为右膝前十字韧带损伤、右膝半月板损伤、外侧副韧带损伤、右侧髌骨软化症、左膝交叉韧带损伤。区人社局作出《不予认定工伤决定书》，认为林某受到交通事故伤害时，不是在工作场所内，也不是因工作原因受伤，不予认定或者视同工伤。林某不服，诉至法院。

争议焦点

林某在公司办公地址门外吸烟时发生交通事故受伤，是否能认定为工伤。

裁判结果

一审判决驳回林某的诉讼请求。

二审判决驳回上诉，维持原判。

再审裁定驳回林某的再审申请。

裁判理由

一审法院认为，本案原告受伤时间虽然是在工作时间内，但地点是在工作场所外，且外出原因是吸烟，并不属于因工外出，亦不属于因工作原因受到伤害。因此原告所受伤害不应认定为工伤。

二审法院认为，上诉人系在公司门外停车场吸烟时被面前突然启动的机动车撞伤，事发时虽为工作时间，但上诉人并非在工作地点，亦非因工外出，又未因工作原因受伤，不符合《工伤保险条例》第十四条规定的应当认定工伤的条件，故被上诉人对上诉人作出不予认定或者视同工伤的决定并无不当。

再审法院认为，本案中，再审申请人系在公司门外停车场吸烟时被面前突然启动的机动车撞伤，事发时虽为工作时间，但再审申请人并非在工作地点，亦非因工外出，又未因工作原因受伤，不符合《工伤保险条例》第十四条规定的应当认定工伤的条件。吸烟本身属于不良嗜好，单位不提供吸烟场所，不属于安全设施不健全。

案例索引

一审：（2019）辽0105行初16号

二审：（2019）辽01行终944号

再审：（2020）辽行申121号

案例7

上班期间外出买药的途中不属于“工作场所”的延伸

裁判观点

《工伤保险条例》第十四条第（一）项规定的“工作时间”“工作场所”和“工作原因”是认定工伤的三个法定条件。其中，为保护因工作遭受事故伤害的职工权益，对“工作场所”可适当扩展至用人单位为满足职工日常工作生活需要所提供的合理区域内，但不是无限制扩大理解，超出了“工作场所”合理范围的，不适用《工伤保险条例》第十四条第（一）项规定。

法院查明事实

第三人牛某是A公司派往B工厂的行车工，未享受城镇职工养老保险待遇。某日，牛某因胃痛，请假出厂买药，在前往药店的途中，不慎摔倒受伤。医院诊断为：左髌骨粉碎性骨折。原告A公司向被告市人社局提交了工伤认定申请，被告依据《工伤保险条例》第十四条第（一）项之规定对牛某受伤认定为因工受伤。原告对该《认定工伤决定书》不服，提起行政诉讼。

争议焦点

牛某所受事故伤害是否符合《工伤保险条例》第十四条第（一）项、第（六）项的规定而被认定为工伤。

裁判结果

一审撤销市人社局《认定工伤决定书》，责令市人社局重新作出相关认定。

二审判决驳回上诉，维持原判。

再审裁定驳回牛某的再审申请。

裁判理由

再审法院认为，本案争议的焦点为：牛某所受事故伤害是否符合《工伤保险条例》第十四条第（一）项、第（六）项的规定而被认定为工伤。

第一，《工伤保险条例》第十四条第（一）项规定：职工在工作时间和工作场所内，因工作原因受到事故伤害的，应当认定为工伤。“工作时间”“工作场所”和“工作原因”是认定工伤的三个法定条件，首先，牛某因病请假外出买药即便可以视为因工作原因外出，“工作原因”只是要件之一，还必须满足“工作时间”和“工作场所”的规定；其次，虽然在司法实践中，为保护因工作遭受事故伤害的职工权益，对“工作场所”进行了合理的延伸，并不限于单位规定的劳动地点，但亦不是无限制扩大理解，仅限于用人单位为满足职工日常工作生活需要所提供的合理区域内，如卫生间、餐厅、休息区域等。牛某出厂买药，其受伤地点是在工作场所与药店往返路途中，超出了“工作场所”合理范围。最后，牛某在《再审申请书》中亦认可在“上下班途中”受伤，与一、二审判决认定事实一致。故案涉事故不应适用上述法规规定。

第二，《工伤保险条例》第十四条第（六）项规定：职工在上下班途中，受到非本人主要责任的交通事故或者城市轨道交通、客运轮渡、火车事故伤害的，应当认定为工伤。根据查明的事实，牛某系买药途中自己不慎摔伤，并非他人承担主要责任的交通事故所致，同样不符合上述法规规定的情形。

案例索引

一审：（2019）川0703行初57号

二审：（2019）川07行终192号

再审：（2020）川行申448号

专题二

意外伤害导致工伤的司法认定

导 读

一、意外伤害导致工伤的相关规定

（一）《全国总工会劳动保险部关于劳动保险问题解答》（1964 年 4 月）

第 54 问：因工与非因工的界限如何划分？答：工人职员在下列情况下发生了问题，有可靠证明，可以享受因工待遇：……④在企业的工作区域内工作时，遭受非本人所能抗拒的意外灾害而造成的负伤、残废或者死亡。

（二）1996 年《企业职工工伤保险试行办法》

第八条第（五）项规定，职工因履行职责招致人身伤害的，应当认定为工伤。

（三）劳动和社会保障部办公厅《关于对〈工伤保险条例〉有关条款释义的函》（劳社厅函〔2006〕497 号）

《工伤保险条例》第十四条第（三）项“因履行工作职责受到暴力等意外伤害”是指受到的暴力伤害与履行工作职责有因果关系。

（四）劳动和社会保障部《关于工伤认定中因履行工作职责受到暴力等意外伤害界定问题的复函》（劳社秘〔2007〕157 号）

《工伤保险条例》第十四条第（三）项“在工作时间和工作场所内，因履行工作职责受到暴力等意外伤害的”，应理解为有岗位职责并明确具体行为规定，其具有履行岗位职责权力的人员在工作时间和工作场所内受到暴力等意外伤害的应认定为工伤。

（五）2010 年《工伤保险条例》

第十四条第（三）项规定，职工在工作时间和工作场所内，因履行工作职责受到暴力等意外伤害的，应当认定为工伤。

从上述规定可知，暴力伤害获得工伤保护需同时满足工作时间、工作场所、因履行工作职责三个要件。

在案例 9 中，职工因琐事与他人发生矛盾遭到伤害，虽发生于工厂内，但法院认定其伤害与履行工作职责之间并无因果关系，不予认定为工伤。

在案件 10 中，虽然职工在工作过程中与他人发生争执斗殴而死亡，但与其工作职责不具有直接关联性，不属于因履行工作职责受到暴力伤害。

在案例 11 中，职工与同事打架虽因工作引起，但被同事两次劝开后，其履行工作职责的原因已被阻断，其再次打架与履行工作职责就没有直接关联性。

在案例 12 中，职工受到的暴力伤害虽因工地事务纠纷引起，但发生在下班后，不具备工伤保险条例关于暴力伤害认定为工伤所需的时间和空间要求。

在案例 13 中，职工受到暴力意外伤害发生在上班途中，不符合工作时间、工作场所的要件，不认定为工伤。

二、关于意外伤害导致工伤中的“工作职责”

《工伤保险条例》第十四条规定应当认定为工伤的情形，其中第（一）项规定“在工作时间和工作场所内，因工作原因受到事故伤害的”，第（三）项规定“在工作时间和工作场所内，因履行工作职责受到暴力等意外伤害的”，两项之间的一个重要区别在于第（一）项表述为“因工作原因”，而第（三）项表述为“因履行工作职责”，此处的“工作原因”和“工作职责”显然不是同一概念。从概念的逻辑关系看，“工作原因”与“工作职责”是种属关系，即“工作原因”包含“工作职责”，而“工作职责”包含于“工作原因”。“工作原因”包括本岗工作，也“可以涵盖一切源于工作职责的第三人暴行”①，比如为用人单位利益而超越本职工作的活动、工作上的争吵引起的暴力、不服上级管理引起的暴力等。②“工作职责”是指受用人单位安排所从事的工作，也称本职工作或者本岗工作，即劳动和社会保障部《关于工伤认定中因履行工作职责受到暴力等意外伤害界定问题的复函》中规定的用人单位“有岗位职责并明确具体行为规定”中的职责。

《工伤保险条例》第十四条第（三）项规定强调“在工作时间和工作场所内，因履行工作职责受到暴力等意外伤害的”，才能认定为工伤，在这里强调的是“工作职责”与“受到暴力等意外伤害”的因果关系，不是“工作原因”导致“受到暴力等意外伤害”。比如物业服务企业的保安员发现有小偷潜入小区，在喝止过程中被小偷打伤；又如商场收银员为保护商场的财产，与抢劫者搏斗而被刺伤；又或者公共汽车乘务员因一乘客没有买票而与其争执致使被打伤。上述第一个事件中的保安员，维持小区的正常秩序是其本职工作，遇到小偷立即采取行动，引发了小偷的反抗而受伤；第二个事件中的收银员，保护其掌握的现金是其本职工作的要求，因接触大量现金，工作内容本身就具有职业风险；第三个事件中的乘务员，收取乘客的乘车款是其本职工作，每日接触形形色色的乘客，该岗位的工作职责本身就要求其必须对乘客的行为多加注意。上述三宗受到暴力侵害的人，其受伤与其履行工作职责之间均有充足的因果关系，均可认定为工伤。

“因履行工作职责”遭受的暴力，可源于工作环境，也可源于工作关系。上述三个事件中的暴力，均来源于工作环境。如果暴力来源于工作关系，则情况较为复杂。如果作为同事的加害人和受害人之间平时就有积怨，他们之间除了工作关系以外，还存在其他私人之间的恩怨，则情况将更为复杂。在判断暴力是否“因履行工作职责”而产生时，有学者认为应综合考虑以下因素：第一是考虑整个事件发生的经过、原委；第二是受害人的工作内容与性质，是否属于容易引发他人怨恨的类

---

① 郑晓珊：《工伤保险法体系——从理念到制度的重塑与回归》，清华大学出版社 2014 年版，第 154 页。

② 关于“工作原因”的理解，请参考专题一的“导读”。

型；第三是加害行为是否具有明显的关联性；第四是引发暴力侵害的那个工作事件与加害行为的时间、场所的关联性是否密切。在综合权衡后，评估该暴力到底是源于工作还是源于个人。如果源于个人，则即便侵害行为的确发生在工作过程中，其个人因素亦足以切断业务的起因性。而对于那些未掺杂个人因素的暴力侵害，则只要是事故发生在工作时间和工作场所内，均应认定为工伤。①

在案例 8 中，虽然斗殴二人因工作纠纷发生争执后，双方均未能冷静处理确有一定过错，但受伤职工的过错并不应导致其受到暴力伤害，不足以阻却对履行工作职责的认定。

三、关于“意外伤害”

《工伤保险条例》第十四条第（三）项规定的“因履行工作职责受到暴力等意外伤害”中的“等”字表明伤害源并非仅仅为暴力，还应包括除暴力以外的其他外力。

《最新工伤保险条例释义》对“因履行工作职责”作出的解释是：“因履行工作职责”一方面是指职工因履行工作职责，使某些人的不合理或者违法的目的没有达到，这些人出于报复而对该职工进行的人身伤害；另一方面是指在工作时间和工作场所内职工因履行工作职责受到的意外伤害，诸如地震、厂区失火、车间房屋倒塌以及由于单位其他设施不安全而造成的伤害等。② 此处的“地震、厂区失火、车间房屋倒塌以及由于单位其他设施不安全而造成的伤害等”，则是除暴力以外的其他外力伤害源。

案例 8

认定暴力伤害不必要求受害人为“纯洁的受害人”

裁判观点

《工伤保险条例》第十四条第（三）项的立法意旨是保护职工在工作期间受到暴力等意外伤害后的救济。从制度价值的角度适用本款对是否属于工伤进行认定时，不能要求“纯洁的受害人”，即只有在暴力伤害中完全无过错的受害人才能够认定为“履行工作职责”，这与《工伤保险条例》第十四条第（三）项的立法意旨有违。

---

① 郑晓珊：《工伤保险法体系——从理念到制度的重塑与回归》，清华大学出版社 2014 年版，第 156 页。

② 国务院法制办公室政法人力资源社会保障法制司、人力资源和社会保障部法规司、工伤保险司编：《最新工伤保险条例释义》，中国法制出版社 2011 年版，第 38－39 页。

法院查明事实

在 A 公司承建的某工程项目施工现场，刘某与塔吊指挥人员刘某某商议使用塔吊机吊运建筑材料过程中，两人发生争执并相互斗殴，后刘某某用匕首将刘某眼部刺伤，造成左眼球破裂伤。市人社局认定刘某受到的事故伤害为工伤。A 公司不服，向省人社厅申请行政复议。省人社厅认为刘某受伤系与他人口角之争后产生的恩怨所致，其受伤不属于因履行工作职责受到的暴力伤害，决定撤销市人社局的《认定工伤决定书》。

争议焦点

刘某在工作时间、工作岗位所受暴力伤害是否为“履行工作职责”所致。

裁判结果

一审判决撤销省人社厅《行政复议决定书》，责令省人社厅重新作出行政复议决定。

二审判决撤销一审判决。

再审判决撤销二审判决，维持一审判决。

裁判理由

一审认为，刘某所受暴力伤害系其在工作时间、工作岗位因工作原因受到他人故意伤害所致，符合上述规定，应当认定为工伤。

二审认为，刘某与刘某某之间的纠纷虽然起因于工作，但该暴力伤害的直接原因是其与刘某某发生冲突后的个人暴力侵害行为，与其从事的工作和应履行的工作职责无直接关联。履行职责发生争议时，职工应以恢复正常履行工作职责状态为目的，并以适度的方法和手段达到该目的，行为不应超过合理、必要的限度，否则职工的严重不当的行为会阻却履行工作职责与受到暴力伤害之间的因果关系，导致其不被认定为“因履行工作职责”。

最高人民法院再审认为：

第一，关于刘某受到暴力伤害是否为履行工作职责所致的问题。涉案伤害事件发生的起因是：刘某在工作中需使用塔吊机吊运钢材，在催促过程中与塔吊指挥人员刘某某发生争执，在双方第一次争执打斗未造成严重伤害的情况下，刘某某为报复刘某返回宿舍取刀后将其刺伤。刘某的伤害后果是工作原因与刘某某的故意伤害行为共同导致，其中刘某某的故意伤害行为虽是直接原因，但刘某受伤与工作原因之间亦具有因果关系，不能将刘某某刺伤刘某归因于私人恩怨而否认刘某因履行工作职责受到暴力伤害。

第二，关于工作纠纷发生后处理不当是否属于阻却认定工伤的理由。首先，已发生法律效力的刑事判决书认定“刘某对纠纷的发生并无明显过错”。其次，二人因工作纠纷发生争执后，双方均未能冷静处理确有一定过错，但刘某的过错并不应导致其受到暴力伤害，不足以阻却对履行工作职责的认定。况且二被申请人亦未提供证据证明二人系由涉案工作纠纷之外的其他个人恩怨导致伤害后果的发生。最后,《工伤保险条例》第十四条第（三）项的立法意旨是保护职工在工作期间受到暴力等意外伤害后的救济。从制度价值的角度适用本款对是否属于工伤进行认定时，不能要求“纯洁的受害人”，即只有在暴力伤害中完全无过错的受害人才能够认定为“履行工作职责”，这与《工伤保险条例》第十四条第（三）项的立法意旨有违。

案例索引

一审：（2015）成行初字第834号

二审：（2016）川行终665号

再审：（2020）最高法行再68号

案例 9

职工因个人恩怨遇害，与履行工作职责之间并无因果关系的，不认定为工伤

裁判观点

（1）食宿在单位的职工在单位宿舍楼浴室洗澡时遇害，其工作状态和生活状态的界限相对模糊。在此情形下，对于工伤认定的时间、空间和因果关系三个要件的判断主要应考虑因果关系要件，即伤害是否因工作原因。

（2）“因履行工作职责受到暴力伤害”应理解为职工因履行工作职责的行为而遭受暴力伤害，如职工系因个人恩怨而受到暴力伤害，即使发生于工作时间或工作地点，亦不属于此种情形。

（3）“与工作有关的预备性或者收尾性工作”是指根据法律法规、单位规章制度的规定或者约定俗成的做法，职工为完成工作所作的准备或后续事务。职工工作若无洗澡这一必要环节，亦无相关规定将洗澡作为其工作完成后的后续性事务，则洗澡不属于“收尾性工作”。

法院查明事实

陈某系某公司的管理人员，食宿于公司处。某日，陈某与员工张某因琐事发生矛盾，某晚上，陈某叫了公司另两名员工到张某宿舍，打了张某两记耳光。张某为此怀恨在心，伺机报复。同年某月某日21时许，张某趁陈某在厂浴室洗澡之际，用尖刀捅刺陈某的左腹部、左胸部等处，致陈某死亡。

陈某之妻陈某某向区人社局提出工伤认定申请，区人社局认为陈某某没有证据证明陈某的被害与其履行工作职责有关，不符合《工伤保险条例》第十四条、第十五条的规定，认定陈某的死亡不属于工伤也不视同工伤。陈某某不服，申请复议。市人社局作出《行政复议决定书》，维持了区人社局不认定工伤的行政行

为。陈某某不服，诉至法院。

争议焦点

食宿在单位的用人单位管理人员，因个人恩怨，下班后在单位浴室洗澡时被杀害，是否应认定为工伤。

裁判结果

一审判决维持区人社局作出工伤认定的具体行政行为。

二审判决驳回上诉，维持原判。

裁判理由

二审法院认为，“与工作有关的预备性或者收尾性工作”是指虽然并非职工工作本身，但根据法律法规、单位规章制度或者约定俗成的做法，职工为完成工作所作的准备或后续事务。职工工作若无洗澡这一必要环节，亦无相关规定将洗澡作为其工作完成后的后续性事务，则洗澡不符合“收尾性工作”的情形。

“因履行工作职责受到暴力伤害”应理解为职工履行工作职责的行为引起了暴力伤害结果的发生，而非简单理解为受到暴力伤害是发生在职工履行工作职责的过程中。陈某系因琐事与张某发生矛盾，并打了张某两记耳光，张某对此怀恨在心，才伺机将陈某杀害，陈某遇害是因其与张某之间的个人恩怨。可见，陈某遇害虽有暴力伤害的结果，但与履行工作职责之间并无因果关系。

职工在单位浴室被杀害并非用人单位所能预见，或者用人单位履行相应的安全注意义务即可避免，因此，若将此情形认定为工伤则无端提高了用人单位安全注意义务的标准。据此，陈某在浴室洗澡被杀害不符合《工伤保险条例》第十四条应当认定为工伤或第十五条视同工伤中规定的情形。

案例索引

《最高人民法院公报》2013 年第 9 期

案例 10

职工与他人斗殴死亡与其履行工作职责无关联性的，不认定为工伤

裁判观点

职工在工作过程中与他人发生争执斗殴而死亡，与其工作职责不具有直接关联性的，不属于因履行工作职责受到的暴力伤害。

法院查明事实

某日，严某在厨房前台内扫地，郭某走进厨房前台，严某将垃圾倒入郭某旁

边的垃圾桶内，待严某转过身，郭某便将垃圾桶踢开并开始在工作台边干活，严某见垃圾桶被郭某踢至其座椅旁边，当即将垃圾桶踢回原处即郭某所站位置，二人发生口角。随后，严某又拿起自己座位上的藤椅，郭某见状拿起工作台上的尖刀，严某持藤椅砸向郭某，并将郭某推撞至墙边，郭某争夺藤椅并将严某反推至厨房前台出口，且持尖刀追砍、捅刺严某，致严某左胸等部位受伤后倒地，经医生现场抢救无效死亡。用人单位向属地社保局就严某的死亡申请工伤认定。社保局认定严某的死亡为工伤。后社保局以适用法律错误为由，依法撤回认定工伤决定，重新调查后作出《认定工伤决定书》。用人单位向市政府申请行政复议。市政府作出《行政复议决定书》，以社保局作出的案涉《认定工伤决定书》适用法律错误为由，撤销其决定。严某亲属严某某不服，向法院提起行政诉讼。

争议焦点

严某的死亡是否因履行工作职责受到暴力伤害所致。

裁判结果

一审判决驳回原告严某某的全部诉讼请求。

二审判决驳回上诉，维持原判。

再审裁定驳回再审申请人严某某的再审申请。

裁判理由

最高人民法院再审认为，严某的死亡是工作过程中与郭某发生争执打斗所致，与其作为厨房员工的工作职责并不具有直接关联性，不属于因履行工作职责受到的暴力伤害，不符合《广东省工伤保险条例》第九条第（三）项规定的情形，即在工作时间和工作场所内，因履行工作职责受到暴力等意外伤害的，应当认定为工伤。市人民政府复议决定撤销原认定工伤决定并责令重作，符合法律法规规定。

案例索引

一审：（2018）粤19行初2号

二审：（2018）粤行终1267号

再审：（2020）最高法行申11985号

案例11

与同事打架被劝开后，履行工作职责已被阻断，再次打架与履行工作职责没有直接关联性

裁判观点

职工受伤虽然是在工作时间、工作地点发生，但其所遭受的暴力伤害与其履

行工作职责之间没有直接的、必然的联系，其受伤不符合《工伤保险条例》第十四条第（三）项规定的因履行工作职责受到暴力等意外伤害的情形。

法院查明事实

某日，李某在工作期间不慎跌倒，并将正在工作的同事田某压倒，二人遂发生争吵并相互撕扯；被同事劝开后，李某又持矿用工具扁铲与田某撕扯，并在田某面部顶了一膝盖；二人再次被同事劝开后，田某持矿用工具斧抓朝李某头部击打了一下，致李某受伤，经诊断为颈后部开裂伤、脊髓损伤、颈椎骨折。经鉴定，李某的伤残等级评定为四级伤残。

用人单位向市人社局提出工伤认定申请，市人社局认定为工伤，后认为是在用人单位提供虚假材料和证据的情形下错误作出工伤认定，决定撤销原《认定工伤决定书》，不予认定为工伤。李某不服，向法院提起行政诉讼。法院判决撤销被告市人社局作出的《××市职工不予认定工伤决定书》，责令××市人社局重新作出行政行为。判决书送达后，各方当事人均未提出上诉。

2017年2月12日，市人社局再次作出《××市职工不予认定工伤决定书》，仍决定不予认定为工伤。李某再次提起行政诉讼。在诉讼过程中，被告撤销《××市职工不予认定工伤决定书》，原告撤诉。

2017年11月3日，市人社局又重新作出《××市职工不予认定工伤决定书》，再次决定不予认定为工伤，该决定调查核实的事实与之前的《××市职工不予认定工伤决定书》认定的事实一致。李某不服，提起行政诉讼。

争议焦点

李某的受伤是否属于因履行工作职责受到暴力伤害的情形。

裁判结果

一审判决撤销市人社局《××市职工不予认定工伤决定书》。

二审判决撤销一审判决。

再审裁定驳回李某的再审申请。

裁判理由

一审认为，被告市人社局依据本院生效判决重新作出本案被诉的不予认定工伤决定，其认定的事实与结果均与原行政行为一致。被告虽提交了新收集证据，但其理由并未改变。被告的行政行为属于《中华人民共和国行政诉讼法》（以下简称《行政诉讼法》）第七十一条之规定，属违法行为。

二审认为，本案李某虽然在履行工作职务过程中不慎跌倒，引起其与田某的撕扯纠纷，可以说与工作原因有一定关系，但是二人被他人劝开后，又一次撕扯，并致受伤的行为不属于履行工作职责过程受到的暴力伤害。

最高人民法院再审认为，李某受伤虽然是在工作时间、工作地点发生，并且与履行工作职责有一定的联系，但是这种联系并不是直接的，李某受伤的直接原因是与他人发生殴打被他人打伤。因此，李某所遭受的暴力伤害与其履行检修工作职责之间没有直接的、必然的联系，其受伤不符合《工伤保险条例》第十四条第（三）项规定的因履行工作职责受到暴力等意外伤害的情形。

案例索引

一审：（2017）甘04行初37号

二审：（2018）甘行终186号

再审：（2018）最高法行申8657号

案例⑫

不具时空要求，即使受伤与工作有关联性，也不能认定为工伤

裁判观点

根据《工伤保险条例》第十四条第（三）项的规定，因履行工作职责受到暴力等意外伤害认定为工伤需要同时满足在工作时间和工作场所内两方面的要求。不具备条例关于暴力伤害认定为工伤所需的时间和空间要求的，即使受伤与工作有关联性，也不能认定为工伤。

法院查明事实

陈某向市人社局提出工伤认定申请，市人社局认定受伤害经过：2017年4月2日18：30左右，陈某下班后与黄某一同去××广场吃饭，饭后陈某乘坐黄某驾驶的车辆回到住所附近时下车，要到小区取车辆，步行快到该小区时被他人用棍棒击打受伤，医院诊断为左尺骨股干骨折，右前臂软组织损伤，双小腿软组织损伤。市人社局认为陈某受到的事故伤害，不符合《工伤保险条例》第十四条第（一）（三）项之规定，不予认定为工伤。陈某申请行政复议。省人社厅查明：陈某系A公司某项目负责人，B公司是该项目的施工方，B公司陆某因工地事务纠纷对陈某怀恨在心，遂指使杨某教训一下陈某。2017年4月2日19：00，陈某下班吃过晚饭后，行走在××路上遭受到杨某等人故意伤害，经鉴定，陈某的人体损伤程度属轻伤一级。省人社厅认为，根据《工伤保险条例》第十四条第（三）项之规定，职工遭受暴力伤害的工伤认定情形需满足时间、空间及履行工作职责三方面的要求。陈某暴力伤害不是发生在工作时间和工作场所内，不具备《工伤保险条例》关于暴力伤害应认定为工伤的时间和空间要求，不符合工伤认定条件，遂作出行政复议决定，维持市人社局的《不予认定工伤决定书》。陈某不服，向法院提起行政诉讼。

争议焦点

陈某外出吃饭后在取车路上遇害是否属于工伤。

裁判结果

一审判决撤销市人社局作出的不予认定工伤决定和被告省人社厅作出的行政复议决定。

二审判决撤销一审判决。

再审裁定驳回陈某的再审申请。

裁判理由

一审认为，从已发生法律效力的刑事判决认定的案件事实可以看出，陈某是因履行工作职责而受到有预谋、有组织的暴力伤害的，实施暴力者已在市××路等待陈某出现，该暴力行为有时间的延续性和空间的扩展性，市人社局不予认定为工伤的决定和省人社厅维持市人社局的不予认定工伤决定的行政复议决定，均系适用法律错误，依法均应当予以撤销。

二审认为，本案现有证据证明，被上诉人陈某受到的暴力伤害发生在其从单位下班与他人外出吃完晚饭后步行前往小区取车途中，因此，该暴力意外伤害虽系因工地事务纠纷引发，但既非发生在工作时间，也非发生在工作场所，市人社局据此认为陈某所受伤害不属于《工伤保险条例》第十四条第（三）项的规定并无不当。省人社厅作出的复议决定程序合法。本案中，陈某外出吃饭也已造成其工作时间的中断，取车路上也不能作为其工作场所的合理延伸范围。

再审认为，根据《工伤保险条例》第十四条第（三）项的规定，因履行工作职责受到暴力等意外伤害认定为工伤需要同时满足在工作时间和工作场所内两方面的要求。本案申请人陈某受到的暴力伤害发生在其从单位下班与他人外出吃完晚饭后，步行前往小区取车途中。其外出吃饭也已造成其工作时间的中断，取车路上也不能作为其工作场所的合理延伸范围，不具备前述条例关于暴力伤害认定为工伤所需的时间和空间要求。

案例索引

一审：（2019）皖0103行初181号

二审：（2020）皖01行终116号

再审：（2021）皖行申115号

案例13

上班途中受到暴力伤害不认定为工伤

裁判观点

（1）《工伤保险条例》第十四条第（三）项规定中的工作时间和工作场所是

没有外延的。职工受暴力伤害不在工作时间和工作场所内的，不能适用《工伤保险条例》第十四条第（三）项规定。

（2）为履行工作职责在合理的时间与合理的路线的上班途中受到暴力的意外伤害认定为工伤，实际上是拼接了《工伤保险条例》第十四条第（三）项和第（六）项规定的情形，这种将两个法律规范拼接为一个法律规范的法律适用方法，实质改变了法律规范的构成要件，是违反法律适用规则的。

法院查明事实

原告吴某、翁某的儿子吴某某是县医院医生，上班时间为8：00至12：00，14：30至17：30。2017年9月30日7：45左右，吴某某步行上班行至县医院120急救中心门前时，被罗某持事前准备好的一把尖刀朝腰部、胸部连续捅刺三刀。吴某某经抢救无效，于当日12：41死亡。市人社局受理县医院提出的工伤认定申请后，以需要县医院提交人民法院作出的刑事判决书结论为由，作出《工伤认定中止通知书》。2018年6月8日，市人社局作出1号不予认定工伤决定，对吴某某决定不予认定或者视同工伤。吴某、翁某不服，向区人社厅提起复议。区人社厅作出51号复议决定，维持了1号不予认定工伤决定。吴某、翁某仍不服，向法院提起行政诉讼。

另查明，吴某某与罗某素不相识。吴某某与罗某的前女友曾某案发前均在县医院工作。罗某与前女友曾某分手，自认为曾某与其分手是吴某某造成的，对吴某某心生怨恨，导致伤害结果的发生。市中级人民法院刑事判决以罗某犯故意杀人罪，判处死刑，缓期二年执行，剥夺政治权利终身。

争议焦点

吴某某在上班途中所受暴力伤害是否符合《工伤保险条例》第十四条第（三）项规定的应当认定为工伤的情形。

裁判结果

一审撤销市人社局1号不予认定工伤决定和区人社厅51号复议决定。

二审判决驳回市人社局的上诉，维持原判。

再审判决撤销二审判决和一审判决。

裁判理由

再审法院认为：

第一，关于吴某某所受暴力伤害是否符合《工伤保险条例》第十四条第（三）项规定的应当认定为工伤的情形的问题。《工伤保险条例》第十四条各项规定应当具有独立性，就受到暴力意外伤害而言，对应的是《工伤保险条例》第十四条第（三）项规定，其规定在工作时间和工作场所内，因履行工作职责受到暴力等意外伤害的，应当认定为工伤。也就是说，从《工伤保险条例》第十四条各项规定综合而言，工伤认定中的工作时间和工作场所是有外延的，但是单就《工伤保险条例》第十四条第（三）项而言，该项规定中的工作时间和工作场所是没有外延的。吴某某所受暴力伤害，不符合《工伤保险条例》第十四条第（三）项规定的发生在工作时间和工作场所内的条件。而且，吴某某作为医生，其从未因履行医生职务行为与罗某有过交集，罗某实施犯罪行为也不是因为对吴某某履行医生职务行为不满，吴某某所受暴力伤害与其履行医生工作无因果关系。吴某某所受暴力伤害不符合《工伤保险条例》第十四条第（三）项规定的因履行工作职责受到暴力等意外伤害的情形。

第二，关于吴某某所受暴力伤害是否符合《工伤保险条例》第十四条第（六）项规定的应当认定为工伤的情形的问题。事发当天，吴某某步行去上班，属于在上班途中，符合《工伤保险条例》第十四条第（六）项规定在上下班途中的法定情形，但是如前所述，《工伤保险条例》第十四条各项之间都有独立性，其中第（六）项规定的是：在上下班途中，受到非本人主要责任的交通事故或者城市轨道交通、客运轮渡、火车事故伤害的情形，才能认定为工伤。吴某某所受伤害不是交通事故原因的伤害，不符合《工伤保险条例》第十四条第（六）项规定的应当认定为工伤的情形。

第三，关于在上下班途中受到暴力意外伤害的，是否应当认定为工伤的问题。应当说，《工伤保险条例》第十四条规定的应当认定为工伤的各种情形中，并未包括在上下班途中受到暴力意外伤害的情形。原二审判决认为吴某某为履行工作职责在合理的时间与合理的路线的上班途中受到暴力的意外伤害，依法依理应认定为工伤，实际上是拼接了《工伤保险条例》第十四条第（三）项和第（六）项规定的情形，这种将两个法律规范拼接为一个法律规范的法律适用方法实质上改变了法律规范的构成要件，因而是违反法律适用规则的。即在上下班途中受到暴力意外伤害的，不属于法律法规规定的应当认定为工伤的情形。

案例索引

一审：（2018）桂0703行初48号

二审：（2019）桂07行终11号

再审：（2020）桂行再9号

专题三

因工外出导致工伤的司法认定

导 读

《工伤保险条例》第十四条第（五）项规定，因工外出期间，由于工作原因受到伤害或者发生事故下落不明的，应当认定为工伤。

本项涉及“因工外出期间”“工作原因”“事故”“下落不明”等关键概念。

一、关于“因工外出期间”

本项规定的“因工外出期间”和通常意义的“工作时间”是不同的。通常意义的“工作时间”是指《工伤保险条例》第十四条第（一）（二）（三）项、第十五条第一款第（一）项规定的“工作时间”，多数发生在工作场所或工作岗位内，而“因工外出期间”则发生在工作场所和工作岗位之外，是用人单位为了工作指派职工或者职工因工作需要，在工作场所或工作岗位以外从事与工作有关的活动期间。

《人力资源社会保障部关于执行〈工伤保险条例〉若干问题的意见》（人社部发〔2013〕34号）第一条规定，《工伤保险条例》第十四条第（五）项规定的“因工外出期间”的认定，应当考虑职工外出是否属于用人单位指派的因工作外出，遭受的事故伤害是否由工作原因所致。

国务院法制办公室政法人力资源社会保障法制司、人力资源和社会保障部法制司、工伤保险司2011年编制的《最新工伤保险条例释义》认为，“因工外出期间”既包括职工受单位指派离开本职岗位到本地其他地方，也包括出差到外地、境外，但不包括外出游览、娱乐等非工作原因的时间。[①]

2014年4月21日最高人民法院审判委员会第1613次会议通过的《最高人民法院关于审理工伤保险行政案件若干问题的规定》第五条第一款列举了因工外出期间的三种情形：①职工受用人单位指派或者因工作需要在工作场所以外从事与工作职责有关的活动期间；②职工受用人单位指派外出学习或者开会的活动期间；③职工因工作需要的其他外出期间。

在实践中，最常见的疑问是，是否整个“因工外出期间”都属于“工作时间”呢？从上述规定所确立的原则看，我们认为，“因工外出期间”是否属于“工作时间”，不能简单地回答“是”或者“不是”，而要结合“工作原因”综合分析，“因工外出期间”因“工作原因”所从事工作的时间，应当认定为“工作时间”，而非“工作原因”所从事私人活动的时间，不能认定为“工作时间”。

为把职工长期驻外的情形与“因工外出”的情形区别开来，人社部2016年3月28日发布的《人力资源社会保障部关于执行〈工伤保险条例〉若干问题的

---

① 国务院法制办公室政法人力资源社会保障法制司、人力资源和社会保障部法规司、工伤保险司编：《最新工伤保险条例释义》，中国法制出版社2011年版，第40－41页。

意见（二）》（人社部发〔2016〕29号）第五条规定，职工因工作原因驻外，有固定住所、有明确作息时间，因工作原因受到事故伤害或患职业病的，按照在驻在地当地正常工作的情形处理。这是因为职工在“驻外”期间“有固定住所、有明确作息时间”的，其在外工作的风险远小于临时的、短期的出差所面临的风险，可以与在单位工作的情形和条件相比拟，因此“因工作原因受到事故伤害或患职业病的，按照在驻在地当地正常工作的情形处理”，也就是说，并不当然适用《工伤保险条例》第十四条第（五）项规定的情形。

二、关于“工作原因”

“因工外出期间”所面临的环境、条件较之在本单位的一般工作时间存在较大区别，例如因工外出期间无须打卡考勤，时间安排比较自由，活动内容也比较丰富，工作之余可以从事私人活动等，有时有些活动在“公事”中夹带“私事”或者“私事”中夹带“公事”，是否为“工作原因”难以判断。与此同时，“因工外出期间也会存在许多不可预测的风险，这些风险全部由职工承担，显属不公平”①。因此，对职工在因工外出期间所从事的活动是否为“工作原因”的认定至关重要。

《最高人民法院行政审判庭关于职工外出学习休息期间受到他人伤害应否认定为工伤问题的答复》（〔2007〕行他字第9号）认为，职工受单位指派外出学习期间，在学习单位安排的休息场所休息时受到他人伤害的，应当认定为工伤。本答复所涉及的“休息场所休息”只是一个特例。

《人力资源社会保障部关于执行〈工伤保险条例〉若干问题的意见（二）》第四条规定，职工在参加用人单位组织或者受用人单位指派参加其他单位组织的活动中受到事故伤害的，应当视为工作原因，但参加与工作无关的活动除外。本规定仅指“活动”。

一些地方高级人民法院的相关司法文件则以是否属于用人单位组织、安排为标准来判断是否属于“工作原因”。例如，江苏省高级人民法院《工伤认定行政案件审理指南》认为，关于从事单位安排的娱乐、文体活动，是否属于工作原因问题，应根据具体情况区别对待。如果是用人单位强制要求参加的或者鼓励参加的，这些活动可以被认为是工作的一个组成部分，应该属于工作原因；如果用人单位对职工是否参与活动未施加影响，完全由职工自愿选择的，则不应属于工作原因。重庆市高级人民法院《关于审理工伤行政诉讼案件若干问题的暂行规定》第十条规定，职工在参加本单位或其内设机构组织的集体活动中发生与集体活动有关的伤亡事故，劳动保障行政部门认定为工伤的，人民法院应予支持。江苏省高级人民法院《关于审理劳动保障监察、工伤认定行政案件若干问题的意见》第二十条规定，职工在用人单位安排或组织的政治思想教育活动、学习考察、工

① 杨科雄：《最新工伤认定规则与适用》（第二版），法律出版社2015年版，第99页。

作交流及文体活动中发生伤亡事故的，应视为工作原因。四川省高级人民法院《关于审理工伤认定行政案件若干问题的意见》第十九条规定，职工在用人单位组织或者安排的政治思想教育、学习考察、工作交流及文体比赛等活动中受到事故伤害的，应当视为工作原因。北京市高级人民法院《关于审理工伤认定行政案件若干问题的意见（试行）》第十条规定，职工因从事工作而解决必要生理需要时所遭受的事故伤害，以及职工为了用人单位的利益在处理重大、紧急情况的活动中，在用人单位组织或安排的与工作有关的活动中受到的事故伤害，可以视为“工作原因”。

由此可以理解，《工伤保险条例》第十四条第（五）项规定的“工作原因”是一个范围较广的概念。职工出差在外，要完成用人单位布置的工作任务的工作环境与在单位本部的环境有所不同，为实现工作目的和要求，职工需要住宿、餐饮等基本条件，有时还需要进行一些社交和公关活动，这些基本条件和与工作有关的活动，均可能构成职工外出期间的工作行为。

《最高人民法院关于审理工伤保险行政案件若干问题的规定》第五条第二款规定：“职工因工外出期间从事与工作或者受用人单位指派外出学习、开会无关的个人活动受到伤害，社会保险行政部门不认定为工伤的，人民法院应予支持。”本规定给出了一个反向的认定思路，即只要认定属于“个人活动”的，就不属于“工作原因”。

“个人活动”包括与工作无关的探亲访友、娱乐、游玩、购物、运动及其他与工作内容没有关联的私人活动，这些私人活动不会增加用人单位的利益。当私人活动是否与工作有关模糊不清时，本书案例16给出了判断方法，法院认为，职工出差期间饮酒后猝死能否认定为工伤，关键是认定饮酒是否由于工作原因，可从职工正常工作职责范围内容、饮酒与工作之间的必要性、职工从事职业所创造的利益的关联性以及是否满足职业利益需要等方面考量。

三、关于“下落不明”

（一）职工是否必须是因工作原因下落不明才能被认定为工伤

对此有两种意见，一种意见认为必须因工作原因下落不明才能被认定为工伤；[①] 另一种意见认为，从法条的描述上来看，因工外出期间受到伤害的，需要以工作原因为前提，而发生事故下落不明的不以工作原因为前提，但仍要符合“因工外出期间”的情形。[②]

我们赞同第一种观点，理由是：第一，《工伤保险条例》第十四条第（五）

① 黄桂玲：《职工因工下落不明的，依法享受相应工伤待遇》，转引自“广东艾伯纳律师事务所”微信公众号，2020年5月13日。

② 汪正楼：《下落不明认定工伤以宣告死亡为前提吗？工伤待遇如何确定？》，转引自“劳动法江湖”微信公众号，2021年5月11日。

项规定，“因工外出期间，由于工作原因受到伤害或者发生事故下落不明的”应当认定为工伤。即职工因工外出期间能认定为工伤的有两种情形，一种是“受到伤害”，另一种是“下落不明”，但从条文表述的逻辑看，“受到伤害”和“下落不明”这两种情形都受到“由于工作原因”这个条件的限制。第二，《最高人民法院行政审判庭关于职工因工外出期间死因不明应否认定工伤的答复》（〔2010〕行他字第236号）认为，“职工因工外出期间死因不明，用人单位或者社会保障部门提供的证据不能排除非工作原因导致死亡的，应当依据《工伤保险条例》第十四条第（五）项和第十九条第二款的规定，认定为工伤”。从答复的内容看，职工因工外出期间死亡，应因工作原因，只是当死因不明时，才采用“反推”的方式，用人单位或者社会保障部门提供的证据不能排除非工作原因导致死亡的，认定为工作原因。第三，反过来说，如果职工外出期间非因工作原因下落不明（如出差期间顺便旅游、私自爬山或者从事一些私人活动等）即可认定为工伤的话，不仅无端增大了工伤保险基金的压力，也不符合情理。

（二）关于“事故”

《工伤保险条例》第十四条第（五）项关于“因工外出期间，由于工作原因受到伤害或者发生事故下落不明的”的规定，包含了两种情形：一种情形是因工外出期间，由于工作原因受到伤害；另一种情形是因工外出期间，由于工作原因发生事故下落不明。后一种情形中的“发生事故下落不明”的“事故”，包括安全事故、意外事故以及自然灾害等各种形式的事故。①

从《工伤保险条例》第十四条第（五）项规定整体理解，我们认为，能构成工伤的“事故”，应当具备以下条件：一是事故发生在职工因公外出期间；二是事故的发生因工作原因；三是发生事故后下落不明。不符合以上条件的，不适用《工伤保险条例》第十四条第（五）项规定的后一种情形。

（三）职工因工作原因下落不明的，何时能提出工伤认定申请

对于职工下落不明申请工伤认定期限的起算时间，法律法规没有明确规定，实务中有多种观点。

第一种观点认为，应该从被人民法院宣告死亡之日开始计算，因为只有在人民法院宣告死亡时，下落不明职工的伤害事实才能得到确认。②

第二种观点认为，工伤申请应该从宣告失踪之日起开始起计算。理由是《工伤保险条例》第十七条规定的“职工发生事故伤害之日”包括事故发生之日和

① 《工伤保险条例》起草小组：《工伤保险条例问答》，中国法制出版社2003年版，第25页。

② 《中华人民共和国民法典》（以下简称《民法典》）第四十六条规定，自然人有下列情形之一的，利害关系人可以向人民法院申请宣告该自然人死亡：①下落不明满四年；②因意外事件，下落不明满二年。因意外事件下落不明，经有关机关证明该自然人不可能生存的，申请宣告死亡不受二年时间的限制。

伤害结果发生之日。人民法院宣告失踪，可以推定事故伤害已经发生。①

第三种观点认为，工伤申请应该自下落不明之日开始计算。理由是，职工下落不明的，必须经过宣告失踪或者宣告死亡来确认事故确已发生的事实，需要经历至少2年至4年甚至更长的时间，明显不利于下落不明职工及时获取权益保护，也与《工伤保险条例》的立法精神相违背。

我们倾向于第一种观点，即职工下落不明申请工伤应以宣告死亡为起算点。理由如下：

第一，《工伤保险条例》第一条规定："为了保障因工作遭受事故伤害或者患职业病的职工获得医疗救治和经济补偿，促进工伤预防和职业康复，分散用人单位的工伤风险，制定本条例。"本条规定的"因工作遭受事故伤害或者患职业病"是获得医疗救治和经济补偿的事实要件，在职工因意外事故下落不明的情形下，只有确认职工的伤害结果，才能获得医疗救治和经济补偿，而宣告死亡是确定事故伤害已经发生的唯一途径。

第二，《工伤保险条例》第十七条第一款规定，职工发生事故伤害或者按照职业病防治法规定被诊断、鉴定为职业病，所在单位应当自事故伤害发生之日或者被诊断、鉴定为职业病之日起30日内，向统筹地区社会保险行政部门提出工伤认定申请。遇有特殊情况，经报社会保险行政部门同意，申请时限可以适当延长。第二款规定，用人单位未按前款规定提出工伤认定申请的，工伤职工或者其近亲属、工会组织在事故伤害发生之日或者被诊断、鉴定为职业病之日起1年内，可以直接向用人单位所在地统筹地区社会保险行政部门提出工伤认定申请。本条规定的"事故伤害发生之日"，应理解为包括事故发生之日和事故结果发生之日两种情形，职工下落不明之日，伤害结果是否发生情况不明，因此，前述第三种观点不可取。同样，职工下落不明被人民法院宣告失踪并不意味着事故伤害结果已经发生，前述第二种观点也不可取。

第三，《工伤保险条例》第十七条第一款明确规定"遇有特殊情况，经报社会保险行政部门同意，申请时限可以适当延长"，因此，本条规定的"30日内""1年内"为可变的"时限"，不是不变的"除斥期间"，当职工因工外出期间由于工作原因受到伤害或者下落不明时，在伤害结果尚未清晰的情况下，机械地适用"30日内""1年内"申请工伤认定，将不利于工伤职工合法权益的保护。

第四，《工伤保险条例》第四十一条规定，职工因工外出期间发生事故或者在抢险救灾中下落不明的，从事故发生当月起3个月内照发工资，从第4个月起停发工资，由工伤保险基金向其供养亲属按月支付供养亲属抚恤金。生活有困难的，可以预支一次性工亡补助金的50%。职工被人民法院宣告死亡的，按照本条例第三十九条职工因工死亡的规定处理。从本条规定看，宣告死亡是我国现行

---

① 《民法典》第四十条规定，自然人下落不明满二年的，利害关系人可以向人民法院申请宣告该自然人为失踪人。

立法对意外事故造成下落不明人的人身损害事实状态所设置的司法确认制度，只有宣告死亡才足以证明下落不明人的人身损害确已发生。因此，职工下落不明被人民法院宣告死亡之前的所有措施（包括前3个月由用人单位照发工资、第4个月开始由工伤保险基金向其供养亲属按月支付供养亲属抚恤金等），都是暂时性的措施，只有在职工被人民法院宣告死亡的，才能按照《工伤保险条例》第三十九条职工因工死亡的规定处理。

因此，以人民法院宣告死亡为申请工伤认定的起算点，符合上述规定的立法精神，有利于最大限度地保障工伤职工合法权益。

案例14

因工外出受到伤害，用人单位认为不属于工伤的，承担举证责任

裁判观点

根据《工伤保险条例》第十四条第（五）项的规定，因工外出期间，由于工作原因受到伤害或者发生事故下落不明的，应当认定为工伤。行政部门认定职工属于因工作原因在工作场所以外从事与工作职责有关的活动期间受到伤害属于工伤，用人单位不认为是工伤的，应承担举证责任。

法院查明事实

某公司安排黄某在食堂工作。2013年9月8日，黄某驾驶该公司所有的无牌轻便二轮摩托车前往超市购买地瓜粉。超市开具的2张国家税务总局通用机打发票，载明“客户名称：某公司，品名：地瓜粉，金额：141.30元”等信息。同日12时10分，黄某驾车与案外人李某驾驶的重型自卸货车相撞。黄某受伤经送医院抢救无效于当日死亡。《道路交通事故认定书》认定黄某在本次事故中不负事故责任。2014年4月22日，黄某之子黄某某向属地市人社局提出工伤认定申请并提交相关证明材料。市人社局决定对黄某受到的伤害不予认定为工伤。黄某某不服，向市政府提出行政复议申请。市政府作出《行政复议决定书》，决定撤销市人社局作出的《不予认定工伤决定书》，责令其依法重新作出具体行政行为。某公司不服该复议决定，向法院提起本案行政诉讼。

争议焦点

黄某受到交通事故伤害时是否为因工外出。

裁判结果

一审判决驳回某公司的诉讼请求。

二审判决驳回上诉，维持原判。

再审裁定驳回再审申请人某公司的再审申请。

裁判理由

最高人民法院再审认为，某公司主张黄某某提供的发票及驾驶公司车辆外出并不能当然证明黄某系为公司购买地瓜粉。根据《工伤保险条例》第十九条第二款的规定，职工或者近亲属认为是工伤，用人单位不认为是工伤的，由用人单位承担举证责任。本案中，某公司否认黄某是为公司购买的地瓜粉，其应当对此承担举证责任。但某公司并未提出充分证据证明黄某是为自己或公司之外的第三人购买的地瓜粉，也未能对黄某开具客户名称为某公司的发票及驾驶公司车辆外出购买地瓜粉的行为作出合理解释。某公司主张，黄某的外出购买行为不在其职责范围内。根据黄某和某公司所签订的劳动合同，黄某的岗位属于食堂工作人员，黄某外出购买的也是食用地瓜粉，且数量较大。黄某的购买行为与其工作岗位之间具有一致性。某公司又主张，事发当日不是黄某的工作时间。根据某公司食堂有关员工的陈述，事发当天虽然为星期日，但公司仍有人上班，食堂需要开火做饭，黄某作为食堂工作人员，具备根据需要外出购买地瓜粉的合理性。某公司的上述主张均不能成立。根据《工伤保险条例》第十四条第（五）项的规定，因工外出期间，由于工作原因受到伤害或者发生事故下落不明的，应当认定为工伤。市政府认为黄某购买地瓜粉的活动属于因工作原因在工作场所以外从事与工作职责有关的活动、在此期间发生交通事故伤害应属工伤，并无不当。

案例索引

（2016）最高法行申3165号

案例15

参加单位统一组织的外出旅游活动应视为其工作时间和工作地点的延续

裁判观点

职工参加单位统一组织的外出旅游活动，视为其工作时间和工作地点的延续，在单位组织的旅游活动中突发疾病死亡的，可以认定为工伤。

法院查明事实

陈某自愿参加了用人单位组织的员工年度旅游活动，其从用人单位内乘车出发到景区，在旅游景区上洗手间时很长时间没有出来，同行人员发现其昏倒，后陈某被送往当地卫生院进行急救，经抢救无效于当天死亡，死亡原因为急性心肌梗死。用人单位向区人社局申请陈某的工伤认定。区人社局作出《认定工伤决定书》，不认定为工伤。陈某之妻游某不服，向区政府提出行政复议申请。区政府作出《行政复议决定书》，维持区人社局作出的《认定工伤决定书》。游某仍不服，遂提起本案之诉。

争议焦点

陈某参加用人单位组织的员工旅游活动是否可以视为工作时间和工作地点的延续。

裁判结果

一审判决撤销区人社局作出的《认定工伤决定书》和区政府作出的《行政复议决定书》。

二审判决驳回上诉，维持原判。

再审裁定驳回区人社局的再审申请。

裁判理由

再审法院认为，根据申请人申请再审提交的材料反映，陈某是用人单位的职工，在事故发生当天值班后即按照用人单位的安排参加单位组织的旅游活动，该次旅游活动有别于个人自发旅游的行为，应当视为用人单位的单位行为。原一、二审法院审理认定，本案陈某值班后即参加用人单位统一组织的外出旅游活动，应当视为其工作时间和工作地点的延续；陈某在本次用人单位组织的旅游活动中突发疾病死亡可以视同工伤，并据此判决撤销区人社局作出的《认定工伤决定书》和区政府作出的《行政复议决定书》，判令区人社局重新作出行政行为，并无不当。

案例索引

一审：（2017）粤0606行初514号

二审：（2017）粤06行终991号

再审：（2018）粤行申651号

案例16

职工出差期间饮酒后猝死能否认定为工伤，关键是认定饮酒是否由于工作原因

裁判观点

职工出差期间饮酒后猝死能否认定为工伤，关键是认定饮酒是否由于工作原因，可从职工正常工作职责范围内容、饮酒与工作之间的必要性、职工从事职业所创造的利益的关联性以及是否满足职业利益需要等方面考量。

法院查明事实

丛某系 A 公司员工，从事高级陈列督导工作岗位，接受 A 公司指派到 × × 区域的门店巡店，工作内容为现场指导调整门店的陈列、店铺形象检查等工作，推动各门店清明节期间的销售。

出差期间丛某到了多地门店开展工作，最后在 × × 市 × × 路 × × 商场巡店。工作结束后，丛某接受该店店长高某宴请，还有公司另外一名员工李某陪同。据公司反映，晚餐共喝了三瓶白酒（汾酒品牌）和一瓶啤酒，喝到 21 点 20 分左右，丛某喝醉了，高某结账，与李某一起打车把丛某送回其所住的酒店后，打车回自己的住处，因喝酒过多，到目的地后，高某在出租车上已睡着，出租车司机报警。民警到场后用高某的手机拨通了李某的电话。李某接到电话，安顿好丛某后立即打车前往现场，支付打车费并安顿好高某后，又立马赶回丛某所住酒店，发现其满脸异物，立即拨打 110 和 120，民警和急救人员都到了现场，医生确认其已无生命迹象，初步诊断为酒后猝死。市公安局确认排除他杀，非刑事案件。A 公司向市人社局申请认定工亡。市人社局调查后作出不予认定工伤决定，市人民政府行政复议维持市人社局作出的《不予认定工伤决定书》。丛某之妻郑某某不服，提起本案行政诉讼。

争议焦点

丛某出差期间酒后猝死能否认定工伤。

裁判结果

一审判决驳回郑某的诉讼请求。

二审判决驳回上诉，维持原判决。

裁判理由

一审法院认为，丛某死亡结果的发生确系出现在大量饮酒之后。在没有其他致死原因的证明材料的情况下，饮酒行为与死亡结果有密切关系。丛某的工作岗位是陈列督导，负责督导店面陈列工作，按一般认知，饮酒并非其工作内容。在案证据无法证实这是丛某等人为工作原因而进行的公务接待或者工作餐。从丛某等三人饮酒的数量上看，不仅已经超过丛某正常工作职责范围内容，也已经明显超过一般工作餐的合理范围。大量饮酒的行为，与工作原因之间也缺乏必要的关联性，与职工从事职业所创造的利益无关，并非满足职业利益的需要。在这种情况下，要将丛某醉酒后发生猝死认定为由于工作原因死亡，事实依据确有不足。

二审法院认为，本案事故发生前，丛某出差到经销商下设店面进行检查、督导。当天上午在高某担任店长的 × × 店检查督导后，下午到其他店督导，晚上接受高某宴请饮酒后死亡，诊断证明为猝死，酒精中毒。鉴于饮酒并非丛某的工作内容，其酒后猝死并非工作原因导致的死亡，市人社局决定不予认定工伤，事实清楚，程序合法，市人民政府认定丛某死亡不符合《工伤保险条例》第十四条第（五）项的规定，维持了市人社局的《不予认定工伤决定书》，事实清楚，程序合法。

案例索引

一审：（2020）闽0203行初24号

二审：（2020）闽02行终269号

案例17

职工出差期间入住浴馆猝死属于视同工伤[①]

裁判观点

（1）职工出差确实是从事业务洽谈，即便在行程中含有游玩的内容，也不能据此否定出差含有因工性质，且无证据显示死亡时正在从事与因工外出性质不符的活动，符合《工伤保险条例》第十五条第一款第（一）项规定的视同工伤的情形。

（2）社会保险行政部门已穷尽全部的调查取证手段，在行政诉讼中法院已没有进一步调查裁量的空间，应当依据案件的现有证据，对社会保险行政部门是否应当作出认定工伤或视同工伤的决定直接作出判断。

法院查明事实

郝某为A公司的业务人员，其因工外出无须A公司指派。2016年4月22日郝某与单位同事前往××市，入住某时尚浴馆，2016年4月24日早上7时许，郝某在浴馆内因冠心病猝死。

郝某之妻白某向区人社局提出工伤认定申请。区人社局作出8830号决定，不予认定工伤。区人民政府作出44号复议决定，以程序违法为由确认8830号决定违法。市法院16号判决撤销8830号决定及44号复议决定，责令区人社局对白某提出的工伤认定申请重新作出处理。高级人民法院作出4575号判决驳回上诉，维持一审判决。

此后，区人社局赴××省××市进行调查核实后，作出2923号决定，不予认定工伤或视同工伤。一审法院66号判决，认为2923号决定仍然属于事实不清、证据不足，判决撤销2923号决定并责令区人社局申请重新作出处理。区人社局不服66号判决，向市一中院提起上诉。市一中院作出157号判决，驳回上诉，维持一审判决。

区人社局于2020年6月5日作出了本案被诉的2114号《不予认定工伤决定书》，仍然决定不予认定或视同工伤。白某未经行政复议程序而直接提起本案行政诉讼。

---

① 因该职工死亡时属于因工外出期间，故把本案例编入“因工外出导致工伤的司法认定”专题。

一审法院另查明，在本案行政诉讼程序中，区人社局称已经对本案穷尽了全部调查取证手段。

争议焦点

郝某在死亡前赴××市是否属于因工外出。

裁判结果

一审判决撤销区人社局作出的2114号决定，责令区人社局作出认定为视同工伤的决定。

二审判决驳回上诉，维持一审判决。

裁判理由

二审法院认为，《工伤保险条例》第十五条第一款第（一）项规定，在工作时间和工作岗位，突发疾病死亡或者在48小时之内经抢救无效死亡的，视同工伤。本案中，郝某此次出差行程中，确实与A公司具有业务关系的B公司负责人马某进行过业务洽谈，即便郝某等人此次行程中含有游玩的内容，也不能据此否定郝某等人此次出差含有因工性质，且也无证据显示郝某死亡时正在从事与因工外出性质不符的活动。故郝某于2016年4月24日早上7时许在某时尚浴馆内因冠心病猝死的情况，符合《工伤保险条例》第十五条第一款第（一）项规定的视同工伤的情形。考虑到关于郝某的工伤认定一案已经过多次诉讼，且区人社局在本案诉讼过程中亦明确表示其已穷尽了全部的调查取证手段，因此一审法院认为，本案已没有进一步调查裁量的空间，应当依据本案的现有证据，就区人社局是否应当对郝某死亡一事作出认定工伤或视同工伤的决定直接作出判断。一审法院判决撤销2114号决定，责令区人社局应当依据《工伤保险条例》第十五条第一款第（一）项的规定，对郝某于2016年4月24日死亡一事作出认定为视同工伤的决定正确，本院应予维持。

案例索引

一审：（2020）京0107行初104号

二审：（2021）京01行终82号

案例18

职工外出工作期间参加单位组织的篮球比赛发病死亡属于工伤

裁判观点

职工在因工被单位外派出差的整个期间，应当视为工作时间和工作岗位。在公务出差期间，参加单位组织的集体体育活动时突发疾病死亡，属于在工作时间和工作场所，因工作原因，突发疾病死亡，符合《工伤保险条例》规定的认定工伤情形。

法院查明事实

死者牛某系原告白某之夫、原告牛某某之父。2017 年 12 月 9 日，某中学与死者牛某签订《事业单位人员聘用合同书》，聘用牛某在该中学从事中学教育教学工作。2018 年 7 月 1 日，该中学的副校长张某带领牛某等九名教师到另一中学进行期末交叉监考，并吃住在该镇。2018 年 7 月 2 日 19 时许，该中学与另一中学的相关领导组织篮球友谊比赛，牛某是该中学篮球队队员之一，当天 19：26，牛某打完篮球比赛第一节，在下场休息的过程中突发疾病，经镇卫生院抢救无效于当天 20：07 死亡。后该中学向被告市人社局申请工伤认定。被告市人社局作出《不予认定工伤决定书》，决定不予认定或者视同工伤。原告不服，诉至法院。法院判决撤销被告市人社局《不予认定工伤决定书》，由市人社局重新作出工伤认定决定。后市人社局对另一中学的几位教师做了调查笔录，仍然作出《不予认定工伤决定书》，对牛某受到的伤害不予认定或者视同工伤。二原告不服，遂向法院提起行政诉讼。

争议焦点

死者牛某外出进行期末交叉监考期间参加两校组织的篮球友谊比赛发病死亡是否属于工伤。

裁判结果

一审判决撤销被告市人社局作出的《不予认定工伤决定书》，由市人社局重新作出工伤认定决定。

二审判决驳回上诉，维持原判。

再审裁定驳回市人社局的再审申请。

裁判理由

再审法院认为，职工在因工被单位外派出差的整个期间，应当视为工作时间和工作岗位。本案中，死者牛某生前系受工作单位某中学指派，到另一中学进行期末交叉监考，其在监考期间属于公务出差，不属于《人力资源社会保障部关于执行〈工伤保险条例〉若干问题的意见（二）》第五条规定的“职工因工作原因驻外，有固定的住所、有明确的作息时间”的情形。牛某参加的篮球友谊比赛虽然系临时组织，但比赛经过两校相关领导认可，且有学校领导在场，因此，牛某参加此次篮球友谊比赛属于在公务出差期间参加单位组织的集体体育活动。根据《国务院法制办公室对〈关于职工参加单位组织的体育活动受到伤害能否认定为工伤的请示〉的复函》（国法秘函〔2005〕311 号）“作为单位的工作安排，职工参加体育训练活动而受到伤害的，应当依照《工伤保险条例》第十四条第（一）项中关于因工作原因受到事故伤害的规定，认定为工伤”的答复意见，牛某在公务出差期间，参加学校组织的集体体育活动时突发疾病，经现场抢救无效死亡，属于在工作时间和工作场所，因工作原因，突发疾病死亡，符合《工伤保险条例》规定的认定工伤情形。

案例索引

一审：（2019）黔0221行初69号

二审：（2019）黔02行终156号

再审：（2019）黔行申625号

专题四

在上下班途中导致工伤的司法认定

导读

国际上，职工上下班行为称为通勤行为，职工在上下班过程中所遇到的意外事故称为通勤事故。据统计，早在1963年，国际劳工组织103个成员国中就有50多个将通勤事故视为职业伤害。如今，通勤事故已被列为与工业事故、职业病并列的工伤保险三大项目之一。[①]

通勤事故“一方面，在工作场所终端上，它弥散着强烈的业务关联气息，从而具有归入工伤保护之可能；另一方面，在住所终端上，它又残存着诸多私人方面的影响力，难免又不同于普通工伤。两端作用之下，其保护制度自是独具特色”[②]。

因此，世界各国对通勤事故引起的伤害大都给予特殊的保护。

一、我国对通勤事故规定的发展演变过程

1996年《企业职工工伤保险试行办法》第八条第（九）项规定，在上下班的规定时间和必经路线上，发生无本人责任或者非本人主要责任的道路交通机动车事故的，应当认定为工伤。该办法规定了比较严格的条件限制：①在上下班的规定时间；②在上下班必经路线；③规定“无本人责任或者非本人主要责任”；④规定伤害源为“道路交通机动车事故”。《中华人民共和国道路交通安全法》（以下简称《道路交通安全法》）定义的“道路”是指公路、城市道路和虽在单位管辖范围但允许社会机动车通行的地方，包括广场、公共停车场等用于公众通行的场所。“机动车”是指以动力装置驱动或者牵引，上道路行驶的供人员乘用或者用于运送物品以及进行工程专项作业的轮式车辆。只有同时符合“规定时间”、“必经路线”、在“道路”上遭遇“机动车”事故而且“无本人责任或者非本人主要责任”的，才能认定为工伤。

1964年4月《全国总工会劳动保险部关于劳动保险问题解答》（以下简称《解答》）第54问：因工与非因工的界限如何划分？答：工人职员在下列情况下发生了问题，有可靠证明，可以享受因工待遇：……⑥集体乘坐本单位的车去开会、听报告或参加行政指派的各种劳动（包括支援农业），所乘坐的车，出了非本人所应负责的意外事故，造成职工负伤、残废或者死亡。《解答》第65问：工人上下班坐公共汽车，汽车翻了，负伤死亡，如何处理？答：按非因工负伤和死亡待遇处理。该《解答》仍然收紧交通事故认定为工伤的“口袋”。

---

① 胡玉浪、刘鸿：《通勤事故工伤认定标准探析》，《天津市工会管理干部学院学报》2009年第17卷第2期，第28－30页。

② 郑晓珊：《工伤保险法体系——从理念到制度的重塑与回归》，清华大学出版社2014年版，第178页。

2003 年《工伤保险条例》第十四条第（六）项规定，在上下班途中，受到机动车事故伤害的，应当认定为工伤。该项规定放宽了适用条件：第一，没有时间的限制，只要实质上是上下班即可；第二，没有必须是上下班必经路线的限制，只要是上下班合理路线即可；第三，以“机动车事故”取代“道路交通机动车事故”；第四，取消了“无本人责任或者非本人主要责任”的要求。

2004 年，《劳动和社会保障部关于实施〈工伤保险条例〉若干问题的意见》（劳社部函〔2004〕256 号）第二条进一步解释：条例第十四条规定“上下班途中，受到机动车事故伤害的，应当认定为工伤”。这里“上下班途中”既包括职工正常工作的上下班途中，也包括职工加班加点的上下班途中。“受到机动车事故伤害的”既可以是职工驾驶或乘坐的机动车发生事故造成的，也可以是职工因其他机动车事故造成的。

2010 年《工伤保险条例》第十四条第（六）项规定，在上下班途中，受到非本人主要责任的交通事故或者城市轨道交通、客运轮渡、火车事故伤害的，应当认定为工伤。修改后的 2010 年《工伤保险条例》第十四条第（六）项规定较之修改前的 2003 年《工伤保险条例》第十四条第（六）项规定的适用条件既有收窄的一面又有放宽的一面：一方面恢复了“非本人主要责任”的限定；另一方面扩大了伤害源的范围，将“机动车事故”修改为“交通事故或者城市轨道交通、客运轮渡、火车事故”。

按照现行《工伤保险条例》第十四条第（六）项规定，职工在上下班途中应当认定为工伤的，应符合以下要件：①在“上下班途中”；②发生了“交通事故或者城市轨道交通、客运轮渡、火车事故”；③事故责任为“非本人主要责任”；④职工本人受到事故伤害。

二、认定“上下班途中”三要件

“上下班途中”并非法律术语，《工伤保险条例》几经修改，却仍然显得过于简陋，对何为“上下班”、何为“上下班途中”等基本概念缺乏法律的界定标准，面对各种形式、错综复杂的工伤认定申请，工伤认定部门确实难以操作，由此而产生诸多争议。各地只能行使自由裁量权或者通过地方性的解释予以解决，如此一来，相同的情形在不同的地方可能有不同的认定结果。

《人力资源社会保障部关于执行〈工伤保险条例〉若干问题的意见（二）》第六条对“上下班途中”的解释是：“职工以上下班为目的、在合理时间内往返于工作单位和居住地之间的合理路线，视为上下班途中。”

《最高人民法院关于审理工伤保险行政案件若干问题的规定》第六条以列举加兜底的方式对“上下班途中”作出了具体的解释：①在合理时间内往返于工作地与住所地、经常居住地、单位宿舍的合理路线的上下班途中；②在合理时间内往返于工作地与配偶、父母、子女居住地的合理路线的上下班途中；③从事属于日常工作生活所需要的活动，且在合理时间和合理路线的上下班途中；④在合理时间内其他合理路线的上下班途中。

从以上规定中，我们可归纳出认定属于“上下班途中”的三要件：目的要件、路线要件和时间要件。

（一）目的要件

目的要件是认定“上下班途中”构成工伤的首要的和本质的要件，具有“一票否决”的功能。如果不是以上下班为目的，即使在时间和路途都符合要求的情况下，也不能认定为工伤。相反，如果确实以上下班为目的，即使在时间和路途上有偏差（例如合理的绕道等），也有可能认定为工伤。

对于“以上下班为目的”的认定，目前人社部和最高人民法院都没有进一步明确界定，要从行为人的主观意思和客观情况综合分析。

《最高人民法院关于非固定居所到工作场所之间的路线是否属于“上下班途中”的答复》（〔2008〕行他字第2号）认为，“如邹某确系下班直接回其在济南的住所途中受到机动车事故伤害，应当适用《工伤保险条例》第十四条第（六）项的规定”。该答复以是否具有上下班目的为依据认定职工是否在“上下班途中”。

在案例20中，因职工的家和公司相距几百公里，清明长假最后一天从家中提前回单位宿舍，法院按常理判断行为人属于“以上下班为目的”，从而认定其从几百公里外的住处提前一天回公司所在地的途中为“上下班途中”。

（二）路线要件

对于“路线”，人社部的表述为“往返于工作单位和居住地之间的合理路线”。最高人民法院的表述为往返于工作地与住所地、经常居住地、单位宿舍或者配偶、父母、子女居住地的合理路线，从事属于日常工作生活所需要的活动的合理路线，其他合理路线。

在实际生活中，最高人民法院采取列举式的方法仍然不能涵盖所有的“地”。在案例29中，法院认为，对居住地和工作地可作广义理解。所谓的居住地是指单位提供的宿舍、实际居住地、临时居住地或者经常居住地以及配偶、父母、子女居住地等。所谓工作地是指一处或者其中一处、固定或者不固定工作地、职工来往于多个与其工作相关的工作场所之间的合理区域、因工外出所涉及的区域以及本单位或者经本单位同意参加其他单位组织的集体活动地等。

如果职工有几个“居住地”，下班后到达其中一个居住地后，在又前往另一个居住地的途中发生非本人主要责任的交通事故而受到伤害的，能否认定为工伤？这个问题的主要争议是，职工到达第一个居住地后，是否可以认定为下班目的已完成。在案例21中，法院认为，职工下班回到宿舍后，其下班行为已经完成，再外出不属于下班途中。在案例24中，法院认为，尹某在上午下班后的合理时间内外出就餐，在就餐结束返回单位上班的途中发生交通事故，属于为日常生活需要在合理时间和合理路线的上班途中。在案例29中，法院认为，本案中刘某虽有中午就餐的生活必需性，但并非在居住地和工作地附近就餐，而是到远离上述两地十几千米之外的饭店就餐，餐后返回工作地的途中，不属于上下班的合理路线。

认定为工伤的所谓合理路线，通常是往返于工作地和居住地的最直接的路线。但是，有时职工上下班绕道而行，应当考虑职工绕道的理由，如因上下班途中遇到突发事件、交通堵塞、天气恶劣等客观原因绕道的，原则上可认定为“上下班途中”；而因私事而绕道的，如属于日常工作生活所必需的活动，且在合理时间内未改变以上下班为目的，应当视为“合理路线”。如绕道其他地方办理其他事务，而该事务与其工作、回家或者日常生活没有必然联系，则该过程不应认定为上下班途中。

绕道的正当理由原则上应由职工承担举证责任，用人单位有异议的，由用人单位对职工理由的不正当承担举证责任。

在案例38中，法院认为，“上下班途中”涉及上下班的时段标准和路径标准，但只要实质上确是上下班，则并不严苛规定时间和必经线路。因此，绕道送女友上班后再前往自己公司途中，没有改变以上班为目的，属于上班途中。

（三）时间要件

“上下班途中”的时间，是指在居住地和工作地之间的合理路线确定后，往返于合理路线的合理时间。所谓合理时间，应综合考虑职工往返居住地和工作地的距离、途中路况、出行方式、气候变化等因素，以保证职工能够顺利往返居住地和工作地的时间为“合理时间”。

在实践中，在时间要件上会有太多的不确定情况，比如职工提前上班、“私自”加班、迟到、早退、上班期间不舒服请假回家等，是否属于上下班的“合理时间”？《劳动和社会保障部关于实施〈工伤保险条例〉若干问题的意见》对“上下班途中”的解释是：“既包括职工正常工作的上下班途中，也包括职工加班加点的上下班途中。”据此，职工加班加点、提前上班、推迟下班，只要有证据证明确是为了工作或者回家，其在前往或离开工作地的时间应认定为“合理时间”。至于迟到、早退等行为，违反的是企业的规章制度，应受到劳动纪律的处罚，但不影响其“上下班途中”的认定，如果有证据证明确实是“以上下班为目的”，也不排除在“合理时间”之内。

三、关于交通事故

（一）是否属于交通事故的认定

《道路交通安全法》第一百一十九条规定，本法中下列用语的含义：①“道路”，是指公路、城市道路和虽在单位管辖范围但允许社会机动车通行的地方，包括广场、公共停车场等用于公众通行的场所；②“车辆”，是指机动车和非机动车；③“机动车”，是指以动力装置驱动或者牵引，上道路行驶的供人员乘用或者用于运送物品以及进行工程专项作业的轮式车辆；④“非机动车”，是指以人力或者畜力驱动，上道路行驶的交通工具，以及虽有动力装置驱动但设计最高时速、空车质量、外形尺寸符合有关国家标准的残疾人机动轮椅车、电动自行车等交通工具；⑤“交通事故”，是指车辆在道路上因过错或者意外造成的人身伤亡或者财产损失的事件。

据此，符合以下四个构成要件的，属于交通事故：①发生事故时的交通工具是车辆；②事故发生在道路上；③事故原因系过错或者意外；④事故后果包括人身伤亡或者财产损失。

在案例35中，职工在上班途中驾驶摩托车与路边突然窜出的一条狗相撞而倒地受伤，法院根据《道路交通安全法》第一百一十九条关于交通事故是指车辆在道路上因过错或意外造成的人身伤亡或者财产损失的事件的定义，该事故当属交通事故。

在案例30中，法院认为，交通事故是指车辆在道路上因过错或者意外造成的人身伤亡或者财产损失的事件，储某上班途中被山上滚落石头砸伤致死显然不是交通事故，不应被认定为工伤。

在案例31中，职工从单位宿舍步行上班途中摔伤，如果适用《工伤保险条例》第十四条第（六）项规定，则显然不属于交通事故，不能认定为工伤。该案审理法院认为，《工伤保险条例》第十四条第（二）项规定的“工作场所”是指与职工工作职责相关的场所，而非仅仅指工作岗位。“单位宿舍”属于《工伤保险条例》第十四条第（二）项规定的“工作场所”，职工在工作场所内去往工作岗位的途中，工作目的明确，且为开始工作所必须进行的行为，此种情形下职工意外跌倒摔伤，应认定为工伤。

（二）违反法律规定的责任认定

在案例25中，法院认为，职工在下班途中违反《道路交通安全法》第三十八条规定，导致交通事故承担全部责任的，不属于《工伤保险条例》第十四条第（六）项中规定的“非本人主要责任的交通事故”。

（三）单方事故的责任认定

单方事故是指发生交通事故时，只有一方是“车辆”，此时需要认定受害人的责任问题。

按照《工伤保险条例》第十四条第（六）项规定，只有在上下班途中，受到非本人主要责任的交通事故伤害的，才能被认定为工伤。如果本人负有主要责任的，则不能认定为工伤。职工驾驶自己的摩托车或者电动自行车上下班摔倒受伤，是自己的责任造成的，自然不构成工伤。

在案例28中，某公司职工叶某驾驶电动自行车在上班途中摔倒，法院认为，《工伤保险条例》第十四条第（六）项规定是对职工在工作时间、工作场所，因工作原因发生工伤事故认定的一种延伸。实践中应当正确理解和适用该条规定，不能无限扩大非本人主要责任事故的认定范围，也不能任意限缩其认定标准，应当综合现有证据依法有据做出认定。职工在单方事故中存在主要过失，应承担事故主要责任，依法不应当认定为工伤。

还应当注意的是，《人力资源社会保障部关于执行〈工伤保险条例〉若干问题的意见》第二条规定，《工伤保险条例》第十四条第（六）项规定的“非本人主要责任”的认定，应当以有关机关出具的法律文书或者人民法院的生效裁决为依据。也就是说，职工在上下班途中发生交通事故是否属于“非本人主要责任”，劳动行政部门不能自行作出判断，必须以公安机关交通管理部门出具的法律文书或者人民法院的生效裁决为依据。

（四）关于公安交管部门未出具交通事故责任认定书或者交通事故责任认定书内容不明确时的处理

《人力资源社会保障部关于执行〈工伤保险条例〉若干问题的意见》第二条规定，《工伤保险条例》第十四条第（六）项规定的“非本人主要责任”的认定，应当以有关机关出具的法律文书或者人民法院的生效裁决为依据。

《最高人民法院行政法官专业会议纪要七（工伤保险领域）》第三条认为，公安交管部门未出具交通事故责任认定书或者交通事故责任认定书内容不明确，社会保险行政部门调查核实后，可根据是否存在交通事故、是否依法报案以及交通事故证明书内容等综合判断职工是否对交通事故负主要责任。经前述程序仍无法判断，工伤认定申请人请求社会保险行政部门结合《工伤保险条例》第十九条第二款①，并依据该条例第十四条第（六）项规定认定职工所受交通事故伤害为工伤的，人民法院应予支持。②

在案例35中，法院认为，公安交管部门出具的未对交通事故责任承担作出划分的《道路交通事故证明》属于《工伤保险条例》第二十条第三款中规定的工伤认定决定需要的“司法机关或者有关行政主管部门的结论”，人社部门应调查核实职工在交通事故中应承担的责任，作出工伤认定决定。

在案例37中，张某下夜班后骑电动自行车回家途中，因路面结冰摔倒受伤。交管部门出具的《道路交通事故证明》属于交通意外，未出具道路交通事故责任认定书。法院认为，公安交管部门作出的《道路交通事故证明》，系对案涉事故具有管辖权的有权机构出具，该事故证明已对案涉事故中当事人无明显过错行为且该事故属交通意外作出明确认定，应当作为认定是否存在《工伤保险条例》第十四条第（六）项“本人主要责任”情形的依据。

---

① 《工伤保险条例》第十九条第二款：“职工或者其近亲属认为是工伤，用人单位不认为是工伤的，由用人单位承担举证责任。”

② 《最高人民法院行政法官专业会议纪要七（工伤保险领域）》。

案例19

在合理时间内，以上下班为目的往返于住处和工作单位之间的合理路径属于“上下班途中”

裁判观点

根据日常社会生活的实际情况，职工为上下班而往返于住处和工作单位之间的合理路径可能有多种选择。只要是职工为了上班或者下班，在合理时间内往返于住处和工作单位之间的合理路径之中，都属于“上下班途中”。至于职工选择什么样的路线，该路线是否为最近的路线，均不影响对“上下班途中”的认定。

法院查明事实

2006年9月20日早晨，陈某自其住处骑一辆三轮车前往公司上班，于6时5分发生机动车交通事故，经抢救无效死亡。公安交管部门作出的责任认定结论为陈某无责任。陈某之妻、本案第三人余某向被告区劳动局提出工伤认定申请。被告作出涉案工伤认定书，认定陈某死亡为工伤。公司不服该工伤认定，向市劳动局申请行政复议。市劳动局维持了涉案工伤认定书。

争议焦点

陈某是否在上班途中因机动车事故伤害死亡。

裁判结果

一审判决维持涉案工伤认定书。

二审判决驳回上诉，维持原判。

裁判理由

二审法院认为，《工伤保险条例》第十四条第（六）项规定所指的“上下班途中”应当理解为职工在合理时间内，为上下班而往返于住处和工作单位之间的合理路径之中。该路径可能有多种选择，不一定是固定的、一成不变的、唯一的路径。该路径既不能机械地理解为从工作单位到职工住处之间的最近路径，也不能理解为职工平时经常选择的路径，更不能以用人单位提供的路径作为职工上下班必须选择的唯一路径。根据日常社会生活的实际情况，职工为上下班而往返于住处和工作单位之间的合理路径可能有多种选择。只要是职工为了上班或者下班，在合理时间内往返于住处和工作单位之间的合理路径之中，都属于“上下班途中”。至于职工选择什么样的路线，该路线是否为最近的路线，均不影响对“上下班途中”的认定。本案中，根据行政机关的调查以及现有证据，2006年9月20日早晨，陈某从自己的住处出发，前往上诉人某公司上班。陈某的住处位于××市××区××路××小区，某公司位于××市××区××里。从实际地形看，陈某的住处在某公司的西北方向，涉案事故发生于某公司的西方，该地点虽然不在某公司自制的从陈某住处到某公司的交通路线图上，但亦位于陈某上班的合理路线之内。因此，可以认定陈某系在上班途中因机动车事故伤害死亡，被上诉人区劳动局作出的工伤认定合法，应予维持。

案例索引

《最高人民法院公报》2008 年第 9 期

案例 20

因距离较远，在清明长假最后一天提前返回公司所在地的途中属于“上下班途中”

裁判观点

职工的家庭住所地与工作地相隔两城，法定节假日或约定休息日期间，职工为上下班在合理时间内跨越城际往返于两地的合理路线，应当认定为《工伤保险条例》第十四条第（六）项规定的“上下班途中”。

法院查明事实

A 公司经营地位于××市××区，公司员工王某家庭住址位于该市另一区，工作日期间居住于公司提供的单位宿舍。2018 年 4 月 5 日至 7 日为清明节法定节假日，A 公司下发连续放假三天的通知，告知 2018 年 4 月 8 日正常打卡上下班。2018 年 4 月 7 日 18 时许，由公司员工陈某某驾驶小型客车搭乘王某及公司员工刘某从王某家中出发，返回公司所在地。19 时 55 分许，车辆发生追尾，撞击前方由驾驶人刘某某驾驶的小型客车，致使王某受伤及两车不同程度受损。王某被医院诊断为颈椎间盘突出症（C5/6、C6/7）、颈椎间盘突出（C3/4、C4/5）。公安交管部门认定此次道路交通事故由驾驶人陈某某承担全部责任。

A 公司向区人社局申请工伤认定，区人社局审查认为，王某于 2018 年 4 月 7 日前往××区的目的是休息，而不是上班，不属于《工伤保险条例》第十四条第（六）项规定的上班途中，作出《不予认定工伤决定书》，决定不予认定为工伤。市人社局决定维持区人社局作出的《不予认定工伤决定书》。

王某不服，提起本案诉讼，认为其家距离公司经营地和职工宿舍约 280 千米，在假期最后一日返回职工宿舍的目的是上班。

争议焦点

王某遭遇交通事故时是否属于上班的合理时间，即是否符合“上下班途中”。

裁判结果

一审判决撤销被告区人社局作出的《不予认定工伤决定书》和市人社局作

出《行政复议决定书》。

二审判决驳回区人社局上诉，维持原判。

裁判理由

二审法院认为，本案的事实可以证明王某是为了4月8日能准时上班而提前于4月7日16时许从距离公司所在地约280千米的家中出发前往公司。虽然事发当日不是上班时间（“清明”小长假的最后一天），但因王某属于异地工作，居住地与工作地相距较远，放假回家后提前一天返回职工宿舍，既符合其惯常的往返方式也符合常理，同时亦符合公司往返乘车安排的通知第三条“乘车规定：（8）返公司时间原则上为假期最后一日”的规定。王某发生事故时是4月7日19时50分，已经是晚上，故其提前返回公司的时间处于合理范围内，并未过分提前超出必要限度。如果苛求王某必须于4月8日当天工作日上班出行，才构成《工伤保险条例》“上下班途中”的要求，那么王某须于当日凌晨3时左右就出发前往公司才能按时到达工作岗位，这显然既不符合人体生理条件也不符合常理，更不利于对异地工作职工的保护。因此，王某事发当日提前返回公司宿舍休息，也是为了第二天能够不耽误上班，符合以“上下班为目的”基本条件，具有正当性和合理性，应当认定其发生交通事故时处于上班的合理时间。因此，王某受伤符合《工伤保险条例》第十四条第（六）项及《最高人民法院关于审理工伤保险行政案件若干问题的规定》第六条第（一）（三）项之规定，应当认定为工伤。

案例索引

《最高人民法院公报》2022年第5期

案例21

职工下班回宿舍后再外出不属于下班途中

裁判观点

职工下班回到宿舍后，其下班行为已经完成，再外出不属于下班途中。

法院查明事实

闫某是某公司员工，向公司申请住宿安排，公司同意并予以登记安排，闫某向公司交纳宿舍押金。2017年3月3日20时30分下班后，闫某与同事张某乘坐公司同事张某某驾驶的小轿车，从生产处回到公司住宿处后，因张某在市区居住，在张某驾驶其小轿车回家时，闫某称其要去市区银行取钱（另一说法为去市区找朋友），遂搭乘张某驾驶的小轿车前往。当晚21时许，张某驾驶小轿车碰撞于道路北侧行道树发生交通事故，致张某及闫某受伤、车辆损坏，闫某被送往医院住院并进行了治疗。经公安交管部门认定，张某承担事故全部责任，闫某无责任。市人社局经调查作出《不予认定工伤决定书》。闫某不服，向法院提起行政诉讼。

争议焦点

闫某是否属于上下班途中以及合理路线上发生交通事故而受到伤害。

裁判结果

一审判决撤销市人社局作出的《不予认定工伤决定书》。

二审判决撤销一审判决。

再审裁定驳回闫某的再审申请。

裁判理由

最高人民法院再审认为，根据原审查明的事实，闫某在《工伤认定申请表》中简述其受伤经过称，其乘坐张某某的车到达宿舍，后来又乘坐张某驾驶的小型客车去市区找朋友；闫某在《工伤认定申请表》中称，其在公司宿舍乘坐张某的车去市区张某家并取钱；闫某在市公安局的询问调查中称，当时其刚下班，是准备回城里住的地方去；闫某在人社局工作人员向其调查时称，其在公司办理宿舍入住手续后，实际没有住宿，而是在其他地方租房子居住，交通事故发生前，其乘坐张某驾驶的小轿车准备到市区取钱后，再返回租住处。结合以上事实分析，闫某的主张不能成立，理由如下：其一，闫某对其受伤经过的四次陈述均不一致，而且有较大差距，故对其有利的陈述可信程度较低。其二，闫某下班后先回到宿舍的事实客观存在，闫某也未予否认，在无其他合理解释的情况下，其下班过程已经完毕。其三，闫某虽又解释其实际在他处租住，先准备到市区取钱，再返回租住处。但根据原审查明的其行车路线与所述租住处相反的事实，以及对其所述取钱目的之可能性进行判断，闫某的该解释不符合常理，不能予以采信。因此，本案涉及的闫某受伤事件，不应认定为发生于上下班途中。

案例索引

一审：（2017）甘07行初40号

二审：（2018）甘行终127号

再审：（2018）最高法行申10337号

案例22

职工是否在上班途中受伤的事实不清的，行政复议决定应予以撤销

裁判要点

在工伤认定的行政复议过程中，有关证人证言真实性、合法性存疑，未在行

政复议听证现场予以质证，且有关证言存在不合理、反复及矛盾之处，属于事实不清。

法院查明事实

营某入职于A公司（后更名为B公司），2016年6月10日，马某驾驶两轮电动车（载营某）与扬某驾驶两轮摩托车相撞，造成扬某、马某、营某三人受伤、两车受损的交通事故。交管部门认定马某负事故主要责任，扬某负次要责任，营某无责任。营某经医院诊断为：①左膝后交叉韧带损伤并止点撕脱骨折；②左膝内侧副韧带损伤并撕脱骨折；③左下肢深静脉血栓形成。2017年10月26日，区民政局作出的045号《认定工伤决定书》载明：经调查核实，受伤害职工营某于2016年6月10日在去上班的路上，途径××路段，受到非本人主要责任的交通事故伤害。A公司主张，受伤害职工营某于2016年6月10日发生交通事故并非前去上班，但并未举证证明。依据《工伤保险条例》第十九条第二款之规定，职工认为是工伤，用人单位不认为是工伤的，由用人单位承担举证责任。营某2016年6月10日受到的事故伤害，符合《工伤保险条例》第十四条（第六项）之规定，属于工伤认定范围，现予认定为工伤。2018年3月1日，市人民政府作出9号《行政复议决定书》，决定撤销区民政局作出的045号《认定工伤决定书》。

A公司不服，提起行政诉讼。2018年8月17日，铁路运输中级人民法院作出（2018）陕71行初252号《行政判决书》，判决撤销市人民政府作出的9号《行政复议决定书》。省高级人民法院作出（2018）陕行终512号《行政判决书》，判决驳回上诉，维持原判。

争议焦点

营某的受伤是否可以认定为上班途中发生。

裁判结果

一审判决撤销市人民政府作出的《行政复议决定书》。

二审判决驳回上诉，维持原判。

再审裁定驳回B公司的再审申请。

裁判理由

最高人民法院再审认为，本案中，营某认为其系在上班途中受伤，并在申请工伤认定时提交了证人张某、肖某的书面证言，该二人的证言均证明营某是在去工地上班的路上发生的交通事故。受理工伤认定申请之后，区民政局为核实证据的真实性及调查案涉事实，针对证人进行了调查核实，并对和营某一同去上班的证人马某进行调查并形成调查笔录，经审查认定相关证据材料针对核心事实环节的表述并无明显矛盾，最终区局经调查后认定A公司无其他有效证据足以推翻营某主张，并结合调查核实的证据材料作出了045号《认定工伤决定书》。

之后，A公司因不服045号《认定工伤决定书》，提起行政复议申请，市政府作出9号《行政复议决定书》，撤销了045号《认定工伤决定书》。菅某不服9号《行政复议决定书》并提起诉讼。原审法院经审查后认定，在行政复议过程中市政府所采信的有关证人证言真实性、合法性存疑，未在行政复议听证现场予以质证，且有关证言存在不合理、反复及矛盾之处，原审法院认定市政府作出的9号《行政复议决定书》事实不清，并无不当。一审法院判决撤销该复议决定，二审法院驳回上诉、维持一审判决，均无不当。

案例索引

一审：(2018) 陕71行初252号

二审：(2018) 陕行终512号

再审：(2019) 最高法行申1941号

案例23

中午提前下班回家吃饭的合理路线属于“上下班途中”

裁判观点

职工根据个人具体情况在用人单位规定的下班时间适当提前回家吃饭，属于从事日常工作生活所需，且在合理时间和合理路线，属于下班途中。

法院查明事实

王某入职于A公司，从事的岗位工作时间分白班和夜班，白班上班时间为早8时到晚6时，夜班为晚6时至次日早8时。2018年3月3日11时25分，王某从单位骑电动车回家吃饭途中与驾驶员周某某驾驶的小型客车相撞，致其受伤。医院诊断结论为：①右桡骨粉碎性骨折；②右手舟状骨骨折；③左膝关节软组织挫伤；④左膝关节创伤性滑膜炎；⑤2型糖尿病等。公安交管部门认定驾驶员周某某负事故主要责任，王某负次要责任。王某申请工伤认定，区人社局作出《不予认定工伤决定书》。王某不服，遂向一审法院提起诉讼。

争议焦点

王某中午提前下班回家吃饭发生非本人主要责任的交通事故受伤是否应认定为工伤。

裁判结果

一审判决撤销区人社局作出的《不予认定工伤决定书》。

二审判决维持一审判决。

再审裁定驳回A公司的再审申请。

裁判理由

再审法院认为，王某发生交通事故的时间为周六，工作时间为早 8 时至晚 6 时，而用人单位并不解决中午就餐问题，亦未明确中午就餐时间，王某根据个人具体情况于中午 11 时 25 分左右回家吃饭不悖常情，时间无明显不合理之处，属于从事日常工作生活所需，根据《最高人民法院关于审理工伤保险行政案件若干问题的规定》第六条的规定，二审认定王某发生交通事故的情形属于下班途中，并无不当。根据《工伤保险条例》第十四条第（六）项，因王某负事故次要责任，故二审认为王某所受交通事故伤害应认定为工伤，判决撤销区人社局作出的《不予认定工伤决定书》，责令区人社局依法重新作出工伤认定决定，并无不当。

案例索引

一审：（2019）陕 0702 行初 21 号

二审：（2019）陕 07 行终 60 号

再审：（2020）陕行申 30 号

案例 24

职工在下班后的合理时间内外出就餐结束返回单位上班的途中，属于上班途中

裁判观点

认定“上下班途中”并非必须是往返于职工的居住地与工作地之间，为从事日常工作生活所需要的活动，而在合理时间和合理路线的上下班，亦应认定为《工伤保险条例》第十四条第（六）项规定的“上下班途中”。

法院查明事实

2017 年 2 月 28 日 13 时左右，尹某在外出就餐后骑电动车与一辆重型货车发生交通事故受伤，经诊断为右肩锁关节脱位、右大腿软组织损伤。公安交管部门认定尹某无责任。2018 年 3 月 2 日，尹某向区人社局申请工伤认定。区人社局于当日作出《工伤认定申请不予受理决定书》，认为尹某申请工伤认定超过法律规定的时效，决定不予受理其工伤认定申请。尹某不服，向区人民法院提起行政诉讼。2018 年 10 月 29 日区人社局撤销了不予受理决定，随后尹某撤销起诉，法院裁定准予撤诉。

2018 年 12 月 13 日，尹某再次向区人社局提出工伤认定申请。2019 年 1 月 21 日，区人社局作出《认定工伤决定书》。原告用人单位不服，向区政府申请行

政复议，经补正材料，区政府作出《行政复议决定书》，维持区人社局作出的《认定工伤决定书》。原告仍不服，提起本案行政诉讼。

争议焦点

尹某中午外出就餐后返回公司途中是否属于“上下班途中”。

裁判结果

一审判决驳回原告用人单位的诉讼请求。

二审判决驳回用人单位的上诉，维持原判。

再审裁定驳回用人单位的再审申请。

裁判理由

再审法院认为，尹某在外出就餐后骑电动车与一辆重型货车发生交通事故受伤，经公安交管部门认定，尹某无责任。原审中，用人单位陈述尹某上午下班时间为11时30分，下午上班时间为13时30分。用人单位认可尹某系从就餐地点前往公司途中发生交通事故的事实，但认为尹某不是从其住处前往公司，不应当认定为“上下班途中”。《最高人民法院关于审理工伤保险行政案件若干问题的规定》第六条第（三）项规定，对社会保险行政部门认定从事属于日常工作生活所需要的活动，且在合理时间和合理路线的上下班途中的情形为“上下班途中”的，人民法院应予支持。根据该项规定，认定“上下班途中”并非必须是往返于职工的居住地与工作地之间，为从事日常工作生活所需要的活动，而在合理时间和合理路线的上下班，亦应认定为《工伤保险条例》第十四条第（六）项规定的“上下班途中”。尹某在上午下班后的合理时间内外出就餐，在就餐结束返回单位上班的途中发生交通事故，属于为日常生活需要在合理时间和合理路线的上班途中。

案例索引

一审：（2019）苏0812行初231号

二审：（2019）苏08行终250号

再审：（2020）苏行申2004号

案例25

在上下班途中发生本人主要责任交通事故受伤的，不是工伤

裁判观点

职工在下班途中违反《道路交通安全法》第三十八条规定，导致交通事故

承担全部责任的，不属于《工伤保险条例》第十四条第（六）项中规定的“非本人主要责任的交通事故”。

法院查明事实

2019年4月2日中午原告马某下班回家，12时10分许，原告驾驶两轮电动车为躲避穿越道路的学生，因操作不当致使电动车发生侧滑造成原告受伤、车辆受损的交通事故。公安交管部门认定导致交通事故的过错责任系原告的行为违反了《道路交通安全法》第三十八条规定。原告于2019年6月3日向被告区人社局提出工伤认定申请。被告区人社局经调查认为，原告发生交通事故受伤是因原告本人操作不当发生的单方交通事故，不属于工伤认定范围，遂依照《工伤保险条例》第十四条第（六）项规定作出《不予认定工伤决定书》，决定不予原告工伤认定。原告不服，向被告市人社局申请复议，被告市人社局经审查作出《行政复议决定书》，决定维持被告区人社局作出的《不予认定工伤决定书》。原告不服，提起行政诉讼。

争议焦点

马某在下班途中发生单方交通事故是否属于《工伤保险条例》第十四条第（六）项规定的“非本人主要责任的交通事故”。

裁判结果

一审判决驳回原告马某的诉讼请求。

二审判决驳回上诉，维持原判。

再审裁定驳回再审申请人马某的再审申请。

裁判理由

再审法院认为，再审申请人马某发生事故伤害后，交管部门出具了《道路交通事故证明》，证明马某的行为违反了《道路交通安全法》第三十八条规定，是导致交通事故的原因。根据《道路交通事故处理程序规定》第六十条第一款第（一）项“因一方当事人的过错导致交通事故的，承担全部责任”的规定，本案再审申请人马某在下班途中发生的事故伤害，不属于《工伤保险条例》第十四条第（六）项中规定的“非本人主要责任的交通事故”，一、二审判决并无不当。

案例索引

一审：（2019）宁0303行初19号

二审：（2020）宁03行终6号

再审：（2020）宁行申150号

案例 26

用人单位在本单位范围内临时安排职工工作的，不属于因工外出

裁判观点

职工受用人单位指派前往单位工作场所从事指定工作途中受伤，不适用《工伤保险条例》第十四条第（五）项因工外出期间因工作原因受到伤害的情形，而应适用《工伤保险条例》第十四条第（六）项在上下班途中，受到非本人主要责任的交通事故或者城市轨道交通、客运轮渡、火车事故伤害的情形。

法院查明事实

杨某之子杨某某在 A 公司下属的 B 公司工作。某日，B 公司通知杨某某等所有员工到 A 公司处集合，安排工作。当日 7 时 12 分许，杨某某驾驶两轮摩托车与路灯杆相撞，当场死亡。公安交管部门认定杨某某在事故中承担全部责任。2019 年 11 月 12 日，县人社局受理了杨某提交的工亡认定申请，经调查、收集相关证据，认为杨某某不符合《工伤保险条例》第十四条、第十五条规定的工伤认定条件，作出《不予认定工亡决定书》。杨某不服，提起行政诉讼。

争议焦点

杨某某系受公司指派“因工外出”受到事故伤害，还是上下班途中受到事故伤害。

裁判结果

一审判决驳回杨某的诉讼请求。

二审判决驳回上诉，维持原判。

再审裁定驳回杨某的再审申请。

裁判理由

再审法院认为，本案证据可证实 A 公司是杨某某的用人单位。2019 年 9 月 16 日 6 时许，B 公司通知杨某某到 A 公司开会，该工作安排是在用人单位的工作场所内，杨某某并未受用人单位指派在工作场所以外从事工作活动，杨某某驾车行驶在去工作单位的路上应属正常的上班途中，不属于上述法律规定的“因工外出”的情形。杨某某在上班途中发生的单方交通事故，经公安交管部门认定该起事故杨某某承担全部责任。故，被申请人认为杨某某的伤亡不符合《工伤保险条例》第十四条、第十五条规定的工伤认定条件，作出《不予认定工亡决定书》并无不当。

案例索引

一审：（2020）宁 0521 行初 5 号

二审：（2020）宁05行终37号

再审：（2020）宁行申143号

案例27

社会保险行政部门在单位未提交充分证据的情况下作出工伤决定，属认定事实不清、主要证据不足

裁判观点

用人单位为职工安排了宿舍，职工工作结束后可以在宿舍休息。职工在完成工作后回家，又从家中返回宿舍的行为不违反常理。用人单位否认职工发生交通事故系在上下班途中，应当对此承担举证责任。社会保险行政部门在单位未提交充分证据的情况下作出工伤决定，属认定事实不清、主要证据不足。

法院查明事实

某单位雇用高某为其职工制作早上8时的早餐和中午1时的午饭，其余时间由其自行安排，单位为其安排了宿舍。2016年7月23日，高某在单位安顿完午饭后离开单位回家。下午4时高某驾驶三轮电动车，携带水桶离家外出，被杨某驾驶的三轮摩托车在超车时撞伤，经医院抢救无效于当日死亡。公安交管部门认定杨某对该起事故负全部责任。死者高某的亲属杨某某提出工伤认定申请，市人社局作出《不予认定工伤决定书》，以下午单位没有为其安排工作，高某下午4时许从家中出发的路线不符合工伤认定相关规定为由，决定不予认定为工伤。市人民政府作出《行政复议决定书》，以高某与第三人单位不存在劳动关系，发生交通事故的时间、地点、原因与其工作无关，并非在其上下班途中为由，维持了市人社局不予认定工伤决定。杨某某不服，提起行政诉讼。

争议焦点

高某驾驶三轮电动车，携带水桶行至××路段发生交通事故，是否属于“上下班途中”。

裁判结果

一审判决撤销市人社局作出的不予认定工伤决定和市人民政府作出的行政复议决定。

二审判决驳回单位的上诉，维持原判。

再审裁定驳回单位的再审申请。

裁判理由

最高人民法院再审认为，《工伤保险条例》第十四条项规定：“职工有下列

情形之一的，应当认定为工伤：……（六）在上下班途中，受到非本人主要责任的交通事故或者城市轨道交通、客运轮渡、火车事故伤害的……”第十九条第二款规定：“职工或者其近亲属认为是工伤，用人单位不认为是工伤的，由用人单位承担举证责任。”高某系某单位工作人员，主要负责为该单位职工做早饭和午饭，工作之余的时间由其自行安排，单位为高某安排了宿舍，高某工作结束后可以在单位宿舍休息。2016 年 7 月 23 日下午 4 时许，高某在其家通往单位的道路上发生交通事故死亡。从单位对高某的工作安排来看，其在完成午饭的工作后回家，又于下午 4 时左右从家中返回单位宿舍的行为不违反常理。单位否认高某发生交通事故系在上下班途中，其应当对此承担举证责任。但单位在工伤认定程序中提交的王某、张某和高某某等人的证人证言并不能证明高某是为其自家拉饮用水的过程中发生交通事故。市人社局在单位未提交充分证据的情况下作出 250 号工伤决定，属认定事实不清、主要证据不足。《行政诉讼法》第七十条规定：“行政行为有下列情形之一的，人民法院判决撤销或者部分撤销，并可以判决被告重新作出行政行为：……（一）主要证据不足的……”第七十九条规定：“复议机关与作出原行政行为的行政机关为共同被告的案件，人民法院应当对复议决定和原行政行为一并作出裁判。”因此，原审法院判决撤销市人社局作出的 250 号工伤决定和市政府作出的 2 号行政复议决定，责令市人社局重新作出认定，并无不当。

案例索引

一审：（2017）甘 08 行初 7 号

二审：（2018）甘行终 123 号

再审：（2018）最高法行申 4153 号

案例 28

职工在单方事故中承担事故主要责任的，不是工伤

裁判观点

《工伤保险条例》第十四条第（六）项规定是对职工在工作时间、工作场所，因工作原因发生工伤事故认定的一种延伸。实践中应当正确理解和适用该条规定，不能无限扩大非本人主要责任事故的认定范围，也不能任意限缩其认定标准，应当综合现有证据依法有据作出认定。职工在单方事故中存在主要过失，应承担事故主要责任，依法不应当认定为工伤。

法院查明事实

某公司职工叶某驾驶电动自行车在上班途中摔倒，公安交管部门出具道路交通事故证明记载：叶某驾驶电动自行车行至公交车站，遇风掀起雨衣，遮挡视线，车辆与非机动车道左侧路牙发生碰撞，致叶某倒地受伤，电动自行车受损。医院诊断为左肩关节脱位并大结节骨折、臂丛损伤。叶某向市人社局提出工伤认定申请，市人社局作出《不予认定工伤决定书》，认为叶某于2014年7月15日上班途中骑电动自行车与非机动车道左侧路牙发生碰撞倒地受伤，为单方道路交通事故，而不是非本人主要责任的交通事故，该情形不符合《工伤保险条例》第十四条第（六）项之规定，故不予认定叶某受到的伤害为工伤。叶某不服，向市政府申请行政复议。市政府作出《行政复议决定书》，维持市人社局作出的《不予认定工伤决定书》。另查明，2014年7月15日上午7时到8时该市降水量为1.6毫米，风速为7.6米/秒。

争议焦点

叶某上班途中发生单方事故是否为非本人主要责任的交通事故。

裁判结果

一审判决撤销市人社局作出的《不予认定工伤决定书》和市政府作出的《行政复议决定书》。

二审判决撤销一审判决。

再审判决维持二审判决。

裁判理由

一审法院认为，本案叶某驾驶电动自行车上班符合其正常生活习惯，即使面临较大的风雨，其对交通事故的发生也无法作出预测；叶某发生单方交通事故的主要原因系风雨这一客观外力，在没有充分证据证明其违反交通规则且未尽谨慎驾驶义务时，不能得出其对单方交通事故存在主要过错的结论。且两被告也没能厘清交通事故责任与交通事故赔偿责任的区别，在未深入调查的情况下，仅凭道路交通事故证明，就以叶某对单方交通事故承担全部赔偿责任为由径直推断该起事故不是非本人主要责任的交通事故，明显不妥。

二审法院认为，叶某受伤的原因是风雨天气，遇风掀起雨衣，遮挡视线，车辆与非机动车道左侧路牙发生碰撞致其倒地受伤。本院认为，天气恶劣情况下，上诉人更应谨慎驾驶车辆，尽到应有的道路交通安全注意义务，防范事故发生。并且，从公安交管部门出具的道路交通事故证明以及被上诉人提供的现场图片等证据材料看，道路路面不存在安全隐患，因此，上诉人市人社局据此认定叶某对本次单方事故承担全部责任，并作出叶某所受伤害不属于工伤的决定，并无不当。市政府作出的维持该不予认定工伤决定的行政复议决定，程序合法，符合法律规定。

人民检察院抗诉认为，二审判决认定事实不清，适用法律错误。理由如下：

①经向市气象局咨询，事发当日的气象条件在该地区极为常见，未达到天气恶劣程度。因此，作为长期生活在该地区的叶某只要尽到正常条件下的注意义务即可，不需要承担更谨慎的注意义务。②从叶某提交的现场图片可以看出，非机动车道左侧的公交车站台路牙向自行车道弯曲、延伸出65 厘米。正常情况下，这弯曲出来的65 厘米不构成安全隐患。但在事故发生的当天，在叶某遇风掀起雨衣，遮挡视线的情况下，已经构成了交通安全隐患。③引发事故的原因是风把雨衣掀起致受害人视线被遮挡看不见前方路况和左侧公交站台路牙弯曲到自行车道内，受害人对此不应承担主要责任。二审判决认定叶某承担全部责任更无事实和法律依据。

再审法院认为，申请人叶某长期生活在该地区，其驾驶电动自行车上班行驶的路线系其固定上班路线，叶某对路线沿途道路状况应当熟知。叶某在风雨天气中骑行电动自行车应当尽到小心谨慎的注意义务，在风大雨大的情况下可以选择推行电动车或停车整理雨衣等措施，而其选择了继续骑行。事故的发生，是叶某在风雨天气、雨天路滑、风掀起雨衣遮挡其视线，致其骑行电动自行车撞到非机动车道路牙摔倒受伤。据此，该起事故的发生，并非不可预见的意外事件，更不应当归责于天气。另，现有证据证实，事故发生地点道路平整通畅，没有施工围栏、窨井盖敞开或者其他路障，不存在外力因素干扰叶某骑行，致其无法避让。据此，叶某未能尽到小心谨慎的注意义务，在事故中自身存在主要的过失，应承担事故主要责任或全部责任。

案例索引

一审：（2015）昆行初字第00135 号

二审：（2015）苏中行终字第00372 号

再审：（2019）苏行再6 号

案例29

午餐地点远离居住地和工作地，返回单位不属于上班途中

裁判观点

对于“上下班途中”的认定应从目的因素、空间因素及时间因素综合判断。上下班路线应不限于最短路线，而在于合理路线。对于上下班途中绕道是否属于上下班途中，应考虑绕道原因，对于职工在上下班途中从事属于日常工作生活所必需的活动，且在合理时间内未改变以上下班为目的的合理路线的途中，应视为上下班途中。反之，绕道不具合理性的，不能认定为上下班途中。

法院查明事实

刘某系某单位人员，家住某市某小区。某日，刘某中午下班后，驾驶车载着一位朋友与其他两位朋友相约到饭店用餐。用餐完毕后，刘某载着朋友返回单位上班。13 时 47 分左右，刘某驾车行驶至××路段，其同向行驶的罐车发生爆炸波及刘某驾驶的车辆，刘某在爆炸中当场死亡。经《事故调查报告》确认，该事故刘某无责任。

原告张某向被告市人社局提出对其丈夫刘某工伤认定的申请。被告认定，刘某家在其工作单位的西北方向，两地相距约 7 千米。饭店在其工作单位的东南方向，两地相距约 13.6 千米。饭店位于其从工作单位回家的相反方向。因此，刘某用餐完毕返回途中在爆炸中死亡的情形不符合《工伤保险条例》第十四条、第十五条认定工伤或视同工伤的情形。被告作出第 10 号《不予认定工伤决定书》，对刘某的死亡决定不予认定或视同工伤，刘某的近亲属不服该决定，提起本案行政诉讼。

争议焦点

刘某与朋友聚餐后返回途中是否符合"上下班途中"的空间要件，是否属于其上班途中的合理路线。

裁判结果

一审判决撤销被告市人社局作出的《不予认定工伤决定书》。

二审判决撤销一审判决。

再审裁定驳回张某、刘某、杨某的再审申请。

裁判理由

再审法院认为，对于上下班途中的认定应从是否以上下班为目的、上下班路途的方向、距离远近及时间因素综合判断。

空间因素方面，上下班途中是指居住地和工作地之间的合理路径。在职工没有走最直接、最通达的路线上下班受到伤害时，还应充分考虑职工绕道的理由，理由正当的绕道也应视为合理路线。若绕道其他地方办理其他事务，而该事务与其工作、回家或者日常生活没有必然联系，则该过程不应认定为上下班途中。对于上下班途中的空间理解，对居住地和工作地可作广义理解。所谓的居住地是指单位提供的宿舍、实际居住地、临时居住地或者经常居住地以及配偶、父母、子女居住地等。所谓工作地是指一处或者其中一处、固定或者不固定工作地、职工来往于多个与其工作相关的工作场所之间的合理区域、因工外出所涉及的区域以及本单位或者经本单位同意参加其他单位组织的集体活动地等。本案中，刘某午餐的地点并非与其居住地相关联，也非其工作场所附近的合理区域。

在目的因素方面，职工从事日常工作生活所必需的活动，且在合理时间内未改变以上下班为目的的合理路线的途中，应当认定为上下班途中。本案刘某就餐的地点远离其居住地和工作地，虽然午餐是其生活必需的，且其返回途中也具有上班的目的，但其就餐地点与其居住地和工作地无关联，因此需要考虑本案是否属于在合理的上下班路途中。

上下班的行程路径、目的要考虑其合理性。对于合理性的解释，既不能作扩张解释，也不能作过于狭窄的解释。上下班路线应不限于最短路线，而在于合理路线。对于上下班途中绕道是否属于上下班途中，应考虑绕道原因，对于职工在上下班途中从事属于日常工作生活所必需的活动，且在合理时间内未改变以上下班为目的的合理路线的途中，应视为上下班途中。本案中刘某虽有中午就餐的生活必需性，但并非在居住地和工作地附近就餐，不具有到远离上述两地十几千米之外的饭店就餐的必需性。

案例索引

一审：（2018）鲁 1625 行初 11 号

二审：（2019）鲁 16 行终 52 号

再审：（2019）鲁行申 1470 号

案例30

步行上班途中被山上滚落石头砸伤致死不是交通事故死亡

裁判观点

《工伤保险条例》第十四条第（六）项规定，认定工伤必须包括“上下班途中”“非本人主要责任”“交通事故”三个必要条件。在上班途中受到不属于交通事故的意外事故死亡，不属于应当认定工伤的情形。

法院查明事实

储某从家中前往公交站台，准备乘公交车上班，途中被北侧山体悬崖上滚落的石块砸伤胸腹部。储某被送往医院救治，出院后当天死亡。

用人单位申请工伤认定，县人社局作出《不予认定工伤决定书》，认定储某受到的伤害不符合《工伤保险条例》第十四条、第十五条认定工伤或者视同工伤的情形，决定不予认定或者视同工伤。储某妻子孙某、女儿储某某不服，提起行政诉讼，请求撤销该《不予认定工伤决定书》。

争议焦点

职工在上下班途中受到意外事故伤害，是否应当认定为工伤。

裁判结果

一审判决驳回原告孙某、储某某的诉讼请求。

二审判决驳回上诉，维持原判。

再审裁定驳回孙某、储某某的再审申请。

裁判理由

一审认为，《工伤保险条例》第十四条第（六）项规定，认定工伤必须包括"上下班途中""非本人主要责任""交通事故"三个必要条件。《道路交通安全法》第一百一十九条规定：交通事故是指车辆在道路上因过错或者意外造成的人身伤亡或者财产损失的事件。《人力资源和社会保障部办公厅关于工伤保险有关规定处理意见的函》（人社厅函〔2011〕339号）也作出了同样的规定。因此，储某被山上滚落石头砸伤致死显然不是交通事故，不符合该条款的规定，不应被认定为工伤。

二审认为，根据《工伤保险条例》第十四条第（六）项的规定，上下班途中受到交通事故伤害的视为工伤；第（七）项规定，视为工伤的其他情形应当有法律、行政法规的规定。储某系在上班途中受到意外事故死亡，对照上述条文的规定，不属于应当认定工伤的情形。

再审认为，《工伤保险条例》第十四条第（六）项的规定，上下班途中受到交通事故伤害的视为工伤。本案中，储某系在上班途中受到路边山体落石砸伤造成死亡，不属于应当认定工伤的情形，县人社局作出不予认定工伤决定符合法律规定，原审判决驳回孙某、储某某的诉讼请求并无不当。

案例索引

一审：（2017）皖1525号行初33号

二审：（2018）皖15行终35号

再审：（2020）皖行申136号

案例31

职工从单位宿舍步行上班属于从事与工作有关的预备性工作[①]

裁判观点

《工伤保险条例》第十四条第（二）项规定，工作时间前后在工作场所内，从事与工作有关的预备性或者收尾性工作受到事故伤害的，应当认定为工伤。根据上述规定，"工作场所"是指与职工工作职责相关的场所，而非仅仅指工作岗位。职工在工作场所内去往工作岗位的途中，工作目的明确，且为开始工作所必

① 提示：本案的一审、二审、再审法院对于相同的事实适用不同的法条，作出不同的判决。

须进行的行为，此种情形下职工意外跌倒摔伤，应认定为工伤。

法院查明事实

原告贾某从其所在的单位宿舍步行至工作地点上夜班途中，因下雨路滑摔倒致伤。原告贾某提出工伤认定申请，被告市人社局作出不予认定工伤决定。

另查明，原告贾某提交的工伤认定申请表中受伤害经过简述如下："2016 年 8 月 13 日 18 时 30 分左右，贾某从宿舍步行去工作地点……"

争议焦点

本案应当适用《工伤保险条例》第十四条规定中的哪项规定。

裁判结果

一审判决驳回原告贾某的诉讼请求。

二审判决驳回贾某的上诉，维持原判。

再审判决撤销二审行政判决和一审行政判决，撤销市人社局《不予认定工伤决定书》，责令市人社局重新作出工伤认定决定。

裁判理由

一审认为，本案应当适用《工伤保险条例》第十四条第（五）项的规定。被告市社局依查明的事实，认定原告贾某 2016 年 8 月 13 日 18 时 30 分左右从其单位宿舍步行至工作地点为上班途中，但在该途中因下雨路滑摔倒致伤，不符合《工伤保险条例》第十四条第（五）项的规定，市人社局依法定程序作出不予认定工伤决定，事实清楚、程序合法、适用法规适当。①

二审认为，本案应当适用《工伤保险条例》第十四条第（六）项的规定。《工伤保险条例》第十四条第（六）项规定，职工在上下班途中，受到非本人主要责任的交通事故或者城市轨道交通、客运轮渡、火车事故伤害的，应当认定为工伤。本案中，上诉人贾某是上班途中，因下雨路滑摔倒致伤，不符合上述法规规定的情形，被上诉人市人社局对其作出不予认定工伤决定并无不妥。②

再审认为，本案应当适用《工伤保险条例》第十四条第（二）项的规定。《工伤保险条例》第十四条第（二）项规定中的"工作场所"是指与职工工作职责相关的场所，而非仅仅指工作岗位。职工在工作场所内去往工作岗位的途中，工作目的明确，且为开始工作所必须进行的行为，此种情形下职工意外跌倒摔伤，若认定为不属于工伤的情形，既有违《工伤保险条例》的立法本意，亦有悖生活常识。本案中，贾某在厂区内前往工作岗位工作的路途中因下雨不慎摔

---

① 《工伤保险条例》第十四条第（五）项规定，职工因工外出期间，由于工作原因受到伤害或者发生事故下落不明的，应当认定为工伤。

② 《工伤保险条例》第十四条第（六）项规定，职工在上下班途中，受到非本人主要责任的交通事故或者城市轨道交通、客运轮渡、火车事故伤害的，应当认定为工伤。

伤，在无相反证据证明职工从事与工作无关事务的情况下，应当认定为工伤。①

案例索引

一审：（2017）冀0102行初181号

二审：（2018）冀01行终28号

再审：（2019）冀行再6号

案例32

上班请假1小时回家办私事，返回工作单位的路途应视为在合理时间、合理路线的上班途中

裁判观点

职工在上班期间请假回家办私事、回单位上班与继续工作之间具有关联性，且办理了请假手续经单位批准而外出，其外出回单位的路上发生非本人主要责任的交通事故，在时间、路线上均具备合理性，符合《工伤保险条例》第十四条第（六）项之规定，应认定为工伤。

法院查明事实

原告常某在上班时，因要回家送钥匙，便向其所在班组的班长申请请假1小时，得到批准后，便骑摩托车离开其工作岗位回家。当日16时10分，原告常某在驾驶其摩托车返回单位途中发生交通事故。公安交管部门认定原告常某在此次交通事故中负次要责任。第三人常某的用人单位向被告市人社局申请工伤认定。市人社局认为原告常某临时下班回家途中因发生交通事故所受到的伤害不符合《工伤保险条例》第十四条第（五）（六）项规定的认定工伤的情形，作出《不予认定工伤决定书》，决定对原告常某的事故伤害不予认定为工伤。原告常某不服，提起行政诉讼。

争议焦点

常某工作过程中因私事中途请假1小时回家，其往返的过程中发生非本人主要责任的交通事故之情形能否认定为工伤。

裁判结果

一审判决驳回原告常某的诉讼请求。

二审判决撤销一审行政判决，撤销市人社局作出的《不予认定工伤决定书》。

① 《工伤保险条例》第十四条第（二）项规定，职工工作时间前后在工作场所内，从事与工作有关的预备性或者收尾性工作受到事故伤害的，应当认定为工伤。

再审裁定驳回市人社局的再审申请。

裁判理由

一审认为,《工伤保险条例》规定的“上下班途中”应当是职工因工作生活所必需的上下班过程，且应当具有时间和路线的合理性。原告离岗时，虽然请假，且经过批准，但其目的是办私事，与其工作目的不具任何关联性，其往返的过程不属于工作生活所必需，故不能视为《工伤保险条例》规定的“上下班途中”。

二审认为,《最高人民法院关于审理工伤保险行政案件若干问题的规定》第六条规定明确“上下班途中”的前提只要在合理的时间和路线内即可，具体到本案，上诉人在工作上班期间，因其年老的岳母没钥匙进门不得已请假回家送钥匙，其请假送钥匙、回单位上班与继续工作之间具有关联性，且办理了请假手续经单位批准而外出，其外出回单位的路上发生交通事故，在时间、路线上均具备合理性的特点，被上诉人市人社局机械地理解了“上下班途中”的规定，不符合《工伤保险条例》的立法本意。

再审认为，本案常某在上班期间，因私事办理了请假手续而外出，其在返回单位的路上发生交通事故，且其本人不负事故主要责任。故，常某请假回家后又返回单位而发生非本人主要责任的交通事故之情形符合《工伤保险条例》第十四条第（六）项之规定，应认定为工伤。

关于市人社局主张常某请假回家后又返回单位不属于法律规定的在“合理时间”内往返工作地与住所地的问题,《最高人民法院关于审理工伤保险行政案件若干问题的规定》第六条规定了人民法院应予支持对社会保险行政部门认定为“上下班途中”的四种情形。本案中，常某虽请假 1 小时回家办理私事，但其从家里返回工作单位的路途中发生交通事故是客观事实，仍应视为在合理时间、合理路线的上班途中。

案例索引

一审：（2017）湘 1302 行初 78 号

二审：（2018）湘 13 行终 64 号

再审：（2019）湘行申 33 号

案例33

职工辞职回家途中属于“下班途中”

裁判观点

职工向用工单位申请辞职，并不当然发生与用人单位解除劳动关系的法律效力。职工离职当日完成的交接工作等也是其工作组成部分，之后其离开公司回家的行为应当视为下班。在下班途中的合理时间和合理路线因交通事故死亡，并且不承担事故责任的，应认定为工伤。

法院查明事实

王某与A公司签订劳动合同，被派遣至B公司工作。某日，王某参加了B公司的员工岗前培训，当天11时17分刷卡在食堂就餐，吃完午饭后，向B公司提交辞职申请，辞职理由是“不想做”。B公司同意了王某的辞职申请，并办理了离职手续，监控显示王某于当日13时22分离开公司。道路交通事故认定书载明，2017年7月31日13时23分许，王某驾驶电动自行车在××大道××路东约150米处与一重型自卸货车相撞并被该货车碾压，经抢救无效于当日死亡，王某在该起事故中不承担责任。交通事故地点位于B公司去往王某住处的必经路途。

王某父亲王某某向属地的区人社局提出工伤认定申请，区人社局经调查后作出《认定工伤决定书》，认为王某的情况符合《工伤保险条例》第十四条第（六）项、《××市工伤保险实施办法》第十四条第（六）项之规定，予以认定为工伤。A公司、B公司对被诉工伤认定决定不服，向市人社局申请行政复议。市人社局维持了区人社局作出的被诉工伤认定决定。A公司、B公司不服，诉至法院。

争议焦点

（1）王某离职当天发生的交通事故是否属于下班途中。

（2）交通事故发生的时间、地点是否属于下班途中的合理时间和合理路线。

裁判结果

一审判决驳回A公司、B公司的诉讼请求。

二审判决驳回上诉，维持原判。

裁判理由

一审认为，关于王某离职当天发生的交通事故是否属于下班途中。首先，员工从用工单位离职当日离开公司回家的行为应当认定为下班。虽然事发当日王某与用工单位B公司已经办理了离职手续，但职工离职当日完成的交接工作等也是其工作组成部分，之后其离开公司回家的行为应当视为下班。其次，员工向用工单位申请辞职，并不当然发生与用人单位解除劳动关系的法律效力。根据本案证据，王某向B公司提出辞职申请，并未说明要与A公司解除劳动关系，故应当认定王某在离开B公司之时与用人单位的劳动关系仍然存续。因此，事发当日王某离开用工单位B公司回家的行为应当认定为下班，发生交通事故理应认定为下班途中。

关于交通事故发生的时间、地点是否属于下班途中的合理时间和合理路线。《工伤保险条例》第十四条第（六）项规定的“上下班途中”，系指以上下班为目的往返于单位和住处之间的途中。根据在案证据，事发当日王某在离开B公司几分钟内、在回家方向的道路上发生交通事故，其离开时间和行经路线属于下班途中的合理时间和合理路线，并且王某不承担事故责任，理应认定为工伤。

二审认为，被上诉人区人社局提供的证据可以证明2017年7月31日A公司工作人员在下班途中发生了其不承担责任的交通事故，故区人社局根据《工伤保险条例》第十四条第（六）项之规定，作出被诉认定工伤决定，认定事实清楚，适用法律正确。关于王某于2017年7月31日发生的交通事故是否在下班途中以及上述交通事故是否发生在合理时间和合理路线等两个问题，原审法院已作了详细的阐述，本院予以认可，不再赘述。

案例索引

一审：（2018）沪0115行初409号

二审：（2018）沪01行终1436号

案例34

请假未获批准擅自离开单位不属于下班

裁判观点

下班是指规定工作的结束或通过单位准假的方式视为结束。在请假未获批准的情况下擅自离开单位，不属于下班。在离开单位途中受到交通事故伤害，不符合《工伤保险条例》第十四条、第十五条规定的认定工伤或者视同工伤的情形。

法院查明事实

某日，甲在上班期间以“家中有事”为由口头向领导请假，后即骑电动车离开，前往其父亲家里。途中发生交通事故，造成甲受伤。经交警大队认定，甲负次要责任。县人社局受理甲的工伤认定申请，经调查后认为甲请假未获批准，且在上班期间因本人私事外出而发生交通事故伤害，作出不予认定工伤决定。甲不服而提起本行政诉讼。

争议焦点

甲在请假未获批准的情况下擅自离开单位的途中是否属于“下班途中”。

裁判结果

一审判决撤销县人社局作出的不予认定工伤决定。

二审判决撤销一审行政判决。

再审裁定驳回再审申请人甲的再审申请。

裁判理由

一审认为，根据《工伤保险条例》第十四条第（六）项的规定，在上下班途中，受到非本人主要责任的交通事故或者城市轨道交通、客运轮渡、火车事故伤害的，应认定为工伤。《最高人民法院关于审理工伤保险行政案件若干问题的规定》第六条第（二）项规定，对社会保险行政部门认定在合理时间内往返于工作地与配偶、父母、子女居住地的合理路线的上下班途中，属于《工伤保险条例》第十四条第（六）项规定的“上下班途中”，人民法院应予支持。本案中，甲经请假后前往其父亲居住地的途中发生交通事故伤害，属于上述规定的在合理时间、合理路线的上下班途中发生。

二审认为，县人社局作出被诉不予工伤认定，事实清楚、适用法律正确、符合法定程序。

再审认为，本案结合县人社局对甲、公司车间主任黄某某分别所作的调查笔录的内容以及用人单位提交的由甲出具的《保证书》的记载，可以认定再审申请人甲在请假未获批准后擅自离开单位的事实。再审申请人甲在请假未获批准的情况下擅自离开单位，不属于下班，在离开单位途中受到的交通事故伤害，不符合《工伤保险条例》第十四条、第十五条规定的应予认定工伤或者视同工伤的情形。

案例索引

一审：（2015）温苍行初字第10号

二审：（2015）浙温行终字第173号

再审：（2016）浙行申455号

案例35

驾驶摩托车上班途中被狗撞倒受伤，公安交管部门没有认定责任的，不宜认定为职工负主要责任

裁判观点

（1）职工在上班途中驾驶摩托车与路边突然窜出的一条狗相撞而倒地受伤，根据《道路交通安全法》第一百一十九条关于交通事故是指车辆在道路上因过错或意外造成的人身伤亡或者财产损失的事件的定义，该事故当属交通事故。

（2）公安交管部门出具的未对交通事故责任承担作出划分的《道路交通事故证明》属于《工伤保险条例》第二十条第三款中规定的工伤认定决定需要的“司法机关或者有关行政主管部门的结论”，人社部门应调查核实职工在交通事故中应承担的责任，作出工伤认定决定。

法院查明事实

龚某驾驶两轮摩托车从家里前往学校上班，途中与路边突然窜出的一条狗相撞，龚某倒地受伤，经医院抢救治疗后一直昏迷不醒，后死亡。市公安局交警大队先后出具了《证明》《补充证明》《道路交通事故认定书》，认定龚某无责任。后市公安局交警大队出具《道路交通事故证明》，撤销了之前作出的《证明》《补充证明》《道路交通事故认定书》，重新认定龚某驾驶摩托车途中与路边突然窜出来的一只狗相撞，致龚某倒地受伤，经多方调查，因狗的所有人无法查实，导致事故主要事实无法查清。

被告市人社局作出《中止工伤认定通知书》。龚某1（龚某之妻）不服，向原审法院起诉请求撤销《中止工伤认定通知书》，原审法院判决撤销《中止工伤认定通知书》，责令被告重新作出新的行政行为。判决生效后，被告恢复工伤认定程序，并根据被告自行调查的材料，于2018年11月26日作出《不予认定工伤决定书》，认定龚某驾驶的两轮摩托车未在公安机关交通管理部门登记，车辆长期未进行安全技术检验，未取得机动车驾驶证，未佩戴安全头盔，在进入居民区路段时车速过快且连续超车的行为违反了《道路交通安全法》相关规定，导致发生单车交通事故，龚某应承担该起事故的全部责任，其受到的事故伤害，不属于工伤认定范围，决定不予认定为工伤。原告龚某1不服该《不予认定工伤决定书》，提起诉讼。

争议焦点

（1）龚某与狗相撞的事故是否属于交通事故。

（2）龚某在事故中应否承担主要或者全部责任。

裁判结果

一审判决撤销被告作出的《不予认定工伤决定书》。

二审判决驳回上诉，维持原判。

再审裁定驳回市人社局的再审申请。

裁判理由

一审认为，市公安局交警大队就龚某发生的交通事故作出的《道路交通事故证明》是公安机关交通管理部门依据《道路交通事故处理程序规定》就事故作出的结论，也就是《工伤保险条例》第二十条第三款中规定的工伤认定决定需要的“司法机关或者有关行政主管部门的结论”。根据《最高人民法院关于审理工伤保险行政案件若干问题的规定》第一条第二款规定，人民法院审理工伤认定行政案件，在认定是否属于《工伤保险条例》第十四条第（六）项“本人主要责任”情形时，应当以有权机构出具的事故责任认定书为依据，但有相反证据足以推翻事故责任认定书的除外。本院认为被告作出龚某负事故全部责任的事实认定主要证据不足。

二审认为：第一，关于本起事故是否属于交通事故的问题。根据《道路交通安全法》第一百一十九条规定，交通事故有四个构成要件：一是发生事故时的交通工具是车辆；二是事故发生在道路上；三是事故原因系过错或者意外；四是事故后果包括人身伤亡或者财产损失。结合本案已查明的事实，龚某驾驶摩托车行驶至事故路段时与狗相撞而倒地受伤，已符合交通事故的四个构成要件，应认定为交通事故。第二，关于龚某在本起交通事故中是否应承担全部责任的问题。龚某存在的违法行为并非本起交通事故发生的直接原因，本起交通事故发生的直接原因为路边突然窜出的狗。不论是狗突然撞上摩托车，造成驾驶人倒地受伤，还是驾驶人采取避让措施造成其倒地受伤，都不宜认定驾驶人在事故中承担主要责任，更不能认定龚某在事故中承担全部责任。

再审认为，根据《道路交通安全法》第一百一十九条关于交通事故是指车辆在道路上因过错或意外造成的人身伤亡或者财产损失的事件的定义，该事故当属交通事故。

龚某违反《道路交通安全法》的相关规定，但该违法行为仅应受到行政处罚，并不必然导致事故的发生，即该违法行为与事故发生之间没有直接因果关系。

案例索引

一审：（2019）鄂0583行初7号

二审：（2019）鄂05行终111号

再审：（2019）鄂行申771号

案例36

中午外出在非居住地和工作地附近就餐，餐后返回单位途中不属于上班途中

裁判观点

职工外出就餐后返回单位途中遭遇事故是否属于工伤，关键是要考量外出就餐行为是否与工作有关，是否为满足日常生活所必需，并综合考虑外出就餐的路途方向、距离远近等因素，不符合工伤保险法规及有关司法解释规定的，不宜认定为属于“上下班途中”情形。

法院查明事实

杜某外出用餐后乘车返回单位上班途中，因一顺行危化品运输罐车自行爆炸，造成杜某乘坐的车辆烧毁，杜某在事故中死亡。市人民政府《事故调查报告的批复》认定，该起事故是一起较大生产安全责任事故。原告李某、第三人公司向被告提出杜某工亡认定申请。被告认为杜某死亡的情形不符合《工伤保险条

例》第十四条第（六）项之规定，决定不予认定为工亡。另查明，杜某的用人单位第三人公司位于其家的东方向，距离约7千米。杜某发生事故的地点位于杜某家的南方向，距离杜某家约20千米，距离用人单位约15千米。

争议焦点

杜某聚餐后返回单位途中遭遇事故是否符合《工伤保险条例》关于“上下班途中”的规定。

裁判结果

一审判决驳回原告李某的诉讼请求。

二审判决驳回李某的上诉，维持原判。

再审裁定驳回李某的再审申请。

裁判理由

一审认为，事发时，受害人杜某外出行为系临时性的一般个人行为，与职业劳作之间缺乏必然的关系，亦非满足基本日常性生活所需的行为，不属于日常性所必需的活动，且事故发生地与杜某上班的地点相距约15千米，杜某合理的上班路线应为自其家向东约7千米的公司，而杜某事故发生地在其家向南约20千米，不在其上班的合理路线上，故不属于“合理路线”的上班途中，不宜视为法律所认定的对工作时间及工作场所的一种合理延伸，因而不应认定为《工伤保险条例》第十四条第（六）项所规定的“上下班途中”。

二审认为，上下班途中指在合理时间内往返于工作地与居住地的合理路线。根据工伤保险法规、司法解释的规定精神，对“上下班途中”的认定应当综合考虑目的要件（即是否以上下班为目的）、时间要件（即上下班的时间是否合理）、空间要件（即往返于工作地和居住地之间的路线是否合理）三个方面的因素。本案中，根据查明的事实，杜某午餐的地点并非与其居住地相关联，也非其工作场所附近的合理区域。杜某虽有中午就餐的生活必需性，但并非在居住地和工作地附近就餐，不具有到远离上述两地十几千米之外的饭店就餐的必需性，且上诉人也未提供证据证明该地与其从事的工作有何关联。区人社局认定杜某发生事故的情形不符合“上下班途中”规定的情形，并无不当。

再审认为，根据已查明的事实，受害人杜某系中午下班后与朋友外出就餐返回单位途中发生事故。受害人杜某与朋友外出就餐行为与工作无关，且并非满足日常生活所必需，综合考虑外出就餐的路途方向、距离远近等因素，不符合工伤保险法规及有关司法解释规定精神，不宜认定为属于“上下班途中”情形。

案例索引

一审：（2018）鲁1602行初32号

二审：（2019）鲁16行终169号

再审：（2021）鲁行申346号

案例37

公安交管部门出具的《道路交通事故证明》认定为“交通意外”的，不等同于当事人承担主要责任

裁判观点

公安交管部门作出的《道路交通事故证明》，系对案涉事故具有管辖权的有权机构出具，该事故证明已对案涉事故中当事人无明显过错行为且该事故属交通意外作出明确认定，应当作为认定是否存在《工伤保险条例》第十四条第（六）项“本人主要责任”情形的依据。

法院查明事实

张某系A单位员工，从事服务员工作。某日，张某下夜班后骑电动自行车回家途中，因路面结冰摔倒受伤。医院诊断其为肋骨骨折。公安交管部门作出接处警工作登记表，但未出具道路交通事故责任认定书。张某向区人社局申请工伤认定。经补齐材料后，区人社局作出《不予认定工伤决定书》，决定不予认定为工伤。张某不服，向原审法院提起行政诉讼。

原审法院另查明，公安交管部门出具《道路交通事故证明》载明：“2018年2月2日2时40分，张某驾驶电动自行车途中，遇路面结冰，张某摔倒受伤，造成交通事故。张某在此事故中无明显过错行为，该事故属交通意外。”

争议焦点

张某在本次交通事故中承担何种责任、是否符合认定为工伤的条件。

裁判结果

一审判决驳回张某的诉讼请求。

二审判决撤销一审行政判决，撤销区人社局《不予认定工伤决定书》。

再审裁定驳回区人社局的再审申请。

裁判理由

一审认为，根据《工伤保险条例》第十四条第（六）项规定，职工在上下班途中，受到非本人主要责任的交通事故或者城市轨道交通、客运轮渡、火车事故伤害的，应当认定为工伤。本案中，张某的交通事故系单方事故，对于单方事故而言，没有事故责任相对方，张某并无证据证明有其他外因介入导致其受伤，在没有不可抗力或其他原因力影响之下，张某主张其对该事故承担非本人主要责任缺乏依据。××省人力资源和社会保障厅《关于实施若干问题的处理意见》①

---

① 同原文的法规名称。

(××人社规〔2016〕3号)第十条第二款规定:“《条例》第十四条规定的‘非本人主要责任的交通事故’,应当以有权机构出具的事故责任认定书或者人民法院生效裁判等法律文书为依据。如有权机构无法出具事故责任认定书,或者出具的法律文书无法认定事故责任的,社会保险行政部门可以依据经调查核实的相关证据作出结论。”故在当事人无法提供上述规定的文书时,社会保险行政部门应当履行调查核实的职责,综合各种情况,运用自由裁量权,准确判断是否属于事故过程中的非本人主要责任,并作出是否认定工伤的决定。本案中,区人社局根据工伤认定程序中收集的材料,经调查核实认定张某受伤系因其疏于防范,在该起道路交通事故中应负主要责任,故不符合《工伤保险条例》第十四条第(六)项规定的情形,并无不当。

二审认为,根据《道路交通事故处理程序规定》第六十条和《××省道路交通事故当事人责任确定规则(试行)》第三条规定,本案中,上诉人张某下班后驾驶电动自行车下班回家,其安全驾驶能力并无缺失,其行为亦未存在安全隐患。事发当天虽然是在××市天降大雪之后,但道路上的积雪已经清扫,上诉人张某经过并发生交通事故的路段部分路面因天气寒冷有积水结冰,且当时处于深夜,张某因无法预见该处路况而滑倒摔伤,对于该起事故张某已尽合理注意义务,并无明显过错。根据上述规定,应当属于《道路交通事故处理程序规定》第六十条规定的交通意外事故。交管部门出具的《道路交通事故证明》中亦认定上诉人张某在该起事故中无过错,该起事故属于交通意外。《工伤保险条例》第十九条第一款规定,社会保险行政部门受理工伤认定申请后,根据审核需要可以对事故伤害进行调查核实。因公安交管部门的道路交通事故当事人陈述材料未作出责任认定,被上诉人区人社局在公安机关未作出责任认定的情况下,调查核实后作出工伤认定决定时,应当综合考量该起交通事故发生的各种因素以及对职工合法权益的保护,作出是否认定张某所受交通事故伤害为工伤的决定。本案中,交管部门出具的《道路交通事故证明》认为案涉交通事故属于交通意外,区人社局认定张某负有主要责任的结论,与交管部门出具《道路交通事故证明》矛盾,亦与《道路交通事故处理程序规定》及《××省道路交通事故当事人责任确定规则(试行)》的相关规定不符。因此,被上诉人区人社局以上诉人张某应承担案涉交通事故的主要责任为由,不予认定工伤的依据不足,应当予以撤销。

再审认为,《工伤保险条例》第十四条第(六)项规定,职工在上下班途中,受到非本人主要责任的交通事故或者城市轨道交通、客运轮渡、火车事故伤害的,应当认定为工伤。《最高人民法院关于审理工伤保险行政案件若干问题的规定》第一条第一款规定,人民法院审理工伤认定行政案件,在认定是否存在《工伤保险条例》第十四条第(六)项“本人主要责任”、第十六条第(二)项“醉酒或者吸毒”和第十六条第(三)项“自残或者自杀”等情形时,应当以有权机构出具的事故责任认定书、结论性意见和人民法院生效裁判等法律文书为依据，但有相反证据足以推翻事故责任认定书和结论性意见的除外。第二款规定，前述法律文书不存在或者内容不明确，社会保险行政部门就前款事实作出认定的，人民法院应当结合其提供的相关证据依法进行审查。根据上述规定，本案中申请人在工伤认定行政程序中，已要求被申请人补正有关材料，并对首先接警的交管部门进行了调查，在得知交管部门无法就案涉事故的责任作出划分后，根据申请人自身进行的调查作出《不予认定工伤决定书》，符合上述法律规定。但一审中被申请人提交的交管部门作出的《道路交通事故证明》，系对案涉事故具有管辖权的有权机构出具，该事故证明已对案涉事故中被申请人无明显过错行为且该事故属交通意外作出明确认定，应当作为认定是否存在《工伤保险条例》第十四条第（六）项“本人主要责任”情形的依据。申请人虽对该事故证明有异议，但未能提交足以推翻该事故证明的相反证据，该事故证明亦不存在内容不明确的情形。交管部门作出的《道路交通事故证明》形成于被申请人提起本案诉讼之后，二审法院依据该证据判决撤销申请人作出的《不予认定工伤决定书》并责令申请人在法定期限内重新作出认定，并无不当。

案例索引

一审：（2018）苏8602行初1263号

二审：（2019）苏01行终135号

再审：（2020）苏行申540号

案例38

绕道送女友上班后再前往自己公司途中属于上班途中

裁判观点

“上下班途中”涉及上下班的时段标准和路径标准，但只要实质上确是上下班，则并不严苛规定时间和必经线路。职工绕道送女友上班后再前往自己公司途中受伤，上班目的明确，符合工伤保险条例第十四条第（六）项规定的认定为工伤的条件。

法院查明事实

王某驾驶电动自行车从住处出发，先将其女友刘某送至其工作单位，随后去自己公司上班，途中与一辆小型轿车相撞，发生了王某承担次要责任的交通事故受伤。医院诊断为右尺骨骨折、头部外伤、右髂部软组织挫伤、右膝软组织挫伤。王某向人社局提交了工伤认定申请。人社局对王某进行了调查，并取得了涉案证人证言，作出《认定工伤决定书》，认定王某所受事故伤害为工伤。王某的公司不服，诉至原审法院，请求依法撤销该认定工伤决定。

争议焦点

王某驾驶电动自行车绕道送女友上班后再前往自己公司途中受伤是否算工伤。

裁判结果

一审判决驳回公司的诉讼请求。

二审判决驳回上诉，维持原判。

裁判理由

二审法院认为，《工伤保险条例》第十四条第（六）项规定，职工在上下班途中，受到非本人主要责任的交通事故或者城市轨道交通、客运轮渡、火车事故伤害的，应当认定为工伤。“上下班途中”涉及上下班的时段标准和路径标准，但只要实质上确是上下班，则并不严苛规定时间和必经线路。本案中，交通事故发生在王某从刘某的工作单位前往自己公司的途中。根据人社局提交的王某及刘某的劳动合同、道路交通事故认定书、路线图、证人证言、对王某的调查笔录、医院诊断记录、房产证等证据材料，可以认定王某向公司行驶的目的为上班，符合上述法律规定的“上下班途中”。人社局依照《工伤保险条例》第十四条第（六）项之规定，作出认定工伤决定符合职权法定要求，程序合法、事实清楚、适用法律正确。

案例索引

一审：（2019）苏0411行初55号

二审：（2019）苏04行终180号

专题五

突发疾病导致工伤的司法认定

导 读

一、突发疾病导致工伤的相关规定

（一）《工伤保险条例》

第十五条第一款第（一）项规定，在工作时间和工作岗位，突发疾病死亡或者在48小时之内经抢救无效死亡的，视同工伤。

（二）《劳动和社会保障部关于实施〈工伤保险条例〉若干问题的意见》（劳社部函〔2004〕256号）

第三条规定，《工伤保险条例》第十五条第一款第（一）项规定“在工作时间和工作岗位，突发疾病死亡或者在48小时之内经抢救无效死亡的，视同工伤”。这里“突发疾病”包括各类疾病。“48小时”的起算时间，以医疗机构的初次诊断时间作为突发疾病的起算时间。

（三）2016年5月20日《人社部法规司关于如何理解〈工伤保险条例〉第十五条第一款第（一）项的复函》

复函认为，从立法本意看，《工伤保险条例》第十五条第一款第（一）项“在工作时间和工作岗位，突发疾病死亡或者在48小时之内经抢救无效死亡的，视同工伤”的规定，考虑了此类突发疾病或在48小时之内经抢救无效死亡可能与工作劳累、工作紧张等因素有关，实质上是将工伤保险的范围由工作原因造成的事故伤害扩大到了其他情形，最大限度地保障了这部分人的权益。但是，在工伤认定上，还应兼顾与用人单位、社会保险基金之间的利益平衡，不能无限制、无原则地扩大。从各地实践看，对视同工亡涉及的工伤认定，调查取证要求高，性质判定争议大，各地对条例的理解适用分歧也比较大。若不从严掌握，还将造成更多的执行偏差。因此，建议对《工伤保险条例》第十五条第一款第（一）项视同工亡的理解和适用严格按照工作时间、工作岗位、突发疾病、径直送医院抢救四要件并重，具有同时性、连贯性来掌握，具体情形主要包括：①在工作时间和工作岗位突发疾病当场死亡；②在工作时间和工作岗位突发疾病，且情况紧急，直接送医院或医疗机构当场抢救并在48小时内死亡等。至于其他情形，如虽在工作时间、工作岗位发病或者自感不适，但未送医院抢救而是回家休息，48小时内死亡的，不应视同工伤。

（四）2019年6月27日《人力资源社会保障部对十三届全国人大二次会议第8647号建议的答复》（人社建字〔2019〕2号）

答复认为，工伤保险制度是保障职工因工作受到事故伤害或患职业病时获得医疗救治和经济补偿的社会保险制度，其保障主体是“因工作受到事故伤害”或“患职业病”的职工，与工作的相关性是其中的关键因素。《工伤保险条例》

第十五条第一款第（一）项“在工作时间和工作岗位，突发疾病死亡或者在48小时之内经抢救无效死亡的，视同工伤”的规定，考虑了此类情况导致的死亡可能与工作劳累、工作紧张等因素有关，一定意义上是将工伤保险的保障范围由工作原因造成的“事故伤害”范围扩大到了“因病”范围，一定程度上扩大了工伤保险的职能范围。因此，在对此类情形工伤认定的把握上，既要考虑工伤保险的制度属性和我国现阶段国情特点，还要兼顾与用人单位、社会保险基金之间的利益平衡，不能无限度扩大。目前在世界范围内，只有日本等少数国家将“过劳死”纳入了工伤保险保障范围，而且日本的“过劳死”认定有一系列严格的法律调查程序。鉴于此，我国《工伤保险条例》作出了“在工作时间和工作岗位，突发疾病死亡或者在48小时之内经抢救无效死亡的，视同工伤”的规定。对于不符合工伤认定条件不能认定为工伤的，可以按照有关规定，通过其他社会保障渠道给予保障。

（五）2020年11月18日《人力资源社会保障部对十三届全国人大三次会议第4242号建议的答复》（人社建字〔2020〕209号）

答复重申了《人力资源社会保障部对十三届全国人大二次会议第8647号建议的答复》（人社建字〔2019〕2号）的意见。

二、对《工伤保险条例》第十五条第一款第（一）项规定的理解

（一）《工伤保险条例》第十五条和第十四条的关系

人社部法规司认为，《工伤保险条例》第十五条“实质上是将工伤保险的范围由工作原因造成的事故伤害扩大到了其他情形，最大限度地保障了这部分人的权益”，“在对此类情形工伤认定的把握上，既要考虑工伤保险的制度属性和我国现阶段国情特点，还应兼顾与用人单位、社会保险基金之间的利益平衡，不能无限度扩大”。

最高人民法院在案例46中再审认为，《工伤保险条例》第十五条和第十四条二者虽然都是关于职工工伤构成要件的具体规定，但侧重有所不同。第十四条侧重强调因工作原因导致的伤亡，该类伤亡的发生与工作有直接关系，属于通常意义上的因工伤亡；而第十五条规定的因工伤亡是基于扩大职工权益保障范围的目的，将部分与工作没有直接关联，但因特殊原因需要通过社会保险予以保障的伤亡，视同工伤。因视同工伤属于通常意义上因工伤亡之外的扩大保护，故对视同工伤的判定，应当严格掌握，不宜对视同条件随意扩大解释，不合理扩大视同工伤的保护范围。

（二）《工伤保险条例》第十四条的“工作场所”和第十五条的“工作岗位”的区别

“工作场所”是指用人单位能够对从事日常生产经营活动进行有效管理的区域和职工为完成某项特定工作所涉及的单位内或单位以外的相关区域。相对于

“工作场所”而言，“工作岗位”强调更多的不是日常工作的处所和位置，而是完成岗位职责、工作任务的处所和位置。

由于《工伤保险条例》第十五条“视同工伤情形”的认定是对第十四条“应当认定工伤情形”的扩充，因此对“工作岗位”应当从立法本意出发进行判断，不宜作延伸或者扩充解释。例如，在案例41和案例48中，法院认为“上班途中”不等同于视同工伤中的“工作岗位”；在案例43中，法院认为下班后回公寓休息的“公寓”不属于“工作岗位”；在案例46中，法院认为请假在家休息期间的“家”不属于“工作岗位”；在案例47中，法院认为“下班途中”不属于“工作岗位”。

但是，也有法院认为单位宿舍作为员工工作休息场所，可以视为员工工作岗位的合理延伸（案例40）。在案例44中，法院认为理解“工作时间和工作岗位”，首先应当要看职工是否为了单位的利益从事本职工作。在单位规定的工作时间和地点突发疾病死亡视为工伤，为了单位的利益，将工作带回家，占用个人时间继续工作，其间突发疾病死亡，其权利更应当受到保护。因此，职工为了单位的利益，在家加班工作期间，也应当属于“工作时间和工作岗位”。《工伤保险条例》第十五条第一款第（一）项将“工作场所”替换为“工作岗位”，本身就是法律规范对工作地点范围的进一步拓展，将“工作岗位”理解为包括在家加班工作，是对法律条文正常理解，不是扩大解释。

（三）突发疾病死亡认定为视同工伤的要件

《工伤保险条例》第十五条第一款第（一）项规定视同工伤包含两种情形：一种情形是在工作时间和工作岗位，突发疾病当场死亡；另一种情形是在工作时间和工作岗位，突发疾病在48小时之内经抢救无效死亡。

《工伤保险条例》第十五条第一款第（一）项规定视同工伤的要件为：①工作时间；②工作岗位；③突发疾病；④当场死亡或者在48小时之内经抢救无效死亡。

在实务中有以下情形：

（1）不在工作时间和工作岗位上突发疾病当场死亡或者在48小时之内经抢救无效死亡的，不能认定为工伤。本书案例41和案例48的上班途中、案例47的下班途中、案例43的下班后回到公寓休息期间等，因为不符合视同工伤中的“工作时间”和“工作岗位”的要件，所以法院不支持认定为视同工伤。

（2）工作时间和工作岗位的延伸。视同工伤中的“工作时间”和“工作岗位”并非不可以延伸，比如在案例40中，法院认为，熊某在上班时间请假回单位宿舍休息，在宿舍死亡，该宿舍作为员工工作休息场所，可以视为熊某工作岗位的合理延伸。在案例44中，法院认为，为单位利益在家加班，属于“工作时间”和“工作岗位”的延伸，在加班过程中突发疾病死亡，符合“视同工伤”的认定要件。而在案例42中，虽然职工在工作时间、工作岗位上突发疾病，在回家后才死亡，法院认为此时的“家”不能作为工作岗位的延伸。

（3）患者家属放弃治疗导致患者在48小时内死亡的情形。这里存在法律和道德伦理的冲突。在案例49中，法院认为，在排除故意杀人、故意伤害等违法及违背伦理道德的情形下，家属放弃治疗亦可构成经抢救无效死亡并应予以认定工伤，符合《工伤保险条例》维护职工合法权益的立法目的，亦可减少因职工死亡无法认定工伤，继而无法获取工伤保险导致的一系列社会矛盾。

（4）职工突发疾病后没有当场死亡的，如果没有立即送医院抢救，而是在工作场所、单位宿舍或者回家后不超过48小时死亡，能否认定为视同工伤？此问题很实际，我们将结合下面“48小时”的理解一起分析。

（四）“48小时”的理解

1. “48小时”的起算时间

《劳动和社会保障部关于实施〈工伤保险条例〉若干问题的意见》明确，48小时的起算时间，以医疗机构的初次诊断时间作为突发疾病的起算时间。如果突发疾病后没有立即送医院，而是休息一段时间后再送医院经抢救无效死亡，这种情况如果从发病时间开始算至死亡不超过48小时，按规定可以认定为工伤。而如果从医院初次诊断时间起算至死亡超过48小时，则按规定不能认定为工伤。

实际上，职工在工作时间、工作岗位突发疾病后，往往存在以下两种情形：

一种情形是，职工突发疾病开始并不一定觉得很严重，过一段时间感到越来越难受才被送医院，这是符合常理的，如果从医院初次诊断时间起算至死亡超过48小时而不能认定为工伤的，不利于对职工的保障。

另一种情形是，职工突发疾病后，没有送医院，而是就近休息，在休息中死亡，我们认为，这种情形不能机械地死抠“当场死亡或者在48小时之内经抢救无效死亡”的要件。

在案例44中，最高人民法院再审认为，未经抢救死亡，可能存在两种情形：一是突发疾病，来不及抢救即已经死亡；二是发病时，没有其他人员在场，丧失抢救机会死亡。无论是经抢救无效死亡还是未经抢救死亡，视为工伤的关键都在于，必须是在“工作时间和工作岗位”，突发疾病死亡。

在案例50中，再审法院认为，职工在工作时间和工作岗位突发疾病，处于“重症状态”导致无法坚持工作，之后离开工作岗位就近休息缓解症状，符合生活情理，具有合理性，将因正当理由未能及时送医施救且在合理时间内确系疾病恶化死亡的情形视同工伤，符合作为社会法调整适用的工伤保险规则要旨。

2. 死亡的认定标准

《工伤保险条例》第十五条第一款第（一）项规定没有明确工伤认定中的死亡标准，在司法实践中，有两种观点：

一种观点认为以医疗机构诊断脑死亡的时间为死亡时间，主要理由是由于当今医疗技术条件的限制，脑死亡是不可逆转的，用其他手段只能维持心跳、呼吸等功能，但不可能救活，此时应当作出对职工有利的解释。

比如，在何某诉××市××县人力资源和社会保障局劳动和社会保障行政确认案中，二审法院认为，《工伤保险条例》的立法本意在于保护职工的合法权益，死亡标准在没有明确法律规定的情况下，应当作出对职工有利的解释，故“48 小时之内经抢救无效死亡的”，应当按照脑死亡的标准予以解释。①

又如，在××公司诉××省××市人力资源和社会保障局行政确认案中，再审法院认为，职工脑死亡时其死亡已具有不可逆性，持续救治只能延缓心肺死亡时间，因此，职工突发疾病在48 小时之内经抢救无效死亡的，在适用《工伤保险条例》第十五条第一款第（一）项规定时，应当从保护职工合法权益的角度考虑，按照脑死亡的标准予以解释。②

另一种观点认为以临床死亡为标准，具体为以医疗机构出具的《居民死亡医学证明（推断）书》（有的法院以死亡医学证明、病历记录等医学材料）记载的时间为死亡时间为准。

比如，在曾某某、××人力资源和社会保障局劳动和社会保障行政管理（劳动、社会保障）案中，一审法院认为，作为专业医疗机构，县人民医院虽然认为2020 年 11 月 9 日 18 时手术结束后杨某某就呈现脑死亡状态，其仍然以“临床死亡”时间作为杨某某死亡的最终判断，该判断与法律不相抵触；其出具的《居民死亡医学证明（推断）书》是其依法向社会各有关部门及个人说明居民死亡时间及其原因的医学证明材料，其记载杨某某死亡时间为 2020 年 11 月 22 日，与第三人的内部病案《死亡记录》中记录杨某某的死亡时间一致，该证据具有合法性和证明力，且无有效证据予以推翻。二审法院维持一审判决。③

又如，在张某某、××县人力资源和社会保障局行政监察一案中，2019 年 11 月 23 日 14 时许，吴某某因工作需要拍摄新闻时突然晕倒不醒，后送往医院救治。11 月 24 日，医院出具《医疗证明书》，“符合脑死亡表现”。2019 年 11 月 30 日医院出具《居民死亡医学证明（推断）书》，死亡时间为 2019 年 11 月 30 日 8 时 12 分。县人社局不认定为工伤，县人民政府予以维持。一审法院认为，根据《中华人民共和国民法总则》（已废止）第十五条规定，应以《居民死亡医学证明（推断）书》载明的死亡时间为准。二审法院认为，“我国对于公民的死亡标准虽然没有法律规定，但是，《关于进一步规范人口死亡医学证明和信息登记管理工作的通知》（国卫规划法〔2013〕57 号），《××省常住户口登记管理规定（试行)》明确规定，公民死于医疗单位的，由负责救治的医疗机构使用全国统一制定的《居民死亡医学证明（推断）书》进行签发，死者家属凭《居民死亡医学证明（推断）书》办理户籍注销手续。因此，案涉《居民死亡医学证

① 案号：(2015）韶中法行终字第 16 号，本书没有收录。

② 案号：(2017）鲁行申 127 号，本书没有收录。

③ 一审案号：(2021）赣 0826 行初 11 号；二审案号：(2021）赣 08 行终 44 号，本书均没有收录。

明（推断）书》是证明吴某某死亡的法定医学证明材料”①。

目前，在法律、行政法规没有明确规定的情况下，两种死亡标准在司法实践中并行。

我们认为，当面对职工死亡接近或者稍许超过48小时的关键情形时，死亡标准的确定，将直接影响是否超过48小时的认定，影响工伤认定结论，从而影响工亡职工及其家属的切身利益。两种死亡状态的最大区别在于脑死亡状态靠呼吸机和药物来维持生命体征，保持血压和心跳，而心肺死亡则是生命体征的消失。在目前的医学水平下，实际上脑死亡是不可逆转的。在法律上对死亡标准没有明确规定、同时也没有禁止性规定的情况下，医院在抢救过程中存在48小时内脑死亡和超出48小时心肺死亡两种死亡状态时，采取脑死亡为死亡标准，并无法律障碍，可以作出有利于职工的判断，更符合保护工伤职工的立法宗旨，更具人文关怀。

案例39

在工作时间和工作岗位上突发疾病，在救护车运送回家途中死亡的，仍应认定其未脱离治疗抢救状态

裁判观点

职工在工作时间和工作岗位上突发疾病，经抢救后医生虽然明确告知家属无法挽救生命，在救护车运送回家途中职工死亡的，仍应认定其未脱离治疗抢救状态。若职工自发病至死亡期间未超过48小时，应视为“48小时之内经抢救无效死亡”，视同工伤。

法院查明事实

何某某、吴某某系死者吴某的妻子和儿子，两人于2014年10月13日向被告区人保局提出申请，要求对吴某于2013年12月23日在工作中突发疾病于次日抢救无效死亡进行工伤认定。区人保局于2014年10月22日受理后，进行了工伤认定调查，同年12月19日作出认定工伤决定，认为吴某受到的伤害，符合《工伤保险条例》第十五条第一款第（一）项之规定、《××市工伤保险实施办法》第十五条第一款第（一）项之规定，属于视同工伤范围，予以视同工伤。

原告A单位不服认定工伤决定，向法院提起诉讼，请求法院撤销被诉行政行为。

---

① 一审案号：（2020）浙1181行初29号；二审案号：（2020）浙11行终135号，本书均没有收录。

争议焦点

家属主动放弃治疗导致吴某在48小时内死亡，是否属于视同工伤。

裁判结果

一审判决驳回原告A单位的诉讼请求。

二审判决驳回A单位的上诉请求，维持原判。

裁判理由

二审认为，区人保局依据A单位员工的调查笔录及吴某的病历材料、《居民死亡医学证明（推断）书》等证据，认定吴某于2013年12月23日工作时突发疾病，当日送医院救治，次日死亡的事实，证据充分、事实清楚。××区人保局依据《工伤保险条例》第十五条第一款第（一）项、《××市工伤保险实施办法》第十五条第一款第（一）项之规定，认定吴某因病死亡的情形属于视同工伤，适用法律正确。

关于上诉人A单位对吴某死亡医学证明真实性存疑的意见。死亡医学证明系有资质的医疗机构出具，该证明形式完整、要件齐备，虽然在“死亡日期”的月份处有涂改，但该涂改不影响对吴某死亡时间的认定，也未与其他证据相矛盾，故对该证明的真实性予以认可。

A单位关于运送吴某回乡的救护车为非正规救护车的意见。××区人保局认定吴某死亡的依据是《居民死亡医学证明（推断）书》，该证明书载明吴某死亡地点为急诊救护车，即已经对该救护车予以了确认。而且，两原审第三人是通过拨打120电话的正规途径呼叫的救护车，即使该救护车不属于医疗急救中心所有，也不能推断该救护车为非正规救护车。

关于上诉人A单位认为吴某死亡系家属主动放弃治疗运送其回乡而导致，不属于《工伤保险条例》第十五条第一款第（一）项规定的“突发疾病死亡或者在48小时之内经抢救无效死亡”的情形的意见。从吴某发病后被送至医院治疗直至在救护车上死亡，其始终未脱离医疗机构的治疗抢救状态，其家属始终未有拒绝接受救治的意思，故上诉人的上述主张不能成立。

案例索引

《最高人民法院公报》2017年第4期

案例40

单位宿舍可以视为员工工作岗位的合理延伸

裁判观点

“工作时间和工作岗位”是指单位规定的上班时间和上班地点，单位宿舍作为员工工作休息场所，可以视为员工工作岗位的合理延伸。员工在上班时间请假回单位宿舍休息中死亡，符合《工伤保险条例》第十五条第一款第（一）项关于视同工伤的规定。

法院查明事实

熊某与某餐厅存在劳动关系，主要在厨房工作。2014 年 5 月 1 日 10 时左右，熊某在工作岗位上班时突感身体不适，向厨师长请假回宿舍休息，当天 14 时左右被发现死亡，公安机关证明系其他非正常死亡。熊某家属向市人社局提出工伤认定申请。市人社局经调查取证作出工伤认定，认为符合《工伤保险条例》第十五条第一款第（一）项之规定，视同因工死亡。某餐厅不服该工伤认定，向市人民政府申请行政复议。市人民政府作出复议决定，认为原工伤认定事实不清，证据不足，决定予以撤销。闵某等原告未接到参与行政复议程序的通知，后签收了《行政复议决定书》。后原告闵某、熊某某诉至法院，请求撤销被告市人民政府的《行政复议决定书》。一审法院判决撤销被告市人民政府作出的《行政复议决定书》，责令重新作出复议决定。后市人民政府重新作出 220 号《行政复议决定书》，仍撤销了市人社局作出的工伤认定。

争议焦点

（1）熊某在上班期间请假是否属于“工作时间”。

（2）单位宿舍是否属于“工作岗位”。

裁判结果

一审判决撤销被告市人民政府作出的 220 号《行政复议决定书》。

二审驳回某餐厅的上诉，维持原判。

再审裁定驳回再审申请人某餐厅的再审申请。

裁判理由

最高人民法院再审认为，《工伤保险条例》第十五条规定，职工有下列情形之一的，视同工伤：在工作时间和工作岗位，突发疾病死亡或者在 48 小时之内经抢救无效死亡的。根据此项规定，无论是经抢救无效死亡，还是未经抢救死亡，视为工伤的关键都在于，必须是在“工作时间和工作岗位”上突发疾病死亡。通常理解，“工作时间和工作岗位”应当是指单位规定的上班时间和上班地点。根据原审法院查明的事实，熊某在上班时间请假回单位宿舍休息，在宿舍死亡，该宿舍作为员工工作休息场所，可以视为熊某工作岗位的合理延伸。急救中心出具证明证实事发当日，救护车到现场急救，病人已现场死亡，公安机关亦证明系其他非正常死亡，故原审法院认为熊某的死亡符合《工伤保险条例》中关于视同工伤的规定，并无不当。

案例索引

一审：（2016）赣01行初61号

二审：（2018）赣行终179号

再审：（2018）最高法行申10600号

案例41

“上班途中”不等同于视同工伤中的“工作岗位”

裁判观点

（1）上班途中突发疾病死亡，而非受到“非本人主要责任的交通事故或者城市轨道交通、客运轮渡、火车事故伤害”，不符合《工伤保险条例》第十四条的规定。

（2）“视同工伤”的三种情形，是对《工伤保险条例》第十四条“应当认定工伤情形”的补充规定，视同工伤不要求必须是工作原因导致的伤害，而是基于社会公共利益或者公平正义的原则，对职工的一种倾斜性保护，给予职工工伤保险待遇。对视同工伤应当严格按照法律规定执行，对工作时间和工作岗位不宜再作扩大解释。对因突发疾病死亡视为工伤的认定，必须同时具备工作时间、工作岗位和突发疾病死亡或者在48小时之内经抢救无效死亡三个条件，缺一不可。

（3）“工作岗位”通常理解为职工日常履行工作职责所在的岗位或受本单位领导指派其从事工作的岗位。由于“视同工伤情形”的认定是对“应当认定工伤情形”的扩充，因此对“工作岗位”只能从立法本意出发，按照普通人的一般理解进行判断，不宜再作延伸、扩充解释。

法院查明事实

井某生前是A厂员工，某日，在乘车上班途中突发疾病不幸死亡。省人社厅、省人民政府作出不予认定工伤的决定，井某家属薛某不服，向法院提起诉讼。薛某不服省高级人民法院行政判决，向最高人民法院申请再审。

薛某申请再审称，《工伤保险条例》第十四条第（一）（二）（三）项认定工伤的法定条件是“工作时间和工作场所”，而第十五条认定视同工伤的法定条件是"工作时间和工作岗位"。相对于"工作场所"而言,"工作岗位"强调更多的不是工作的处所和位置,而是履行岗位职责、工作任务。井某乘车返回工作区域就是为了完成当天工作任务,应当属于第十五条规定的"工作时间和工作岗位"。

A厂答辩称,2015年8月7日,单位职工上班和轮休实行"22+8"制度,即上班的22天为工作时间,轮休的8天与工作无关,井某去世的当日不属于"上班的22天",且在井某轮休期间,其工作事宜由单位其他人员处理。井某的工作职责是外协岗,工作的地域范围限于××市××县××作业区,而其生病、去世的地点不属于"工作岗位"。

争议焦点

上班乘车途中是否等同于在工作岗位。

裁判结果

最高人民法院再审裁定驳回薛某的再审申请。

裁判理由

最高人民法院再审认为,《工伤保险条例》第十五条规定的"视同工伤"的三种情形,是对第十四条"应当认定工伤情形"的补充规定,视同工伤不要求必须是工作原因导致的伤害,而是基于社会公共利益或者公平正义的原则,对职工的一种倾斜性保护,给予职工工伤保险待遇。对视同工伤应当严格按照法律规定执行,对工作时间和工作岗位不宜再作扩大解释。对因突发疾病死亡视为工伤的认定,必须同时具备工作时间、工作岗位和突发疾病死亡或在48小时之内经抢救无效死亡三个条件,缺一不可。

本案中,双方争议较大的是,关于乘车途中是否等同于在工作岗位的问题。"工作岗位"通常理解为职工日常履行工作职责所在的岗位或受本单位领导指派其从事工作的岗位。由于"视同工伤情形"的认定是对"应当认定工伤情形"的扩充,因此对"工作岗位"只能从立法本意出发,按照普通人的一般理解进行判断,不宜再作延伸、扩充解释。井某生前的工作职责是协调处理A厂与当地群众之间的关系,保证A厂正常的生产秩序。其工作岗位应在××县××作业区内或者在××县的相关工作区域内。在岗的前提是到岗,井某在8月9日既未到达A厂岗位,也未到达××县其负责外联工作的区域之内的岗位。因井某不属于在工作岗位上突发疾病死亡,不符合《工伤保险条例》第十五条第一款第(一)项规定的情形,省人社厅作出的04号《不予认定工伤决定书》和省政府作出的32号《行政复议决定书》并无不当。

案例索引

二审:(2018)甘行终55号

再审:(2018)最高法行申10944号

案例42

在工作时间、工作岗位上突发疾病回家后死亡，不属于视同工伤

裁判观点

《工伤保险条例》第十五条第一款第（一）项规定，职工在工作时间和工作岗位，突发疾病死亡或者在48小时之内经抢救无效死亡的，视同工伤。上述条款主要是针对在工作时间、工作岗位上突发疾病，不能坚持工作，需要紧急到医院进行抢救的情况而设定的。如果是在回家之后再到医院救治或突发疾病死亡的，就不属于这一条规定的适用范围。

法院查明事实

张某生前是A单位职工，从事汽车司机工作。2014年4月27日，因为当天有任务，张某在单位值班时身体不适，18点30分左右向办公室主任请假，到家后吃了止疼药，感觉好些后就上床休息，原告代某（张某之妻）做好晚饭后，因张某已经睡着就没有叫醒他吃饭和去医院检查。次日早晨6点左右，代某做完早饭后，发觉丈夫还没起床，仔细查看发现丈夫没反应，赶紧拨打急救中心120电话，120急救车赶到，医护人员检查后，告知代某，张某已经死亡。2014年5月29日，代某就张某死亡一事，向被告省人社厅提起工伤认定申请。省人社厅于2014年8月8日作出《不予认定工伤决定书》。代某不服，2014年9月9日向省人民政府申请行政复议，省人民政府于2014年11月24日作出《行政复议决定书》，维持了省人社厅作出的《不予认定工伤决定书》。代某仍不服，诉至法院。

争议焦点

本案是否符合《工伤保险条例》第十五条第一款第（一）项规定的视同工伤情形。

裁判结果

一审判决维持省人社厅作出的不予认定工伤决定。

二审判决驳回代某的上诉，维持一审判决。

再审裁定驳回再审申请人代某的再审申请。

裁判理由

一审法院认为，根据《工伤保险条例》第十五条第一款第（一）项规定，认定视同工伤有两种情形。本案张某是在工作时间和工作岗位身体不适，并未在工作时间和工作岗位突发疾病死亡，也未在工作时间和工作岗位突发疾病被送医疗机构在48小时之内经抢救无效死亡。张某在工作时间和工作岗位身体不适请

假回到家休息，后被发现死亡，虽然其从身体不适请假回到家中休息至其被发现死亡在48小时之内，但并不符合《工伤保险条例》第十五条第一款第（一）项规定的情形之一。

二审法院认为，《工伤保险条例》第十五条第一款第（一）项规定，职工在工作时间和工作岗位，突发疾病死亡或者在48小时之内经抢救无效死亡的，视同工伤。该条款主要是针对职工在工作时间和工作岗位，突发疾病死亡，或者是突发疾病、病情危重、不能坚持工作，需要紧急到医院进行抢救的情况而设定的，其中发病、抢救、死亡为一连续完整的、不间断的过程，发病与抢救、抢救与死亡之间有紧密的先后顺序和逻辑联系。本案中，张某在工作时间和工作岗位上感觉身体不适，请假后回家休息，次日早晨被发现死亡。上述情形不属于在工作时间和工作岗位上突发疾病死亡，也不属于在工作时间和工作岗位上突发疾病直接送医经抢救无效死亡。因此张某死亡的情形不符合《工伤保险条例》第十五条第一款第（一）项的规定。

最高人民法院再审认为，《工伤保险条例》第十五条第一款第（一）项规定主要是针对在工作时间、工作岗位上突发疾病，不能坚持工作，需要紧急到医院进行抢救的情况而设定的。如果是在回家之后再到医院救治或突发疾病死亡的，就不属于这一条规定的适用范围。本案中，张某在工作时间和工作岗位感到身体不适，请假回家后卧床休息，至次日被家人发现，经抢救无效死亡。虽然该不幸后果值得同情，但并不属于《工伤保险条例》上规定的视同工伤情形。

案例索引

一审：（2015）石行初字第00002号

二审：（2015）冀行终字第78号

再审：（2017）最高法行申3687号

案例43

下班后回到公寓休息期间猝死不符合视同工伤的情形

裁判观点

《工伤保险条例》第十五条第一款第（一）项规定，职工在工作时间和工作岗位，突发疾病死亡或者在48小时之内经抢救无效死亡的，视同工伤。上述条款主要是针对在工作时间、工作岗位上突发疾病，不能坚持工作，需要紧急到医院进行抢救的情况而设定的。如果是在回家之后再到医院救治或突发疾病死亡的，就不属于这一条规定的适用范围。

法院查明事实

朱某是某公司倒班岗位员工。为方便倒班员工休息，公司为倒班员工在福利区安排公寓。2014 年 3 月 5 日 14 时，朱某乘坐倒班车进厂上小夜班，15 时 30 分到达福利区后先回公寓休息。16 时 40 分，朱某乘车进生产厂区上小夜班，23 时 20 分下小夜班，3 月 6 日 0 时 40 分左右，与同事毛某某、公某某、荣某某一起乘车从生产厂区回福利区。朱某应于 3 月 6 日上白班，10 时 30 分乘车进生产厂区上白班时，朱某未上车，车间领导安排杨某去找。中午 12 时左右，杨某来到公寓打开房门，发现朱某斜躺在床上，裤子穿了一半，眼镜在脸上戴着，就和睡着一样，杨某立即拨打了 120 和 110。医院出具的《居民死亡医学证明（推断）书》证明朱某死亡原因为猝死。公安局刑事警察支队认定朱某死亡排除他杀及自杀可能，系意外猝死。李某向矿区人社局申请工伤认定，矿区人社局在李某补正材料后作出《不予认定工伤决定书》。李某不服该决定，向省人社厅提起行政复议。省人社厅作出《行政复议决定书》，维持矿区人社局作出的《不予认定工伤决定书》。李某不服该复议决定，向法院提起诉讼。

争议焦点

本案朱某死亡是否在工作时间、工作地点以及是否为工作原因导致。

裁判结果

一审判决驳回原告李某的诉讼请求。

二审判决驳回李某的上诉，维持原判。

再审裁定驳回再审申请人李某的再审申请。

裁判理由

一审认为，根据《工伤保险条例》第十四条第（一）项的规定，职工在工作时间和工作场所内，因工作原因受到事故伤害的，应当认定为工伤。本案朱某死亡是否在工作时间、工作地点、因工作原因是各方当事人争议的焦点。

（1）关于朱某的死亡时间。从公司提供的《工作两地生产运行与休息模式》以及朱某死亡经过报告看，2014 年 3 月 5 日 14 时，朱某乘坐倒班车到矿区福利区，15 时 30 分左右到达矿区福利区后先回公寓休息。16 时 40 分，朱某再次从福利区乘车进入生产厂区上小夜班，先到食堂吃饭，于 17 时 30 分左右交接班。因此，从 3 月 5 日 14 时到 15 时 30 分期间，是朱某从生活区到矿区的上班时间，应属于上班途中。从 15 时 30 分到 16 时 40 分期间，朱某在矿区福利区休息，属于休息和自由活动时间，16 时 40 分到 17 时 30 分期间，朱某再次乘车前往生产厂区并到食堂吃饭，17 时 30 分交接班后正式上班，应为正式上班前的准备期间，17 时 40 分至 23 时 20 分为正式上小夜班时间。李某主张朱某从 3 月 5 日 14 时从上车时起就属于上班时间，与事实不符。23 时 20 分下小夜班后，朱某再次乘车离开生产厂区前往福利区，于 3 月 6 日 0 时 40 分左右，与同事毛某某、公某某、荣某某一起从生产厂区回福利区，0 时 50 分左右，朱某回到公寓。从整个过程来看，朱某从3月5日14时上车起到3月6日0时50分下小夜班回到公寓期间一切正常，朱某死亡的时间是在下班回到公寓之后，而不是在上班期间。从朱某23时20分下小夜班到其于次日11时40分上白班，中间间隔时间长达12小时20分钟，因此，该期间为职工正常生理需要的休息睡眠时间，并不是工作期间的短暂休息。

（2）关于朱某的死亡地点。朱某在3月6日0时50分下班回到公寓后正常睡眠期间死亡，死亡地点位于矿区福利区，而不在生产厂区。福利区为职工上班前及下班后的休息及自由活动的场所，而非上班正常进行工作生产的场所。因此，朱某死亡地点并非工作地点。

（3）关于朱某的死亡原因。朱某在3月6日0时50分下班回到公寓休息期间死亡，休息期长达12小时20分钟，是人们正常生理需要的休息睡眠时间，并不属于单位安排的工作期间的短暂休息。同时，医院的诊断证明朱某的死亡为猝死，公安局出具的现场查看笔录亦排除他杀及自杀可能，系意外猝死。因此，朱某在公寓休息睡眠期间死亡与工作无关。

二审认为，本案中，公司《工作两地生产运行与休息模式》、朱某死亡经过报告以及证人证言证明，朱某系下小夜班后回到公寓休息期间猝死。公安机关“3.6”朱某死亡案的现场查看笔录证明朱某死亡地点为福利区公寓，故朱某的死亡不属于在工作时间和工作岗位突发疾病或者在48小时之内经抢救无效死亡的情形。

《工伤保险条例》第十五条第一款第（一）项规定，职工在工作时间和工作岗位，突发疾病死亡或者在48小时之内经抢救无效死亡的，视同工伤。上述条款主要是针对在工作时间、工作岗位上突发疾病，不能坚持工作，需要紧急到医院进行抢救的情况而设定的。如果是在回家之后再到医院救治或突发疾病死亡的，就不属于这一条规定的适用范围。

最高人民法院再审认为，《工伤保险条例》第十五条第一款第（一）项规定：“在工作时间和工作岗位，突发疾病死亡或者在48小时之内经抢救无效死亡的，视同工伤。”本案证据可以证明朱某系下小夜班后回到公寓休息期间猝死，既非在工作时间也非在工作岗位死亡，故不属于《工伤保险条例》第十五条第一款第（一）项以及《最高人民法院关于审理工伤保险行政案件若干问题的规定》第四条规定的情形。

案例索引

一审：（2015）矿行初字第3号

二审：（2015）甘行终字第157号

再审：（2016）最高法行申1418号

案例44

职工为了单位的利益在家加班工作期间，也应当属于“工作时间和工作岗位”

裁判观点

（1）对《工伤保险条例》第十五条第一款第（一）项规定的“工作时间和工作岗位”的理解，首先应当要看职工是否为了单位的利益从事本职工作。在单位规定的工作时间和地点突发疾病死亡视为工伤，为了单位的利益，将工作带回家，占用个人时间继续工作，其间突发疾病死亡的，其权利更应当受到保护。

（2）《工伤保险条例》第十四条第（一）（二）（三）项认定工伤时的法定条件是“工作时间和工作场所”，而第十五条视为工伤时使用的是“工作时间和工作岗位”，相对于“工作场所”而言，“工作岗位”强调更多的不是工作的处所和位置，而是岗位职责、工作任务。职工在家加班工作，就是为了完成岗位职责，应当属于第十五条规定的“工作时间和工作岗位”。

（3）在职工发病和死亡是否发生在工作时间、工作岗位上缺乏相关证据证明、难以确定的情况下，根据工伤认定倾向性保护职工合法权益的原则，应当作出有利于职工的肯定性事实推定，而非否定性的事实认定。

法院查明事实

俞某的丈夫冯某某系中学教师，2011 年 11 月 15 日晚，冯某某任教的两个班级进行测验考试。结束后，冯某某回到家中。次日早上 7 时左右，同校老师在冯某某家中发现其身体有异常状况，立刻拨打 120 急救中心电话，医院到场进行抢救后无效死亡。医院证明冯某某因突发心肌梗死，于 2011 年 11 月 16 日在家中死亡，发病到死亡的大概时间间隔为“不详”。抢救时间段为 2011 年 11 月 16 日 8 时 31 分至 9 时 32 分，到达现场时患者已无心跳、呼吸。

2011 年 12 月 15 日，中学以冯某某因长期工作劳累过度，在工作时间、工作岗位上突发心肌梗死为由，向市人社局提出工伤认定申请。

市人社局对冯某某因病死亡不认定为工伤，省人社厅维持市人社局不予工伤认定决定。俞某不服，提起行政诉讼。一审判决驳回俞某的诉讼请求，二审法院判决撤销一审判决，撤销 223 号工伤决定，责令市人社局重新作出行政行为。市人社局不服并申请再审，再审法院驳回其申请。2015 年 1 月 17 日，市人社局重新作出 223－1 号《不予认定工伤决定书》。俞某不服，向省人社厅申请复议。省人社厅 1 号复议决定维持了 223－1 号《不予认定工伤决定书》。

争议焦点

冯某某晚上在家加班突发疾病死亡，是否属于在工作时间、工作岗位上突发疾病死亡。

裁判结果

一审判决撤销223－1号工伤决定和1号复议决定，责令市人社局重新作出工伤认定。

二审判决驳回上诉，维持原判。

再审裁定驳回市人社局的再审申请。

裁判理由

最高人民法院再审认为，《工伤保险条例》第十五条第一款第（一）项规定视同工伤包括两种情形：一是在工作时间和工作岗位上，突发疾病死亡；二是在工作时间和工作岗位上，突发疾病48小时之内经抢救无效死亡。未经抢救死亡，可能存在两种情形：一是突发疾病，来不及抢救即已经死亡；二是发病时，没有其他人员在场，丧失抢救机会死亡。无论是经抢救无效死亡，还是未经抢救死亡，视为工伤的关键都在于必须是在“工作时间和工作岗位”上突发疾病死亡。通常理解，“工作时间和工作岗位”应当是指单位规定的上班时间和上班地点。同时，我们认为，职工为了单位的利益，在家加班工作期间，也应当属于“工作时间和工作岗位”。其主要理由是：第一，理解“工作时间和工作岗位”，应当要看职工是否为了单位的利益从事本职工作。在单位规定的工作时间和地点突发疾病死亡视为工伤，为了单位的利益，将工作带回家，占用个人时间继续工作，其间突发疾病死亡，其权利更应当受到保护。第二，《工伤保险条例》第十四条第（一）（二）（三）项认定工伤时的法定条件是“工作时间和工作场所”，而第十五条视为工伤时使用的是“工作时间和工作岗位”，相对于“工作场所”而言，“工作岗位”强调更多的不是工作的处所和位置，而是岗位职责、工作任务。职工在家加班工作，就是为了完成岗位职责，应当属于第十五条规定的“工作时间和工作岗位”。第三，视为工伤是法律规范对工伤认定的扩大保护，的确不宜将其范围再进一步作扩大理解。但是，应当注意的是，第十五条将“工作场所”替换为“工作岗位”，本身就是法律规范对工作地点范围的进一步拓展，将“工作岗位”理解为包括在家加班工作，是对法律条文的正常理解，不是扩大解释。

本案中，冯某某被发现时已经没有呼吸和心跳，属于深夜在家发病，无人发现、未经抢救死亡的情形，不属于48小时之内经抢救无效死亡的情形。虽然冯某某在家中死亡，但从本案查明的事实可以看出，冯某某在被发现死亡的前一天22时许，组织学生晚修测验回家，连夜评完两个班学生的数学试卷，并进行试卷分析。冯某某显然是为学校的利益，在回家后利用个人休息时间，加班从事教学岗位职责工作，属于“在家加班工作”的情形。能否认定冯某某属于工伤，关键是看其发病、死亡是否发生在“在家加班工作期间”。冯某某的《居民死亡医学证明（推断）书》对其发病至死亡的时间认定为“不详”，这就难以判断冯某某的发病时间究竟是在加班工作期间，还是在已上床睡觉期间。本院认为，在职工发病和死亡是否发生在工作时间和工作岗位上缺乏相关证据证明、难以确定的情况下，根据工伤认定倾向性保护职工合法权益的原则，应当作出有利于职工的肯定性事实推定，而非否定性的事实认定。

案例索引

一审：(2016) 琼01行初180号

二审：(2017) 琼行终82号

再审：(2017) 最高法行申6467号

案例45

在医疗机构初次诊断时间至死亡超过48小时，不认定为视同工伤

裁判观点

根据《工伤保险条例》第十五条第一款第（一）项的规定，职工在工作时间和工作岗位，突发疾病死亡或者在48小时之内经抢救无效死亡的，视同工伤。其中，“48小时”以医疗机构的初次诊断时间作为突发疾病的起算时间，死亡时间的认定，通常情况下，如无相反证据证明，一般应以医疗机构出具的病历等材料为准。职工发病超过48小时死亡的，不能认定为视同工伤。

法院查明事实

甲的丈夫乙系某中学教师。2012年9月16日下午，乙到学校参加例会后回宿舍（兼办公室）备课，其间乙突发疾病晕倒在地，21时30分左右被同事发现，送往医院抢救。入院诊断为：①高血压脑出血；②高血压病3级，极高危组。乙的死亡记录、死亡病例讨论及死亡报告中记载了诊疗经过。整个抢救过程由副主任医师、住院医师、护师参与。乙的病历中抢救记录、临时医嘱单、危重患者护理记录单以及死亡报告和死亡记录的死亡时间栏记载的死亡时间均为2012年9月20日18时35分。医院制作的《居民死亡医学证明（推断）书》所载乙死亡时间为2012年9月20日。

甲向人社局提出工伤认定申请，该局未予受理。甲以该局不履行法定职责为由向法院提起诉讼，该院一审判决驳回甲的诉讼请求。法院二审期间，甲以人社局已受理工伤认定申请为由申请撤回上诉，被裁定准许。2014年11月27日，人社局作出1号不予认定工伤决定，甲不服该决定，向法院起诉。该院判决撤销人社局作出的1号不予认定工伤决定，人社局在判决生效后60日内对甲就乙工伤认定申请重新作出决定。人社局不服，提起上诉。省高级人民法院以被诉工伤认定决定认定事实不清、证据不足为由维持原判。2015年11月9日，人社局经重新调查后作出6号《不予认定工伤决定书》，认定乙的死亡时间为2012年9月20

日 18 时 35 分，决定其死亡不视同工伤。甲不服，提起本案诉讼。

争议焦点

乙在医院经抢救无效死亡的具体时间是否超过 48 小时。

裁判结果

一审判决撤销 6 号《不予认定工伤决定书》，人社局对甲的工伤认定申请重新作出决定。

二审判决撤销一审行政判决。

再审裁定驳回甲的再审申请。

裁判理由

最高人民法院再审认为，根据《工伤保险条例》第十五条第一款第（一）项的规定，职工在工作时间和工作岗位，突发疾病死亡或者在 48 小时之内经抢救无效死亡的，视同工伤。关于“48 小时”的起算时间问题，《劳动和社会保障部关于实施〈工伤保险条例〉若干问题的意见》中明确：“48 小时的起算时间，以医疗机构的初次诊断时间作为突发疾病的起算时间。”本案中，根据乙的住院病历记载，其于 2012 年 9 月 16 日晚突发疾病被送至医院抢救，9 月 17 日 0 时 10 分收治入院被初步诊断为“①高血压脑出血；②高血压病 3 级，极高危组”，故 48 小时的起算时间为 2012 年 9 月 17 日 0 时 10 分，各方当事人对此均无异议。本案的争议焦点是乙的死亡时间的认定问题。通常情况下，如无相反证据证明，一般应以医疗机构出具的病历等材料为准。本案中，乙的死亡证明、死亡报告、死亡记录上载明的死亡时间均为 2012 年 9 月 20 日。乙的病历记录从 2012 年 9 月 17 日 0 时 30 分一直记录到 2012 年 9 月 20 日 18 时 40 分，临时医嘱单、危重患者护理记录单一直记录到 2012 年 9 月 20 日 18 时 35 分。来某、刘某作为乙的主治医生，亲自参与乙的整个救治过程，通过医疗器械来监测病人的心电、血压、呼吸、体温等数据，因此，其关于乙于 2012 年 9 月 20 日死亡的证言更为科学和客观。针对病历材料中的部分时间瑕疵问题，来某、刘某已作出合理解释，二审判决已进行详尽阐述，本院予以认可。综合全案证据，乙的死亡时间应为 2012 年 9 月 20 日 18 时 35 分，距入院初步诊断时间 2012 年 9 月 17 日 0 时 10 分，已超过 48 小时，不符合视同工伤的规定。

案例索引

一审：（2015）天行初字第 249 号

二审：（2016）甘行终 396 号

再审：（2017）最高法行申 7363 号

案例46

请假在家休息期间突发疾病死亡，不符合认定为视同工伤的条件

裁判观点

《工伤保险条例》第十五条规定的因工伤亡是基于扩大职工权益保障范围的目的，将部分与工作没有直接关联，但因特殊原因需要通过社会保险予以保障的伤亡视同工伤。因视同工伤属于通常意义上因工伤亡之外的扩大保护，故对视同工伤的判定，应当严格掌握，不宜对视同条件随意扩大解释、不合理扩大视同工伤的保护范围。在对因突发疾病视同工伤的认定上，应当从严适用工作时间、工作岗位、突发疾病和当场死亡或者在48小时之内经抢救无效死亡四个重要条件，尤其是疾病发生的时间与地点是否属于日常的工作时间和工作岗位，或者特殊情形下合理延伸的工作时间和工作岗位。

法院查明事实

甲因急性阑尾炎在医院住院治疗并手术，其间向单位请假，后多次到医院就诊。2014年9月27日，单位开运动会，甲在家休息。9月28日0时35分，甲经抢救无效在家死亡。医院出具死亡证明书，内容为院前死亡。2014年12月11日，甲妻子乙申请工伤认定，市人社局收集了相关证据后，作出4－03号《不予认定工伤决定书》，认定甲死亡不属于工伤。市人民政府作出1号《行政复议决定书》，维持市人社局作出的4－03号《不予认定工伤决定书》。

乙提起行政诉讼，请求撤销上述不予认定工伤决定。一审行政判决驳回乙的诉讼请求，二审行政判决认为4－03号《不予认定工伤决定书》认定事实不清，主要证据不足，依法应予撤销。后市人社局重新启动工伤认定程序，依职权进行了相关调查，作出4－01号《不予认定工伤决定书》。乙不服，再次提起行政诉讼。一审行政判决以认定事实不清，主要证据不足为由，判决撤销该《不予认定工伤决定书》。双方均未上诉，该判决已经生效。

之后，市人社局又一次启动工伤认定程序，在收集相关证据后，作出4－02号《不予认定工伤决定书》，决定甲于2014年9月28日0时35分在家死亡不予认定为工伤或视同工伤。

争议焦点

甲的死亡是否属于《工伤保险条例》第十五条第一款第（一）项规定的视同工伤情形。

裁判结果

一审判决驳回原告乙的诉讼请求。

二审判决驳回乙的上诉，维持原判。

再审裁定驳回乙的再审申请。

裁判理由

最高人民法院再审认为，《工伤保险条例》第十五条第一款第（一）项规定的正确适用，应当首先明确《工伤保险条例》第十五条和第十四条的关系，二者虽然都是关于职工工伤构成要件的具体规定，但侧重有所不同。第十四条侧重强调工作原因导致的伤亡，该类伤亡的发生与工作有直接关系，属于通常意义上的因工伤亡，而第十五条规定的因工伤亡是基于扩大职工权益保障范围的目的，将部分与工作没有直接关联，但因特殊原因需要通过社会保险予以保障的伤亡视同工伤。因视同工伤属于通常意义上因工伤亡之外的扩大保护，故对视同工伤的判定，应当严格掌握，不宜对视同条件随意扩大解释、不合理扩大视同工伤的保护范围。具体而言，在对因突发疾病视同工伤的认定上，应当从严适用工作时间、工作岗位、突发疾病和当场死亡或者在48小时之内经抢救无效死亡四个重要条件，尤其是疾病发生的时间与地点是否属于日常的工作时间和工作岗位，或者特殊情形下合理延伸的工作时间和工作岗位。本案中，甲疾病发作的时间和地点，既非日常的工作时间和工作岗位，也非合理延伸的工作时间和工作岗位，故不属于《工伤保险条例》第十五条第一款第（一）项规定的情形。

案例索引

一审：（2017）甘02行初1号

二审：（2018）甘行终310号

再审：（2018）最高法行申7403号

案例47

下班途中突然倒地死亡，不符合突发疾病视同工伤的条件

裁判观点

《工伤保险条例》第十五条第一款第（一）项规定的是在工作时间和工作岗位上突发疾病死亡或者突发疾病、病情严重不能坚持工作，需要到医院进行抢救并且在48小时之内经抢救无效死亡的情形，其中发病、抢救、死亡为连续不间断的过程，各环节先后顺序紧密相连，下班驾车回家途中突然倒地死亡，不属于在工作时间、工作岗位“突发疾病死亡”或“突发疾病在48小时之内经抢救无效死亡”两种视同工伤的任一情形。

法院查明事实

甲以A公司为工作单位向市人社局提出其丈夫乙的工伤认定申请。经市人社局调查，某日19时左右，乙下班驾驶摩托车回家，19时26分左右，在行驶途中倒地，经医院抢救无效死亡。医院出具的《居民死亡医学证明（推断）书》显示死亡原因为急性心肌梗死。市人社局作出《不予认定工伤决定书》，决定乙死亡不予认定为工伤，也不视同工伤。甲对此决定不服，遂提起本案行政诉讼。

另查明，公安局交警大队作出《死亡证明书》，证明乙驾驶两轮摩托车途中突然倒地受伤，造成乙送院抢救无效死亡的事故。

争议焦点

市人社局作出的《不予认定工伤决定书》是否合法。

裁判结果

一审判决驳回甲的诉讼请求。

二审驳回甲的上诉，维持原判。

再审裁定驳回甲的再审申请。

裁判理由

一审认为，根据《工伤保险条例》第十四条、第十五条第一款第（一）项规定，“工作时间”“工作场所”“工作岗位”以及“受到非本人主要责任的交通事故或者城市轨道交通、客运轮渡、火车事故伤害”等要件是应当认定为工伤或视同工伤的必要前置要件情形之一，如不符合相关要件情形，则不属于相应的应当认定为工伤或视同工伤的法定条件。乙是在事发当天下班驾车回家途中突然倒地，经医院抢救无效死亡，医院出具的《居民死亡医学证明（推断）书》显示其死亡原因为急性心肌梗死。本案并没有证据显示其死亡符合“工作时间”“工作场所”“工作岗位”以及“受到非本人主要责任的交通事故或者城市轨道交通、客运轮渡、火车事故伤害”等任一情形，故其死亡不符合《工伤保险条例》前述应当认定为工伤或视同工伤的法定情形之一。无论乙事发当天是否在工作时间和工作岗位有不舒服或突发疾病的事实，当时其都并未到医院进行诊断治疗，其并无发病、抢救、死亡的连续完整不间断过程，乙是径行下班后在驾车途中突发疾病送医院抢救无效死亡，本案现有证据显示乙死亡与其工作时间、工作岗位的相关事实并不具有法律上的直接因果关系，该情形并不符合“突发疾病死亡”或“突发疾病在48小时之内经抢救无效死亡”两种视同工伤的任一情形。

二审认为，《工伤保险条例》第十五条第一款第（一）项规定的是在工作时间和工作岗位上突发疾病死亡或者突发疾病、病情严重不能坚持工作，需要到医院进行抢救并且在48小时之内经抢救无效死亡的情形，其中发病、抢救、死亡为连续不间断的过程，各环节先后顺序紧密相连，而本案乙的死亡并不属于该种情形。

再审认为，本案中，乙在下班途中，突然倒地，经医院抢救无效死亡，医院出具的《居民死亡医学证明（推断）书》显示其死亡原因为急性心肌梗死。乙的死亡情形不符合《工伤保险条例》规定的应当认定为工伤或视同工伤的法定情形，市人社局作出《不予认定工伤决定书》认定乙的死亡不属于工伤符合上述规定。

案例索引

一审：（2019）粤0704行初107号

二审：（2019）粤07行终337号

再审：（2020）粤行申658号

案例48

在上班途中因病死亡，不属于视同工伤

裁判观点

《工伤保险条例》第十五条第一款第（一）项规定的“视同工伤”的情形，是对第十四条“应当认定工伤情形”的补充规定，视同工伤不要求必须是工作原因导致的伤害，但必须同时具备工作时间、工作岗位和突发疾病死亡或者在48小时之内经抢救无效死亡三个条件，缺一不可。

对工作岗位的常理性理解是职工日常履行工作职责所在的岗位或受本单位领导指派其从事工作的岗位。视同工伤本已是对应当认定工伤情形的扩充，在该情形下对工作岗位的理解应从其概念原本的内涵和立法的本意出发，按照常理性的理解进行界定，不宜再作更多概念外延的延伸和扩展。

法院查明事实

某日7时许，A公司员工王某某在上班途中感到身体不适，遂至镇卫生院治疗，当日转至市人民医院，后经抢救无效，于当日13时45分死亡。医院证明王某某的死亡原因为心力衰竭。

A公司向人社局提出工伤认定申请。人社局认为王某某因在上班途中感到身体不适，去镇卫生院治疗，病情加重转至市人民医院，经抢救无效死亡，不符合《工伤保险条例》第十四条、第十五条认定工伤或者视同工伤的情形，决定不予认定或者视同工伤。

王某某妻子刘某某不服人社局不予认定工伤决定，向市政府申请行政复议。市政府决定维持被告人社局作出的上述不予认定工伤决定。

争议焦点

王某某在上班途中感到身体不适，至医院救治，当日因心力衰竭死亡能否认定为工伤。

裁判结果

一审判决驳回原告刘某某的诉讼请求。

二审判决驳回刘某某的上诉，维持原判。

再审裁定驳回刘某某的再审申请。

裁判理由

一审认为，本案中，被告人社局证明，某日7时许，王某某在上班途中感到身体不适遂至医院进行治疗、抢救，当日因心力衰竭死亡的事实。王某某的“上班途中”既非“工作岗位”，亦非“工作岗位”的延伸，故其死亡不属于《工伤保险条例》第十四条规定的应当认定为工伤的情形。同时，该条例第十五条规定的视同工伤的情形已是对条例第十四条的扩充，王某某在上班途中因病死亡，亦不符合视同工伤的情形。被告人社局作出的被诉不予认定工伤决定，事实清楚、适用法律法规正确。

二审认为，《工伤保险条例》第十五条第一款第（一）项规定的“视同工伤”的情形，是对第十四条“应当认定工伤情形”的补充规定，视同工伤不要求必须是工作原因导致的伤害，而是基于社会公共利益或者公平正义原则的考量，对在劳动关系中通常处于较弱势一方的职工的一种倾斜性保护，给予其工伤保险待遇。但对一方权益的保护应遵循一定的规则和限度，反之亦会对社会公平正义造成伤害。对于上述“视同工伤”而言，如原审判决所述，其已是对《工伤保险条例》第十四条的扩充，故应当严格按照法律规定执行。对于因突发疾病死亡视为工伤的认定，必须同时具备工作时间、工作岗位和突发疾病死亡或者在48小时之内经抢救无效死亡三个条件，缺一不可。

对于工作岗位，普通人的常理性理解是职工日常履行工作职责所在的岗位或受本单位领导指派其从事工作的岗位。视同工伤本已是对应当认定工伤情形的扩充，在该情形下对工作岗位的理解应从其概念原本的内涵和立法的本意出发，按照上述常理性的理解进行界定，而不宜再作更多概念外延的延伸和扩展。王某某在上班途中因病死亡，不符合法定的应认定为工伤的情形。

再审认为，本案中，王某某在上班途中感到身体不适，至医院救治，当日因心力衰竭死亡。王某某系在上班途中因病死亡，不符合《工伤保险条例》第十四条规定的应认定为工伤的情形，也不符合《工伤保险条例》第十五条第一款第（一）项规定的在工作时间和工作岗位，突发疾病死亡或者在48小时之内经抢救无效死亡的视同工伤，人社局作出不予认定工伤决定符合法律规定。

案例索引

一审：（2018）苏8601行初1556号

二审：（2019）苏03行终649号

再审：（2020）苏行申2133号

案例49

家属放弃治疗亦可构成经抢救无效死亡，应认定为视同工伤

裁判观点

在排除故意杀人、故意伤害等违法及违背伦理道德的情形下，家属放弃治疗亦可构成经抢救无效死亡并应予以认定工伤，符合《工伤保险条例》维护职工合法权益的立法目的，亦可减少因职工死亡无法认定工伤，继而无法获取工伤保险导致的一系列社会矛盾。

法院查明事实

A公司与郝某签订《聘用协议》，郝某自当日起在A公司处工作。2018年12月5日16时许，郝某在公司工作时突然晕倒，由救护车送往医院进行救治。医院证明郝某于2018年12月7日14时08分死亡，主要死亡原因：猝死（心源性可能）。郝某妻子张某某向区人保局提出工伤认定申请，人保局作出《认定工伤决定书》，认为郝某本次工伤认定申请属于工伤认定范围，予以认定工伤。公司不服，诉至原审法院。

另查明，院前急救病历和急诊就医记录册记载显示，患者意识不清，各项指标恶化，恢复可能渺茫，告知病情危重、随时有心跳呼吸停止可能，家属商量后要求放弃所有抢救措施，并承担法律后果，签字为证。2018年12月7日14时拔除呼吸机，宣布死亡时间为2018年12月7日14时08分，死亡原因：猝死（心源性可能）。

争议焦点

郝某的死亡是否符合在48小时之内经抢救无效死亡的条件。

裁判结果

一审判决驳回A公司的诉讼请求。

二审判决驳回A公司的上诉，维持原判。

裁判理由

一审认为，郝某是在工作时间和工作岗位上突发疾病，以2018年12月5日16时28分医院初次诊断为突发疾病起算点，至医院经抢救无效宣布其于2018年12月7日14时08分死亡，符合在48小时内经抢救无效死亡的要件。故人保局对郝某的情形予以视同工伤，认定事实清楚，适用法律正确。

基于目前医疗技术水平的先进性，即使不能排除可通过实施急救措施延迟郝

某死亡时间的可能性，但在继续实施抢救不具有改变郝某死亡结果可能性的情况下，其家属选择放弃治疗，本质上系被动承认郝某经抢救已无生还可能的事实，而非主动去改变抢救结果，其签字同意表示放弃抢救不影响经抢救无效死亡的认定。

二审认为，本案中，郝某于2018年12月5日16时许在单位工作时突然晕倒，经送医救治后，于同年12月7日14时08分宣布死亡的情形属于在工作时间、工作岗位突发疾病在48小时之内经抢救无效死亡，符合《工伤保险条例》第十五条第一款第（一）项、《××市工伤保险实施办法》第十五条第一款第（一）项的规定。

关于上诉人认为郝某死亡系其家属主动放弃治疗导致，不属于经抢救无效死亡，不属于工伤的主张。本院认为，职工或者其直系亲属认为是工伤，用人单位不认为是工伤的，由用人单位承担举证责任。上诉人在工伤认定调查程序以及诉讼中提供的证据不足以推翻被上诉人认定的事实，应当承担举证不能的法律后果。

关于家属放弃治疗行为的性质。医疗救治本身即存在诸多风险要件，具有高度不确定性，在郝某多次被医院下病危通知、随时存在死亡风险、基本无治疗痊愈希望的情形下，其家属结合郝某身体状况、病例记载及医生建议对风险进行合理评估，在不存在公安机关认定的违法犯罪行为且不存在主观故意、重大过错并愿意自担后果的情形下，家属作出的放弃治疗决定于法不悖，亦符合情理。

关于家属放弃治疗是否属于经抢救无效死亡。医生对郝某采取何种治疗方式并不取决于其单方决定，抢救过程均有家属参与并需经其同意，故患者的医治效果本身即是医疗水平和设备、医生判断、家属建议共同作用的结果。本案中，在排除故意杀人、故意伤害等违法及违背伦理道德的情形下，原审法院关于家属放弃治疗亦可构成经抢救无效死亡并应予以认定工伤的观点，既符合《工伤保险条例》维护职工合法权益的立法目的，亦可减少因职工死亡无法认定工伤，继而无法获取工伤保险导致的一系列社会矛盾。故本院对原审法院裁判观点予以认可，对上诉人意见不予采纳。

案例索引

一审：（2019）沪0115行初832号

二审：（2020）沪01行终168号

案例50

在工作时间和工作岗位突发疾病回宿舍后死亡，视同工伤

裁判观点

（1）“突发疾病死亡或者在48小时之内经抢救无效死亡”的前提要件是该“突发疾病”在“工作时间和工作岗位”之中发生。《工伤保险条例》第十五条第一款第（一）项规定的“视同工伤”只要求满足“工作时间”和“工作岗位”构成要件，并没有设置“工作原因”这一构成要件。

（2）职工在工作时间和工作岗位突发疾病处于“重症状态”导致无法坚持工作，之后离开工作岗位就近休息缓解症状，符合生活情理，具有合理性，将因正当理由未能及时送医施救且在合理时间内确系疾病恶化死亡的情形视同工伤，符合作为社会法调整适用的工伤保险规则要旨。

法院查明事实

甲在A公司承接的工程项目工作。2017年10月31日，甲在工地工作，16时许甲感到身体不适，离开工地现场独自回到毗邻工地的宿舍休息。19时许，工友下班后回到宿舍，发现甲躺在床上昏迷不醒，120急救车到达现场后，初步诊断为突发呼吸心跳停止2小时余，心脏性猝死。医院出具《居民死亡医学证明（推断）书》，载明死亡原因：心脏性猝死。2017年11月1日，A公司向人社局提交了《工伤认定申请表》。人社局作出《不予认定工伤决定书》，认定甲于2017年10月31日死亡，不符合《工伤保险条例》第十四条、第十五条规定的情形，决定不予认定为工伤。甲的家属乙不服该决定，向一审法院提起行政诉讼。

争议焦点

甲在工作时间和工作岗位突发疾病回宿舍后未经治疗死亡，是否属于《工伤保险条例》第十五条第一款第（一）项视同工伤的情形。

裁判结果

一审判决驳回乙的诉讼请求。

二审判决驳回乙的上诉，维持原判。

再审判决撤销一、二审行政判决；撤销区人社局作出的《不予认定工伤决定书》。

裁判理由

再审认为：

第一，甲的死亡事件是否满足“工作时间”“工作岗位”构成要件。

“突发疾病死亡或者在48小时之内经抢救无效死亡”的前提要件是该“突发疾病”特定具体事实于“工作时间和工作岗位”之中发生。《工伤保险条例》第十五条第一款第（一）项规定的“视同工伤”只要求满足“工作时间”和“工作岗位”构成要件，并没有设置“工作原因”这一构成要件。本案中，甲于2017年10月31日16时许在第三人A公司承接的项目工程中工作时身体不适，甲“突发疾病”确系处于“工作时间”和“工作岗位”发作的事实，各方当事人均并无争议，其死亡事件满足这一构成要件。

第二，甲的死亡事件是否满足“突发疾病死亡或者在48小时之内经抢救无效死亡”构成要件。

“突发疾病死亡或者在48小时之内经抢救无效死亡”状态包括突发疾病立即死亡、突发疾病未立即死亡而事后未历经抢救死亡、突发疾病历经抢救无效死亡等情形。端视上述规制“突发疾病”死亡的态势描述均系“危重病患”所导致的死亡，这些“突发疾病”发作之初即呈现“危重状态”，致使职工不能继续从事正常工作，并非一般身体偶感小恙所致轻微病患症状。“突发疾病”死亡虽不是工作原因发病而导致死亡，但是因其病情的突发性和后果的严重性，为了减轻死者家属所承载的创伤和遭受的损害，因此立法特别将在工作时间和工作岗位上的突发疾病死亡“视同工伤”，该“视同工伤”对“突发疾病”状态和结果作出严格的限制，这也契合了设立“视同工伤”制度的既特殊保护又严格限制的工伤保险立法精神。

突发疾病发作之初职工即处于“危急状态”则应及时抢救不言而喻，但突发疾病发作时尚处于较次“重症状态”且有正当理由事后未能及时送医施救导致死亡，若排除在视同工伤的范围之外，不仅有悖于日常生活经验，也难以取得社会公众的普遍认同。因此，职工在工作时间和工作岗位突发疾病处于“重症状态”导致无法坚持工作，之后离开工作岗位就近休息缓解症状，符合生活情理，具有合理性，将因正当理由未能及时送医施救且在合理时间内确系疾病恶化死亡的情形视同工伤，符合作为社会法调整适用的工伤保险规则要旨。

案例索引

一审：（2019）渝0107行初467号

二审：（2019）渝05行终419号

再审：（2020）渝行再1号

专题六

达到法定退休年龄劳动者工伤的司法认定

导　读

一、关于法定退休年龄的规定

（一）《国务院关于工人退休、退职的暂行办法》（国发〔1978〕104号）

第一条规定，全民所有制企业、事业单位和党政机关、群众团体的工人，符合下列条件之一的，应该退休：①男年满六十周岁，女年满五十周岁，连续工龄满十年的。②从事井下、高空、高温、特别繁重体力劳动或者其他有害身体健康的工作，男年满五十五周岁、女年满四十五周岁，连续工龄满十年的。本项规定也适用于工作条件与工人相同的基层干部。③男年满五十周岁，女年满四十五周岁，连续工龄满十年，由医院证明，并经劳动鉴定委员会确认，完全丧失劳动能力的。④因工致残，由医院证明，并经劳动鉴定委员会确定，完全丧失劳动能力的。

（二）《劳动和社会保障部关于制止和纠正违反国家规定办理企业职工提前退休有关问题的通知》（劳社部发〔1999〕8号）

第一条规定，要严格执行国家关于退休年龄的规定，坚决制止违反规定提前退休的行为。国家法定的企业职工退休年龄是：男年满60周岁，女工人年满50周岁，女干部年满55周岁。

（三）《劳动和社会保障部办公厅关于企业职工“法定退休年龄”涵义的复函》（劳社厅函〔2001〕125号）①

答复如下：1999年3月《劳动和社会保障部关于制止和纠正违反国家规定办理企业职工提前退休有关问题的通知》中，“国家法定的企业职工退休年龄”，是指国家法律规定的正常退休年龄，即“男年满60周岁，女工人年满50周岁，女干部年满55周岁”。

（四）《劳动和社会保障部关于完善城镇职工基本养老保险政策有关问题的通知》（劳社部发〔2001〕20号）

第三条规定，城镇个体工商户等自谋职业者以及采取各种灵活方式就业的人员，在其参加养老保险后，按照省级政府规定的缴费基数和比例，一般应按月缴纳养老保险费，也可按季、半年、年度合并缴纳养老保险费；缴费时间可累计折算。上述人员在男年满60周岁、女年满55周岁时，累计缴费年限满15年的，可按规定领取基本养老金。累计缴费年限不满15年的，其个人账户储存额一次性支付给本人，同时终止养老保险关系，不得以事后追补缴费的方式增加缴费年限。

---

① 已失效。

（五）《劳动和社会保障部关于深化国有企业内部人事、劳动、分配制度改革的意见》（国经贸企改〔2001〕230号）

第二条第（二）项规定，取消企业行政级别。企业不再套用政府机关的行政级别，不再比照国家机关公务员确定管理人员的行政级别。打破“干部”和“工人”的界限，变身份管理为岗位管理。在管理岗位工作的即为管理人员。岗位发生变动后，其收入和其他待遇要按照新的岗位相应调整。

按照以上规定，国有企业以“管理岗位”取代“干部”的表述。

（六）《劳动和社会保障部关于执行劳社部发〔2001〕20号文件有关规定的复函》（劳社部函〔2002〕97号）

答复如下：《劳动和社会保障部关于完善城镇职工基本养老保险政策有关问题的通知》规定，城镇个体工商户等自谋职业者以及采取各种灵活方式就业的人员，在男年满60周岁、女年满55周岁时，累计缴费年限满15年的，可按规定领取基本养老金。在实际执行中，对其中原在国有企业工作且在劳社部发〔2001〕20号文件下发之前依法解除劳动关系、从事过特殊工种并工作满规定年限的职工和在工人岗位上工作的女职工，个人缴费和视同缴费年限满15年以上的，仍可以按照《国务院关于工人退休、退职的暂行办法》规定的退休年龄执行。

二、存在劳动关系是工伤认定的前提条件

（一）相关规定

1.《工伤保险条例》

第十八条规定，提出工伤认定申请应当提交与用人单位存在劳动关系（包括事实劳动关系）的证明材料。

2.《工伤认定办法》

第六条规定，提出工伤认定申请应当填写《工伤认定申请表》，并提交下列材料：劳动、聘用合同文本复印件或者与用人单位存在劳动关系（包括事实劳动关系）、人事关系的其他证明材料。

3.《人力资源社会保障部关于执行〈工伤保险条例〉若干问题的意见》（人社部发〔2013〕34号）

第五条规定，社会保险行政部门受理工伤认定申请后，发现劳动关系存在争议且无法确认的，应告知当事人可以向劳动人事争议仲裁委员会申请仲裁。在此期间，作出工伤认定决定的时限中止，并书面通知申请工伤认定的当事人。劳动关系依法确认后，当事人应将有关法律文书送交受理工伤认定申请的社会保险行政部门，该部门自收到生效法律文书之日起恢复工伤认定程序。

4. 《最高人民法院关于审理工伤保险行政案件若干问题的规定》(法释〔2014〕9号)

第二条规定，人民法院受理工伤认定行政案件后，发现原告或者第三人在提起行政诉讼前已经就是否存在劳动关系申请劳动仲裁或者提起民事诉讼的，应当中止行政案件的审理。

5. 《人力资源社会保障部关于执行〈工伤保险条例〉若干问题的意见(二)》(人社部发〔2016〕29号)

第八条规定，当事人就确认劳动关系申请劳动仲裁或提起民事诉讼的，被延误的时间不计算在工伤认定申请时限内。

以上规定表明，工伤认定的前提条件是存在劳动关系。如果劳动关系未确定的，需要通过有权机构予以确认。有学者认为，之所以要明确工伤认定中对于事实劳动关系的确认权问题，是因为工伤与一般的侵权或者意外事故的区别在于工伤属于劳动关系的范畴之内。如果没有劳动关系这一前提，则伤害只能是一般侵权或者意外事故。因此工伤认定的逻辑起点在于劳动关系的存在。①

因此，对已达到退休年龄的职工用工关系的定性，将成为是否启动工伤认定程序的门槛。

（二）工伤认定部门在工伤认定程序中是否具有认定劳动关系的职权

对此有两种观点，一种观点认为，工伤认定中事实劳动关系的确认权应由工伤认定部门行使。另一种观点认为，工伤认定中事实劳动关系争议仍应由劳动仲裁部门解决。

有学者倾向于第一种观点，其主要理由是：2009年最高人民法院行政审判庭针对湖北省高级人民法院作出的《关于劳动行政部门在工伤认定程序中是否具有劳动关系确认权请示的答复》(〔2009〕行他字第12号）对此作出了明确的规定。最高人民法院答复如下，“根据《中华人民共和国劳动法》第九条和《工伤保险条例》第五条、第十八条的规定”，对《人力资源社会保障部关于执行〈工伤保险条例〉若干问题的意见》第五条规定，应理解为，首先，劳动行政部门在工伤认定程序中，具有认定受到伤害的职工与企业之间是否存在劳动关系的职权；其次，如果双方对是否存在劳动关系存在争议，劳动行政部门无法确认，告知当事人申请仲裁，由仲裁委确认是否存在劳动关系。②

最高人民法院行政审判庭《关于劳动行政部门在工伤认定程序中是否具有劳动关系确认权请示的答复》(〔2009〕行他字第12号）明确，根据《中华人民共和国劳动法》(以下简称《劳动法》）第九条和《工伤保险条例》第五条、第十八条的规定，劳动行政部门在工伤认定程序中，具有认定受到伤害的职工与企业之间是否存在劳动关系的职权。只是在双方对是否存在劳动关系存在争议，劳动

---

① 王林清：《劳动纠纷裁判思路与规范释解》，法律出版社2016年版，第581页。

② 王林清：《劳动纠纷裁判思路与规范释解》，法律出版社2016年版，第581页。

行政部门无法确认时，才由劳动人事争议仲裁委员会确认是否存在劳动关系。

三、达到法定退休年龄的劳动者的用工关系[①]

达到法定退休年龄的劳动者有三种情形：①已依法享受基本养老保险待遇或领取退休金；②非农民工且未享受基本养老保险待遇；③农民工等特殊劳动者。

（一）法律法规的规定

《中华人民共和国劳动合同法》（以下简称《劳动合同法》）第四十四条第（二）项规定，劳动者开始依法享受基本养老保险待遇的，劳动合同终止。

据此，依法享受基本养老保险待遇的劳动者与用人单位之间不再建立劳动关系，不适用《工伤保险条例》，这一点全国基本没有争议。

《中华人民共和国劳动合同法实施条例》（以下简称《劳动合同法实施条例》）（国务院令第 535 号）第二十一条规定，劳动者达到法定退休年龄的，劳动合同终止。

本条规定并未区分达到法定退休年龄的劳动者是否享受基本养老保险待遇，尤其是达到法定退休年龄但没有享受基本养老保险待遇的，劳动合同是否终止，引起了长期的争议。

（二）最高人民法院的观点

2010 年，最高人民法院认为用人单位与其招用的已经依法享受养老保险待遇或领取退休金的人员发生用工争议，向人民法院提起诉讼的，人民法院应当按劳务关系处理。[②]

能否对本条进行反向解释，即对于已达到或超过法定退休年龄但未依法享受养老保险待遇或领取退休金的人员按照劳动关系处理？对此，最高人民法院民一庭曾认为，已达到法定退休年龄，未开始依法享受基本养老保险待遇的人员，与用人单位的用人关系仍为劳动关系，属于《劳动法》调整范围。[③]

2015 年，最高人民法院认为对于达到或者超过法定退休年龄的劳动者（含农民工）与用人单位之间劳动关系的终止，应当以劳动者是否享受养老保险待遇或者领取退休金为标准。[④]

2020 年，最高人民法院认为，用人单位与其招用的已经依法享受养老保险

---

① 本节所引用的相关司法解释及各地司法文件规定等，由于作者视野的狭窄，或许会被新的规定所替代而作者并未发现，如存在此种情况，请社会各界人士予以指出，万分感谢。

② 《最高人民法院关于审理劳动争议案件适用法律若干问题的解释（三）》（法释〔2010〕12 号）第七条，该司法解释已被废止。

③ 最高人民法院民事审判第一庭编著：《最高人民法院劳动争议司法解释（三）的理解与适用》，人民法院出版社 2015 年版，第 99 页。

④ 最高院民一庭《关于达到或者超过法定退休年龄的劳动者（含农民工）与用人单位之间劳动关系终止的确定标准问题的答复》（〔2015〕民一他字第 6 号）。

待遇或者领取退休金的人员发生用工争议而提起诉讼的，人民法院应当按劳务关系处理。[①]

最高人民法院民一庭庭长郑学林等撰写的《〈关于审理劳动争议案件适用法律问题的解释（一）〉几个重点问题的理解与适用》认为，《劳动合同法实施条例》第二十一条规定并不意味着劳动关系必然自动终止。人民法院应当对该条规定适用情形作实质审查，对于达到法定退休年龄，但是非因用人单位原因不能享受基本养老保险待遇的，例如前述另一种意见中出现的情况，可以终止劳动关系；对于达到法定退休年龄，但是因为用人单位原因不能享受基本养老保险待遇的，不能随意终止劳动关系。[②]

最高人民法院对于达到法定退休年龄但没有依法享受基本养老待遇的劳动者与用人单位的用工关系的最新观点是要区分劳动者不能享受基本养老保险待遇的原因。非因用人单位原因不能享受基本养老保险待遇的，可以终止劳动关系；因为用人单位原因不能享受基本养老保险待遇的，不能随意终止劳动关系。

（三）国家劳动行政部门的观点

人社部对达到法定退休年龄但没有依法享受基本养老待遇的劳动者与用人单位的用工关系曾作出三个答复：

《人力资源社会保障部对十二届全国人大四次会议第4419号建议的答复》（人社建字〔2016〕69号）认为，《劳动合同法实施条例》第二十一条规定，劳动者达到法定退休年龄的，劳动合同终止。按照《劳动合同法实施条例》，劳动者只要达到法定退休年龄，无论其是否享受养老保险待遇，劳动合同自然终止。

《人力资源社会保障部对十二届全国人大五次会议第1796号建议的答复》（人社建字〔2017〕13号）认为，2008年《劳动合同法实施条例》第二十一条规定，劳动者达到法定退休年龄的，劳动合同终止。按此规定，企业如继续招用达到法定退休年龄的劳动者，双方的法律关系不属于劳动关系，不适用《劳动合同法》。但是用人单位和劳动者个人可以签订民事协议，约定相应的权利和义务。

《人力资源社会保障部对十三届全国人大二次会议第6979号建议的答复》（人社建字〔2019〕37号）认为，《劳动合同法实施条例》第二十一条的规定，主要考虑是：劳动者达到法定退休年龄，不再符合劳动法律法规规定的主体资格，即不具备建立劳动关系的条件，劳动合同自然终止。加之，2008年《劳动合同法》施行后，大量用人单位反映，劳动者已达到法定退休年龄而未享受基本养老保险待遇的情况很复杂。有的是用人单位依法为劳动者缴纳了社会保险费，但由于劳动者累计缴费年限达不到规定年限，达到退休年龄时不能享受基本养老

① 《最高人民法院关于审理劳动争议案件适用法律问题的解释（一）》（法释〔2020〕26号）第三十二条。

② 最高人民法院出版物《人民司法》2021年第7期，转引自“最高案例解释”微信公众号，2022年9月27日。

保险待遇；也有出现部分农民工因种种原因不愿意参加社会保险，而无法享受基本养老保险待遇的情况；还存在个别用人单位的高级管理人员即便达到法定退休年龄，也不办理退休手续，领取基本养老保险待遇的情况。如果用人单位不能与已达到法定退休年龄而未享受基本养老保险待遇的劳动者终止劳动合同，用人单位可能将不得不一直与该劳动者保持劳动关系，直到劳动者死亡或用人单位注销。这对用人单位有失公平。为此，根据《劳动合同法》第四十四条第（六）项关于有“法律、行政法规规定的其他情形”劳动合同终止的授权，2008 年 9 月公布施行的《劳动合同法实施条例》第二十一条明确，劳动者达到法定退休年龄的，劳动合同终止。对超过法定退休年龄的劳动者，愿意继续工作的，用人单位与劳动者的关系可以按劳务关系处理，依据民事法律关系调整双方的权利义务。

国家劳动行政部门自始至终都认为劳动者达到法定退休年龄的，不管是否享受基本养老待遇，其与用人单位的劳动关系终止。

（四）全国部分高级人民法院的司法文件及相关案例的观点

各地司法实践中，对于达到退休年龄而未享受养老保险待遇的劳动者的用工关系有不同的意见。

1. 认为属于劳务关系的有北京市、重庆市、广东省等

比如，北京市高级人民法院《关于劳动争议案件法律适用问题研讨会会议纪要（二）》第十二条规定，依法享受养老保险待遇的人员、领取退休金的人员、达到法定退休年龄的人员，其与原用人单位或者新用人单位之间的用工关系按劳务关系处理。

[参考案例：北京市高级人民法院（2021）京民申 6351 号]

《重庆市高级人民法院等六部门关于劳动争议案件法律适用问题专题座谈会纪要（一）》（2017 年）第三条规定，达到法定退休年龄的劳动者与用人单位之间的法律关系的认定，市高法院曾经发布过意见不一致的解答意见。经市高法院民一庭、行政庭与市人社局沟通协商，市高法院出台了《关于超过法定退休年龄的劳动者在工作中受伤有关受伤性质认定和待遇赔偿问题的会议纪要》（渝高法〔2015〕205 号），该纪要明确了“超龄人员在工作中受到事故伤害或者患职业病的，由用人单位承担赔偿责任，不适用《社会保险法》和《工伤保险条例》的有关规定，用人单位可参照《工伤保险条例》有关规定实行一次性赔偿。超龄人员及其近亲属就赔偿金额与用人单位发生争议的，不属于劳动争议，其可直接向人民法院提起民事诉讼，人民法院应予受理”。该纪要经市高法院审判委员会讨论通过，达到法定退休年龄的劳动者与用人单位之间的法律关系的认定应当按此办理。

[参考案例：重庆市高级人民法院（2017）渝民再 226 号]

《广东省工伤保险条例》第六十三条规定，劳动者达到法定退休年龄或者已经依法享受基本养老保险待遇的，不适用本条例。前款规定的劳动者受聘到用人单位工作期间，因工作原因受到人身伤害的，可以要求用人单位参照本条例规定

的工伤保险待遇支付有关费用。双方对损害赔偿存在争议的，可以依法通过民事诉讼方式解决。

《广东省高级人民法院、广东省劳动人事争议仲裁委员会关于审理劳动人事争议案件若干问题的座谈会纪要》（粤高法〔2012〕284 号）第十一条规定，用人单位招用已达到法定退休年龄但尚未享受基本养老保险待遇或领取退休金的劳动者，双方形成的用工关系按劳务关系处理。①

［参考案例 1：广东省高级人民法院（2018）粤民再 100 号；参考案例 2：广东省高级人民法院（2019）粤民申 5181 号］

2．认为属于劳动关系的有天津市、深圳市等

天津市高级人民法院《天津法院劳动争议案件审理指南》（2017 年 11 月）第十条规定，已经享受基本养老保险待遇或者退休金的人员与用人单位之间形成实际用工关系的，按劳务关系处理。因用人单位原因致使已经达到法定退休年龄的职工尚未享受基本养老保险待遇或者尚未领取退休金，职工与原用人单位之间形成实际用工关系的，按照劳动关系处理。

深圳市中级人民法院《关于审理劳动争议案件若干问题的指导意见（试行）》（2009 年 4 月）第六十八条规定，用人单位招用已达法定退休年龄但未享受基本养老保险待遇的人员，双方之间形成的用工关系可按劳动关系处理。用人单位招用已享受基本养老保险待遇或退休金的人员，双方之间形成的用工关系应按雇佣关系处理。

3．认为属于特殊劳动关系，应当根据不同情况分别处理的有上海市等

上海市高级人民法院《民事法律适用问答（2012 年第 1 期）》第四条关于已届退休年龄人员与用人单位的关系认定问题中认为，对于达到退休年龄，用人单位又未与其解除劳动合同继续留用，未办理退休手续的，按劳动关系处理；对于达到退休年龄的，用人单位与其解除劳动合同，因缴费年限不够，而未享受养老保险待遇的，应根据《社会保险法》的规定，职工只要补缴社保费就可享受养老保险待遇，其与再就业用工单位发生争议的，按劳务关系处理。

［参考案例 1：上海市高级人民法院（2020）沪民申 75 号；参考案例 2：江苏省苏州市中级人民法院（2020）苏 05 民终 7584 号］

四、关于工伤职工达到法定退休年龄终止劳动关系后，是否还能享受一次性工伤医疗补助金问题

《工伤保险条例》第三十六条第二款规定，职工因工致残被鉴定为五级、六级伤残的，经工伤职工本人提出，该职工可以与用人单位解除或者终止劳动关系，由工伤保险基金支付一次性工伤医疗补助金，由用人单位支付一次性伤残就业补助金。第三十七条第（二）项规定，职工因工致残被鉴定为七级至十级伤残的劳动、

① 该纪要已被废止。

聘用合同期满终止，或者职工本人提出解除劳动、聘用合同的，由工伤保险基金支付一次性工伤医疗补助金，由用人单位支付一次性伤残就业补助金。

上述规定对于工伤职工达到法定退休年龄终止劳动合同后，能否主张一次性工伤医疗补助金，并未明确。

我们认为，工伤职工达到法定退休年龄终止劳动合同后，不能享受一次性工伤医疗补助金。理由是：

第一，按照《工伤保险条例》的规定，职工因工致残被鉴定为五级至十级伤残，工伤职工本人提出与用人单位解除或者终止劳动关系的；或者职工因工致残被鉴定为七级至十级伤残的劳动、聘用合同期满终止，或者职工本人提出解除劳动、聘用合同的，才能享受一次性工伤医疗补助金。工伤职工劳动合同在达到法定退休年龄时的终止并非劳动合同期满终止，而是根据《劳动合同法》第二十一条规定而终止，不属于职工本人提出解除劳动合同的情形，因此不符合享受一次性工伤医疗补助金的条件。

第二，《工伤保险条例》第四十二条规定，工伤职工有下列情形之一的，停止享受工伤保险待遇：①丧失享受待遇条件的；②拒不接受劳动能力鉴定的；③拒绝治疗的。该规定停止享受工伤保险待遇的情形并不包括工伤职工达到法定退休年龄终止劳动合同的情形，即工伤职工达到法定退休年龄终止劳动合同后，其工伤保险关系并未终止，工伤保险基金不支付一次性工伤医疗补助金并不影响其医疗待遇。

案例51

超龄务工农民受事故伤害的，适用《工伤保险条例》

裁判观点

（1）无营业执照或者未经依法登记、备案的单位以及被依法吊销营业执照或者撤销登记、备案的单位的劳动者和童工，不作为工伤认定的对象。但其受到事故伤害或者被诊断、鉴定为职业病的，社会保险行政部门应当依申请参照工伤认定程序判定其是否符合《工伤保险条例》第十四条、第十五条、第十六条规定的情形，由该单位根据《工伤保险条例》和《非法用工单位伤亡人员一次性赔偿办法》有关规定给予一次性赔偿。

（2）受到事故伤害的劳动者属于“超过法定退休年龄的务工农民”的，应当参照《工伤保险条例》的规定进行判定，在工作时间和工作场所内，因工作原因受到事故伤害的，应认定为工伤。

法院查明事实

某日早上7时20分左右，××省××镇××村村民王某某到孙某某经营的工厂上班，孙某某的丈夫张某安排王某某到叉车后面押车，因货物超载，导致叉车车头被压向下，将在车尾的王某某弹起甩出，致其摔伤。医院诊断其为胸椎12压缩性骨折。

2017年9月13日，孙某某注册成立工厂，经营者为孙某某，企业类型为个体工商户。

2017年10月10日，王某某向人社局申请非法用工判定。经审查，人社局认为王某某所受伤害符合《工伤保险条例》第十四条第（一）项规定的情形，于2017年12月9日作出被诉非法用工判定书。工厂对该非法用工认定不服，向法院提起行政诉讼。

争议焦点

（1）王某某与工厂是否存在劳动关系。

（2）工厂是否存在非法用工。

（3）王某某受到伤害是否属于工伤。

裁判结果

一审判决驳回工厂的诉讼请求。

二审判决驳回工厂的上诉，维持原判。

再审裁定驳回工厂的再审申请。

裁判理由

再审认为，《工伤保险条例》第十四条规定："劳动者有下列情形之一的，应当认定为工伤：（一）在工作时间和工作场所内，因工作原因受到事故伤害的……"××省人社厅《关于实施〈工伤保险条例〉若干问题的处理意见》第二条规定："《条例》（即《工伤保险条例》，下同）第六十六条规定的'无营业执照或者未经依法登记、备案的单位以及被依法吊销营业执照或者撤销登记、备案的单位的劳动者'和'童工'，不作为工伤认定的对象。但其受到事故伤害或者被诊断、鉴定为职业病的，社会保险行政部门应当依申请参照工伤认定程序判定其是否符合《条例》第十四条、第十五条、第十六条规定的情形，由该单位根据《条例》和《非法用工单位伤亡人员一次性赔偿办法》有关规定给予一次性赔偿。"根据在案证据，可确认王某某受到事故伤害时，其所在工厂并未办理营业执照，但其仍进行了营业活动，符合"无营业执照或者未经依法登记、备案的单位"要件，而王某某系经营者孙某某所聘用的员工，其于2016年10月22日早上7时20分左右，在工作场所内、应工厂经营者孙某某的丈夫张某安排从事押车工作过程中，被车尾甩出摔伤的事实，符合前述"工作时间和工作场所内，因工作原因受到事故伤害"的情形，县人社局据此作出案涉非法用工判定符合前述规定。因王某某的身份证等显示其系××县××镇××村村民，且其出生于1951年，依《最高人民法院行政审判庭关于超过法定退休年龄的进城务工农民因工伤亡的，应否适用〈工伤保险条例〉请示的答复》（〔2010〕行他字第10号）的规定，原审法院认为“王某某超过法定退休年龄，在主体上不属于适格的主体”之主张不能成立并无不当。原审判决驳回再审申请人的诉讼请求符合前述规定。

案例索引

一审：（2018）苏8601行初722号

二审：（2019）苏03行终126号

再审：（2020）苏行申1040号

案例52

未享受基本社会养老保险待遇的超龄务工农民符合《工伤保险条例》规定的应当认定为工伤

裁判观点

（1）劳务派遣单位派遣的劳动者在用工单位工作期间因工伤亡的，派遣单位为承担工伤保险责任的单位。

（2）法律并未禁止达到退休年龄的人员继续从事劳动，用人单位使用超过法定退休年龄的劳动者，亦应确保其合法权益得到保障。劳动者达到法定退休年龄后，其有权继续劳动、获取劳动报酬以满足基本生活需要。用人单位聘用的超过法定退休年龄但未享受基本社会养老保险待遇的务工农民受到事故伤害的，应当适用《工伤保险条例》的有关规定进行工伤认定。

法院查明事实

欧某某被A公司聘用为临时用工，到B公司行政楼工作。2017年12月7日7时许，欧某某从其住处出发去B公司行政楼上班的途中，被案外人张某某驾驶的小型客车撞伤。《道路交通事故认定书》认定张某某负全部责任，欧某某无责任。欧某某被医院诊断为：①左侧多发性肋骨骨折；②双肺挫伤；③双侧胸腔积液；④左侧气胸；⑤创伤性蛛网膜下腔出血；⑥盆骨骨折；⑦头面部多处皮肤裂伤伴挫伤；⑧多处软组织损伤。

2018年9月20日，欧某某向区人社局申请工伤认定。欧某某及A公司补交材料后，区人社局认定欧某某的受伤为工伤。A公司不服，向区政府申请行政复议。区政府作出行政复议决定，对区人社局作出的认定工伤决定予以维持。A公司不服，提起本案诉讼。

另查明，欧某某受伤时未享受基本养老保险待遇。

争议焦点

（1）A 公司是否为适格的工伤保险责任承担主体。

（2）超过法定退休年龄的劳动者能否进行工伤认定。

（3）欧某某所受交通事故伤害是否符合工伤认定条件。

裁判结果

一审判决驳回 A 公司的诉讼请求。

二审判决驳回 A 公司的上诉，维持原判。

再审裁定驳回 A 公司的再审申请。

裁判理由

再审认为，本案的争议焦点为欧某某于 2017 年 12 月 7 日 7 时许所受交通事故伤害是否应认定为工伤，具体涉及 A 公司是否为适格的工伤保险责任承担主体、超过法定退休年龄的劳动者能否进行工伤认定、欧某某所受交通事故伤害是否符合工伤认定条件三方面的问题。

关于第一个问题，经审理查明，2017 年 4 月 26 日 A 公司与欧某某签订《劳务协议》约定 A 公司聘用欧某某为临时用工，派遣其至 B 公司行政楼工作；欧某某必须接受 A 公司的管理，服从安排，遵守各项规章，认真履行其岗位职责。嗣后，欧某某按协议约定前往 B 公司工作。依据上述事实可以认定，具有用工主体资格的 A 公司系劳务派遣单位。根据《最高人民法院关于审理工伤保险行政案件若干问题的规定》第三条第（二）项“劳务派遣单位派遣的劳动者在用工单位工作期间因工伤亡的，派遣单位为承担工伤保险责任的单位”的规定，A 公司是欧某某所受事故伤害工伤保险责任的适格承担主体。

关于第二个问题，虽然欧某某在签订《劳务协议》时已年满 50 周岁，达到了法定退休年龄，但欧某某未享受基本社会养老保险待遇。《最高人民法院行政审判庭关于超过法定退休年龄的进城务工农民因工伤亡的，应否适用〈工伤保险条例〉请示的答复》（〔2010〕行他字第 10 号）及《最高人民法院关于超过法定退休年龄的进城务工农民在工作时间内因工伤亡的，能否认定工伤的答复》（〔2012〕行他字第 13 号）均规定，用人单位聘用的超过法定退休年龄的务工农民，在工作时间内、因工作原因伤亡的，应当适用《工伤保险条例》的有关规定进行工伤认定。

关于第三个问题，各方当事人提交的证据能够证明欧某某于 2017 年 12 月 7 日 7 时许从其居住地出发去 B 公司行政楼的上班途中，发生非本人主要责任的交通事故造成受伤的事实。根据《工伤保险条例》第十四条第（六）项的规定，欧某某所受交通事故伤害符合工伤认定的条件，应予认定工伤。

案例索引

一审：（2019）渝 0119 行初 75 号

二审：（2019）渝 03 行终 140 号

再审：（2020）渝行申 149 号

案例53

认定工伤不以劳动者与违法转包用工单位之间存在劳动关系为前提

裁判观点

（1）无用工主体资格的组织或个人聘用的人从事违法承包工程遭受伤害的情况下，认定工伤并不以劳动者与违法转包用工单位之间存在真实劳动关系为前提，这是司法解释从有利于劳动者的角度出发，对《工伤保险条例》将劳动关系作为工伤认定前提的一般规定之外的特殊情形作出的处理。作为法律上拟制劳动关系的劳动者符合《工伤保险条例》规定的应当认定为工伤的情形，用工单位对此应承担工伤保险责任。

（2）《最高人民法院关于超过法定退休年龄的进城务工农民在工作时间内因工伤亡的，能否认定工伤的答复》《最高人民法院行政审判庭关于超过法定退休年龄的进城务工农民因工伤亡的，应否适用〈工伤保险条例〉请示的答复》系对超过法定退休年龄但未办理退休、未享受基本养老保险待遇的劳动者能否适用《工伤保险条例》认定工伤作出的专门规定。用人单位聘用的超过法定退休年龄的务工农民在工作时间内因工作原因伤亡的，应适用《工伤保险条例》进行工伤认定。

法院查明事实

A 公司从 B 公司承包了××工程，后将工程中的部分劳务工程分包给了夏某某。刘某某在夏某某承包的工地从事挖沟工作。2018 年 9 月 5 日上午 6 时 16 分许，刘某某与工友毛某某搭乘工友吴某某驾驶的三轮车到工地上班途中发生交通事故，刘某某于当日送至医院抢救无效死亡，此次交通事故中刘某某无责任。家属刘某向县人社局申请刘某某的工伤认定，县人社局于 2019 年 10 月 30 日作出《不予认定工伤决定书》，决定不予认定为工伤。康某某、刘某、刘某 1 不服，向法院提起行政诉讼。

另查明，康某某、刘某、刘某 1 曾向法院起诉请求确认刘某某与 A 公司在 2018 年 8 月 19 日至 2018 年 9 月 5 日期间存在劳动关系，被一审、二审驳回。刘某某于 2017 年 9 月 28 日年满 60 周岁，但未办理退休手续，未享受基本养老保险待遇。

争议焦点

刘某某的死亡是否应当认定为工伤。

裁判结果

一审判决撤销县人社局《不予认定工伤决定书》。

二审判决驳回 A 公司的上诉，维持原判。

再审裁定驳回 A 公司的再审申请。

裁判理由

再审认为，《最高人民法院关于审理工伤保险行政案件若干问题的规定》第三条规定，用工单位违反法律、法规规定将承包业务转包给不具备用工主体资格的组织或者自然人，该组织或者自然人聘用的劳动者从事承包业务时因工伤亡的，社会保险行政部门认定该用工单位为承担工伤保险责任的单位的，人民法院应予支持。《工伤保险条例》第十四条第（六）项规定：劳动者在上下班途中，受到非本人主要责任的交通事故或者城市轨道交通、客运轮渡、火车事故伤害的，应当认定为工伤。本案中，A 公司承包的工程属《中华人民共和国建筑法》（以下简称《建筑法》）调整，应当由具有相应资质的企业承包。《建筑工程施工转包违法分包等违法行为认定查处管理办法》明确规定遏制违法转包、分包及挂靠等违法行为，从而确保工程质量和施工安全。A 公司将其承包的业务违法转包给不具备用工主体资格的自然人夏某某，夏某某又聘请已超过法定退休年龄但未办理退休又未享受基本养老保险的自然人刘某某从事具体施工，该用工情形符合上述司法解释的规定。无用工主体资格的组织或个人聘用的人从事违法承包工程遭受伤害的情况下，认定工伤并不以劳动者与违法转包用工单位之间存在真实劳动关系为前提，这是司法解释从有利于劳动者的角度出发，对《工伤保险条例》将劳动关系作为工伤认定前提的一般规定之外的特殊情形作出的处理。刘某某虽然与 A 公司没有劳动关系，但作为法律上拟制劳动关系的劳动者为了从事 A 公司的业务而搭乘交通工具前往其指定的地点上班，明显符合《工伤保险条例》第十四条第（六）项规定的应当认定为工伤的情形，所以用工单位对此应承担工伤保险责任。

案例索引

一审：（2019）渝 0236 行初 821 号

二审：（2020）渝 02 行终 213 号

再审：（2020）渝行申 427 号

案例54

达到法定退休年龄劳动者已终止劳动合同的，不适用《工伤保险条例》

裁判观点

劳动者在事故发生时达到法定退休年龄，与用人单位之间的劳动合同终止，不存在劳动关系，其受伤已不具备被认定为工伤的前提条件。

法院查明事实

陆某某出生时间为1960年9月10日，于2010年9月10日达到法定退休年龄。2017年11月25日5时左右，陆某某突发疾病，当日经医院抢救无效死亡。

闭某某向区人社局提交工伤认定申请，对事故经过描述为：2017年11月25日上午4时30分左右，陆某某在××村工作，5时多陆某某突发疾病，就地蹲下来，刚好闭某某路过看见，就扶她到附近住处休息，闭某某到邻居处要求其帮忙拨打120，医生检查发现陆某某没有生命迹象，放弃抢救。区人社局作出《不予认定工伤决定书》，认定陆某某的死亡事故不符合《工伤保险条例》第十四条、第十五条认定工伤或者视同工伤的情形，不予认定工伤或者视同工伤。

另查，原告闭某某与陆某某为夫妻关系。

争议焦点

陆某某的死亡情形是否符合认定工伤或视同工伤的条件。

裁判结果

一审判决驳回原告闭某某的诉讼请求。

二审判决驳回闭某某的上诉，维持原判。

再审裁定驳回闭某某的再审申请。

裁判理由

再审认为，《广东省工伤保险条例》第六十五条第一款规定："劳动者达到法定退休年龄或者已经依法享受基本养老保险待遇的，不适用本条例。"《国务院关于工人退休、退职的暂行办法》第一条第（一）项规定，男劳动者的退休年龄为60周岁，女劳动者的退休年龄为50周岁。本案中，申请人之妻陆某某在发生死亡事故时，已年满50周岁，达到法定退休年龄，属于不能适用《广东省工伤保险条例》认定为工伤的情形。被申请人区人社局根据该条例并结合所在市统一执行相关社保政策的情况，作出的涉案不予认定工伤决定，并未违反法律规定。原审法院未支持申请人的诉讼请求并无不妥。

案例索引

一审：（2018）粤0606行初500号

二审：(2018) 粤06行终710号
再审：(2019) 粤行申983号

案例55

是否参加工伤保险只是关系到劳动者工伤待遇支付主体的问题，并非认定工伤的前提条件

裁判观点

（1）工伤保险制度设立的目的是保障因工作遭受事故伤害或患职业病的劳动者获得医疗救助和经济补偿，是否参加工伤保险只是关系到劳动者工伤待遇支付主体的问题，并非认定工伤的前提条件。

（2）用人单位聘用的超过法定退休年龄的务工农民，在工作时间内、因工作原因伤亡的，应当适用《工伤保险条例》的有关规定进行工伤认定。城乡居民基本养老保险待遇无论从性质上还是从实际获得的保险待遇上都与城镇职工基本养老保险待遇有本质的区别，超过法定退休年龄无法缴纳工伤保险，因此不能视同工伤的意见，不予采纳。

法院查明事实

韩某某（刘某某之夫）与A公司签订有《劳动合同书》，A公司缴纳集体保险（含工伤保险责任）。2020年2月6日20时左右，韩某某在下班打卡时突然倒地不起，红十字会紧急救援中心到场后确认其死亡，后经司法鉴定所鉴定为猝死。

2020年2月21日，刘某某向区人社局申请工伤认定，区人社局作出认定韩某某死亡符合《工伤保险条例》第十五条第一款第（一）项规定的视同工伤的决定。A公司不服，向市人社局申请行政复议，2020年9月30日，市人社局作出复议决定，维持区人社局的视同工伤决定，A公司不服，提起本行政诉讼案。

另查，韩某某于1956年8月10日出生，户籍所在地为××省××市××乡××村×区×号，户别为农业家庭户口，粮农。

争议焦点

（1）韩某某突发疾病死亡时，是否满足“工作时间”和“工作岗位”两个认定视同工伤的要件。

（2）在韩某某已超过退休年龄且享受过城乡居民基本养老保险待遇的情形下是否符合视同工伤的认定条件。

裁判结果

一审判决驳回A公司的诉讼请求。

二审判决驳回A公司的上诉，维持原判。

裁判理由

一审认为，《工伤保险条例》第十五条第一款第（一）项规定，在工作时间和工作岗位，突发疾病死亡或者在48小时之内经抢救无效死亡的，视同工伤。人社局所提交的证据可以证明韩某某系在工作时间、工作岗位突发疾病死亡。

工伤保险制度设立的目的是保障因工作遭受事故伤害或患职业病的劳动者获得医疗救助和经济补偿，是否参加工伤保险只是关系到劳动者工伤待遇支付主体的问题，并非认定工伤的前提条件。《最高人民法院行政审判庭关于超过法定退休年龄的进城务工农民因工伤亡的，应否适用〈工伤保险条例〉请示的答复》及《最高人民法院关于超过法定退休年龄的进城务工农民在工作时间内因工伤亡的，能否认定工伤的答复》中均已明确，用人单位聘用的超过法定退休年龄的务工农民，在工作时间内、因工作原因伤亡的，应当适用《工伤保险条例》的有关规定进行工伤认定。因此，A公司所述韩某某超过法定退休年龄无法缴纳工伤保险，不能视同工伤的意见，不予采纳。

《人力资源社会保障部关于执行〈工伤保险条例〉若干问题的意见（二）》第二条规定，达到或超过法定退休年龄，但未办理退休手续或者未依法享受城镇职工基本养老保险待遇，继续在原用人单位工作期间受到事故伤害或患职业病的，用人单位依法承担工伤保险责任。韩某某原职业为粮农，其生前并未享受城镇职工基本养老保险待遇，其享受的城乡居民基本养老保险待遇无论从性质上还是从实际获得的保险待遇上都与城镇职工基本养老保险待遇有本质的区别。对于A公司所述韩某某已享受过城乡居民基本养老保险待遇，因此不能视同工伤的意见，不予采纳。

二审认为，《工伤保险条例》第十五条第一款第（一）项规定，职工在工作时间和工作岗位，突发疾病死亡或者在48小时之内经抢救无效死亡的，视同工伤。《最高人民法院行政审判庭关于超过法定退休年龄的进城务工农民因工伤亡的，应否适用〈工伤保险条例〉请示的答复》规定，用人单位聘用的超过法定退休年龄的务工农民，在工作时间内、因工作原因伤亡的，应当适用《工伤保险条例》的有关规定进行工伤认定。

本案中，韩某某系外埠进城务工农民，2020年2月6日20时左右，在下班打卡时突然倒地不起，红十字会紧急救援中心到场后确认其死亡，后经司法鉴定所鉴定为猝死。该情形符合上述法律规定的应当认定视同工伤的情形。

案例索引

一审：（2020）京0102行初483号

二审：（2021）京02行终529号

专题七

工伤保险待遇的司法认定

导 读

《工伤保险条例》第五章从第三十条到第四十五条规定了工伤保险待遇。实务中，工伤保险待遇纠纷比较突出的问题，一是用人单位缴纳工伤保险费对劳动者享受工伤保险待遇的影响；二是工伤与第三人侵权竞合时相关费用的承担；三是劳动者在同一用人单位连续工作期间多次发生工伤的待遇。

一、用人单位缴纳工伤保险费对劳动者享受工伤保险待遇的影响

（一）用人单位未依法办理社会保险登记或者未按时足额缴纳社会保险费的相关规定

用人单位缴纳工伤保险费存在两种情形：一是未依法办理社会保险登记；二是未按时足额缴纳工伤保险费。

《社会保险法》第四十一条规定："职工所在用人单位未依法缴纳工伤保险费，发生工伤事故的，由用人单位支付工伤保险待遇。用人单位不支付的，从工伤保险基金中先行支付。从工伤保险基金中先行支付的工伤保险待遇应当由用人单位偿还。用人单位不偿还的，社会保险经办机构可以依照本法第六十三条的规定追偿。"第六十三条规定："用人单位未按时足额缴纳社会保险费的，由社会保险费征收机构责令其限期缴纳或者补足。用人单位逾期仍未缴纳或者补足社会保险费的，社会保险费征收机构可以向银行和其他金融机构查询其存款账户；并可以申请县级以上有关行政部门作出划拨社会保险费的决定，书面通知其开户银行或者其他金融机构划拨社会保险费。用人单位账户余额少于应当缴纳的社会保险费的，社会保险费征收机构可以要求该用人单位提供担保，签订延期缴费协议。用人单位未足额缴纳社会保险费且未提供担保的，社会保险费征收机构可以申请人民法院扣押、查封、拍卖其价值相当于应当缴纳社会保险费的财产，以拍卖所得抵缴社会保险费。"第八十四条规定："用人单位不办理社会保险登记的，由社会保险行政部门责令限期改正；逾期不改正的，对用人单位处应缴社会保险费数额一倍以上三倍以下的罚款，对其直接负责的主管人员和其他直接责任人员处五百元以上三千元以下的罚款。"第八十六条规定："用人单位未按时足额缴纳社会保险费的，由社会保险费征收机构责令限期缴纳或者补足，并自欠缴之日起，按日加收万分之五的滞纳金；逾期仍不缴纳的，由有关行政部门处欠缴数额一倍以上三倍以下的罚款。"

按照《社会保险法》规定，工伤保险费的缴纳与否，仅影响工伤保险待遇的承担主体，不影响工伤职工享受工伤保险待遇的权利。用人单位未依法缴纳工伤保险费的，由用人单位支付工伤保险待遇。用人单位不支付的，由工伤保险基金中先行支付，用人单位应当偿还；用人单位不偿还的，社会保险经办机构可依法追偿。

《工伤保险条例》第六十二条规定："用人单位依照本条例规定应当参加工伤保险而未参加的，由社会保险行政部门责令限期参加，补缴应当缴纳的工伤保险费，并自欠缴之日起，按日加收万分之五的滞纳金；逾期仍不缴纳的，处欠缴数额一倍以上三倍以下的罚款。依照本条例规定应当参加工伤保险而未参加工伤保险的用人单位职工发生工伤的，由该用人单位按照本条例规定的工伤保险待遇项目和标准支付费用。用人单位参加工伤保险并补缴应当缴纳的工伤保险费、滞纳金后，由工伤保险基金和用人单位依照本条例的规定支付新发生的费用。"

《人力资源社会保障部关于执行〈工伤保险条例〉若干问题的意见（二）》规定，《工伤保险条例》第六十二条规定的"新发生的费用"，是指用人单位参加工伤保险前发生工伤的职工，在参加工伤保险后新发生的费用，其中由工伤保险基金支付的费用，按不同情况予以处理：因工受伤的，支付参保后新发生的工伤医疗费、工伤康复费、住院伙食补助费、统筹地区以外就医交通食宿费、辅助器具配置费、生活护理费、一级至四级伤残职工伤残津贴，以及参保后解除劳动合同时的一次性工伤医疗补助金。因工死亡的，支付参保后新发生的符合条件的供养亲属抚恤金。

按照《工伤保险条例》和人社部的规定，用人单位参加工伤保险并补缴应当缴纳的工伤保险费、滞纳金后，仅由工伤保险基金和用人单位依照本条例的规定支付"新发生的费用"。

但是，按照《社会保险法》规定，用人单位不办理社会保险登记或者未按时足额缴纳社会保险费的，应承担办理社会保险登记、缴纳或者补足社会保险费和滞纳金以及行政处罚等责任，如果用人单位承担了法律规定的补缴欠缴数额和滞纳金责任及相关行政责任后，仍应承担欠费期间的工伤保险待遇，那么就会出现"工伤保险管理部门享有权利却不承担义务，用人单位承担义务却不享有权利的情况，工伤保险法律关系上的权利义务就会失去平衡"①。

（二）司法判例的观点②

笔者以"工伤""当月缴纳""生效"为关键词，在"律呗"检索平台检索出700多个案例，结合本书收集的案例，总结出以下几种法院的审理观点。

1. 缴费和生效之间不应该存在"空窗期"

实务中普遍存在"当月参保次月生效"的"空窗期"现象。在本书选取的案例63中，审理法院认为，《社会保险法》与《工伤保险条例》作为上位法均没有对工伤保险投保时间和生效时间作出间隔的明确规定。"工伤保险当月参保，次月缴费生效"的主张，没有制度支撑，亦没有证据证明，能作为工伤劳动者无

---

① 王林清：《劳动纠纷裁判思路与规范释解》，法律出版社2016年版，第683页。

② 因各地的规定可能有差异，处理具体个案时，应遵照本地的相关规定。

法享受工伤保险待遇的理由。用人单位向社会保险经办机构为工伤劳动者申报了工伤保险，社会保险经办机构已予以受理的，用人单位与社会保险经办机构形成了工伤保险合同关系，工伤保险合同生效。社会保险经办机构在办理用人单位为劳动者投保工伤保险业务时的内部工作流程，以及其与相关部门进行核定、扣缴的衔接程序，作为行政相对人的用人单位与劳动者无从知晓，不能对外产生完全的约束力，因此，不能直接将结算期、费款所属期等同于生效时间。

2. 补缴工伤保险费前发生工伤事故，补缴后解除劳动合同的，一次性医疗补助金属于新发生的费用，应当由社会保险基金支付

在某公司、林某某与××县社会保险管理局行政给付案件中，法院认为，原告林某某发生工伤时间为2014年6月，当月社保费用实际缴费到账日期为2014年8月25日，属于补缴。《工伤保险条例》第六十二条第三款规定："用人单位参加工伤保险并补缴应当缴纳的工伤保险费、滞纳金后，由工伤保险基金和用人单位依照本条例的规定支付新发生的费用。"《人力资源社会保障部关于执行〈工伤保险条例〉若干问题的意见（二）》第三条规定，《工伤保险条例》第六十二条规定的"新发生的费用"是指用人单位参加工伤保险前发生工伤的职工，在参加工伤保险后新发生的费用。其中由工伤保险基金支付的费用，按不同情况予以处理：因工受伤的，支付参保后新发生的工伤医疗费、工伤康复费、住院伙食补助费、统筹地区以外就医交通食宿费、辅助器具配置费、生活护理费、一级至四级伤残职工伤残津贴，以及参保后解除劳动合同时的一次性工伤医疗补助金。原告林某某已于2015年7月与上诉人某公司解除劳动合同，根据《工伤保险条例》第三十七条规定，职工因工致残被鉴定为七级至十级伤残的，从工伤保险基金按伤残等级支付一次性伤残补助金，如职工本人提出解除合同的，由工伤保险基金支付一次性工伤医疗补助金，由用人单位支付一次性伤残就业补助金。据此，法院认定，一次性医疗补助金属于新发生的费用，应当由社会保险基金支付，一次性伤残补助金并非新发生的费用，不应当由工伤保险基金支付，一次性伤残就业补助金应由用人单位支付。①

在案例60中，法院认为，劳动者在用人单位欠缴工伤保险费期间发生工伤，补缴后一次性伤残补助金不属于"新发生的费用"。

3. 未按规定缴纳工伤保险费期间发生工伤的，该期间的工伤待遇由用人单位按照规定的工伤保险待遇项目和标准支付费用

在某公司与××市社会保险事业管理中心劳动和社会保障案中，2015年4月6日方某某发生交通事故，于次日死亡，同年4月10日用人单位为其办理了新进人员社会保险关系转入手续，并在当月缴纳了社会保险费。法院认为，未按规定缴纳工伤保险费期间用人单位从业人员发生工伤的，该期间的工伤待遇由用人单

---

① 案号：（2016）新29行终31号，本书没有收录。

位按照规定的工伤保险待遇项目和标准支付费用。[①]

4. 在派遣关系中，未按规定缴纳工伤保险费期间发生工伤的，该期间的工伤待遇由劳务派遣单位承担，用工单位没有审核，也未监督、督促劳务派遣单位为派遣员工缴纳社会保险的，承担连带赔偿责任

法院认为，A公司作为张某的劳务派遣单位，未为张某缴纳工伤保险，应当按照《工伤保险条例》规定的工伤保险待遇项目和标准支付张某各项费用。B公司作为张某的用工单位，没有审核张某是否与A公司签订了劳动合同以及A公司有无为张某缴纳了各项社会保险，也未监督、督促A公司为张某缴纳社会保险，且张某是在为B公司工作期间被B公司的叉车压到受伤，应当对张某的各项工伤保险待遇承担连带责任。由此，法院判决A公司支付张某一次性伤残补助金、一次性工伤医疗补助金、一次性伤残就业补助金、经济补偿金，B公司对上述款项承担连带责任。[②]

5. 用人单位是否为劳动者申报及缴纳工伤保险费，属于社会保险费征收部门的行政职权，社保经办机构并无认定用人单位逾期未申报及欠缴工伤保险费、构成违反工伤保险法律法规行为的法定职权

2012年1月12日10时左右，历某受A厂委派送货到B公司，在该公司卸货时被倒下的板材压伤颈椎，市人社局认定为工伤，市劳动能力鉴定委员会鉴定为一级伤残、一级护理依赖。2012年1月13日，A厂为历某申报及缴纳2012年1月的工伤保险费。A厂向市社保基金局为历某申请享受工伤保险待遇，市社保基金局认为A厂未依法为历某参加工伤保险及缴纳2011年12月的工伤保险费；历某工伤保险关系的生效时间为2012年1月14日，迟于其工伤事故发生的时间，决定工伤保险基金不予支付历某工伤保险待遇。二审法院认为，首先，A厂是否为历某申报及缴纳工伤保险费，属于社会保险费征收部门即税务机关的行政职权，市社保基金局作为社保经办机构，并无认定A厂逾期未申报及欠缴工伤保险费、构成违反工伤保险法律法规行为的法定职权。其次，税务机关在两次《复函》中均只确认了A厂按期为历某申报缴纳了2012年1月的社会保险费、查询不到2011年12月申报缴纳记录，而并未认定A厂对于2011年12月历某申报缴纳社会保险费情况存在违法之处。最后，自A厂申请支付工伤保险待遇至今，无论是社保经办机构还是征收部门均已知悉A厂没有为历某申报缴纳2011年12月的工伤保险费这一情况，但征收部门从未认定其存在逾期未申报、欠缴2011年12月工伤保险费的情况并决定责令补缴或追缴。综上，市社保基金局在征收部门未作出认定的情况下，以A厂构成《工伤保险条例》第六十二条第二款，《广东省工伤保险条例》第五十七条第一款等规定的“应当参加工伤保险而未依法参加、欠缴工伤保险费”而作出工伤保险基金不予支付历某工伤保险待遇的涉案

---

① 案号：(2019) 沪0115行初340号，本书没有收录。

② 案号：(2015) 宁民终字第7452号，本书没有收录。

决定，缺乏事实依据。①

6. 用人单位已为劳动者办理了工伤保险并缴纳工伤保险费，虽然工伤发生当月有滞纳行为，但已依法补缴该月所欠工伤保险费并支付相应滞纳金的，应视为其工伤保险法律关系存续，依法应当享有相应的权利

在某区社会保险基金管理局、某厂劳动和社会保障行政管理（劳动、社会保障）再审审查与审判监督案中，再审法院认为，某厂在2004年12月就为潘某某购买了工伤保险，并缴纳工伤保险费。虽工厂在潘某某工伤发生当月（2016年2月）有滞纳行为，但其与在工伤前没有参加工伤保险而在发生工伤以后才参保的投机行为有明显的不同，某区社保局可以依照《社会保险法》第八十六条“用人单位未按时足额缴纳社会保险费的，由社会保险费征收机构责令其限期缴纳或者补足，并自欠缴之日起，按日加收万分之五的滞纳金；逾期仍不缴纳的，由有关行政部门处欠缴数额一倍以上三倍以下的罚款”的规定对其延期缴纳的行为作出行政处罚。工厂已依法补缴该月所欠工伤保险费并支付相应滞纳金，并经相关征收机关接受，应视为其工伤保险法律关系的存续得到认可，其已履行其工伤保险缴费义务，依法应当享有相应的权利。②

7. 劳动者受伤时欠缴当月的工伤保险费，且未提供证据证明是工伤保险费用征缴机关的原因造成延迟补缴的，应当认定劳动者受伤时用人单位拖欠工伤保险费未依法按时足额缴纳，劳动者的工伤保险待遇应由用人单位承担

在××县社会保险局与马某某工伤保险待遇支付纠纷案中，二审法院认为，在××市辖区内工伤保险费的缴费方式为按月征收，每月的第一天至最后一天为当月的缴费日期，判断是否按时足额缴纳的时间节点为当月的最后一天。即发生工伤事故的当月只要最后一天缴纳了工伤保险费用，哪怕事故发生时尚未缴纳也应视为按时缴纳。当然，如果用人单位能够举示证据证明未在当月最后一天缴纳费用的原因不能归责于自己，而是相关行政机关的责任造成，对依法缴纳工伤保险费用的时间节点可适当延后。本案中在2018年11月30日马某某受伤时用人单位欠缴当月的工伤保险费，且未提供证据证明是工伤保险费用征缴机关的原因造成延迟补缴，故应当认定马某某受伤时用人单位拖欠工伤保险费未依法按时足额缴纳。《社会保险法》第四十一条规定“职工所在用人单位未依法缴纳工伤保险费，发生工伤事故的，由用人单位支付工伤保险待遇”，因此，马某某的工伤保险待遇应由用人单位承担。县社保局的不予支付工伤保险待遇决定正确。③

8. 用人单位“压月”缴费，医保中心可依据《社会保险法》对其进行处理，不能拒绝支付工伤保险待遇

某公司连续为刘某某缴纳了2013年1月至2014年8月的工伤保险费。2014

---

① 案号：（2019）粤20行终1533号，本书没有收录。

② 案号：（2017）粤51行申1号，本书没有收录。

③ 案号：（2019）渝02行终307号，本书没有收录。

年9月7日，刘某某发生交通事故死亡，被××市人社局认定为工亡。2016年11月15日，刘某向××市医保中心申请支付工伤保险待遇。××市医保中心以某公司未给刘某某缴纳2014年9月份工伤保险费为由拒绝支付。一、二审法院认为，就某公司为刘某某缴纳工伤保险费的情况来看，自2013年1月至2014年8月均连续缴纳，虽然自2014年5月开始，某公司的缴费方式为压月缴费，但××市医保中心未进行催缴，也未对该缴费方式予以纠正，未按照《社会保险费申报缴纳管理规定》的要求通知某公司限期补缴，亦按月收取保险费用。××市医保中心在连续5个月均正常收取某公司压月缴纳保险费用的情况下（包括刘某某已经死亡后仍正常收取了其死亡上月的保险费用），不应因2014年9月出现意外事件，而在10月停止收取某公司为刘某某缴纳的保险费用，而某公司连续5个月未按期缴纳保险费用，××市医保中心可依据《社会保险法》对其进行处理。同样，××市医保中心以某公司未为刘某某缴纳2014年9月的保险费用为由，拒绝支付工伤保险待遇，该理由亦不能成立。①

9. 工伤职工与用人单位的劳动合同已解除，但其属旧伤复发而接受治疗导致无法工作的，用人单位在劳动能力鉴定委员会认定的延长医疗期期间仍应按原工资待遇支付工资，旧伤复发期间的生活补助费、医疗费不予支持

原告于2007年5月30日入职，与用人单位签订了劳动合同，2014年6月1日起签订无固定期限劳动合同，2018年6月20日解除劳动关系。

2016年1月27日，原告因日常工作受伤，被认定为工伤，被评定为九级伤残。2018年8月22日原告被认定工伤复发，医疗期为2018年7月25日到8月10日，后延长至2018年8月27日；2019年4月9日，原告又被认定工伤复发，医疗期为2019年3月30日到2019年5月30日。

原告于2018年12月6日提起劳动仲裁申请，请求支付原告工伤复发期间的工资、工伤复发住院期间的生活补助费、工伤复发医疗费、律师费等。仲裁裁决用人单位支付原告工伤复发的停工留薪期间工资、部分律师代理费。原告不服仲裁裁决，提起诉讼。

二审认为，2011年修订的《广东省工伤保险条例》第二十六条第一款规定："职工因工伤需要暂停工作接受工伤医疗的，在停工留薪期内，原工资福利待遇不变，由所在单位按月支付。停工留薪期根据医疗终结期确定，由劳动能力鉴定委员会确认，最长不超过二十四个月。"故即使原告与用人单位的劳动合同已解除，但其属旧伤复发而接受治疗导致无法工作，用人单位仍应按原工资待遇支付工资，旧伤复发期应按劳动能力鉴定委员会作出的延长医疗期期间认定。原告请求旧伤复发期间的生活补助费，缺乏法律依据，一审不予支持，并无不当。②

---

① 案号：（2017）吉02行终147号，本书没有收录。

② 案号：（2019）粤03民终31599号，本书没有收录。

二、工伤与第三人侵权竞合时相关费用的承担

（一）相关规定

1.《最高人民法院关于因第三人造成工伤的职工或其亲属在获得民事赔偿后是否还可以获得工伤保险补偿问题的答复》（〔2006〕行他字第12号）

答复认为，根据《中华人民共和国安全生产法》（以下简称《安全生产法》）第四十八条①以及《最高人民法院关于审理人身损害赔偿案件适用法律若干问题的解释》第十二条②的规定，因第三人造成工伤的职工或其近亲属，从第三人处获得民事赔偿后，可以按照《工伤保险条例》第三十七条的规定，向工伤保险机构申请工伤保险待遇补偿。

2.《最高人民法院关于审理工伤保险行政案件若干问题的规定》（法释〔2014〕9号）

第八条规定，职工因第三人的原因受到伤害，社会保险行政部门以职工或者其近亲属已经对第三人提起民事诉讼或者获得民事赔偿为由，作出不予受理工伤认定申请或者不予认定工伤决定的，人民法院不予支持。职工因第三人的原因受到伤害，社会保险行政部门已经作出工伤认定，职工或者其近亲属未对第三人提起民事诉讼或者尚未获得民事赔偿，起诉要求社会保险经办机构支付工伤保险待遇的，人民法院应予支持。职工因第三人的原因导致工伤，社会保险经办机构以职工或者其近亲属已经对第三人提起民事诉讼为由，拒绝支付工伤保险待遇的，人民法院不予支持，但第三人已经支付的医疗费用除外。

3. 2016年11月30日《第八次全国法院民事商事审判工作会议（民事部分）纪要》（法〔2016〕399号）

第九条规定，被侵权人有权获得工伤保险待遇或者其他社会保险待遇的，侵权人的侵权责任不因受害人获得社会保险而减轻或者免除。根据《社会保险法》第三十条和四十二条的规定，被侵权人有权请求工伤保险基金或者其他社会保险

---

① 全国人大常委会于2002年6月29日发布《安全生产法》后，于2009年、2014年、2021年三次修订。本答复所指《安全生产法》是指2002年版本，该法第四十八条规定：“因生产安全事故受到损害的从业人员，除依法享有工伤社会保险外，依照有关民事法律尚有获得赔偿的权利的，有权向本单位提出赔偿要求。”

② 最高人民法院于2003年12月26日发布《最高人民法院关于审理人身损害赔偿案件适用法律若干问题的解释》后，于2020年、2022年两次修订。本答复所指《最高人民法院关于审理人身损害赔偿案件适用法律若干问题的解释》是指2003年版本，该解释第十二条规定：“依法应当参加工伤保险统筹的用人单位的职工，因工伤事故遭受人身损害，职工或者其近亲属向人民法院起诉请求用人单位承担民事赔偿责任的，告知其按《工伤保险条例》的规定处理。因用人单位以外的第三人侵权造成职工人身损害，赔偿权利人请求第三人承担民事赔偿责任的，人民法院应予支持。”

支付工伤保险待遇或者其他保险待遇。[①]

4.《最高人民法院关于因第三人侵权而死亡者亲属在获得民事赔偿后是否还可以获得工伤保险补偿的答复》（〔2017〕最高法行他100号）

答复认为，因第三人侵权死亡且属于工伤情形的，死者亲属在获得民事赔偿后，仍可以根据《工伤保险条例》《最高人民法院关于审理工伤保险行政案件若干问题的规定》等主张工伤保险待遇。民事赔偿已经支付医疗费用的，不得主张工伤医疗费用。

5.《最高人民法院行政法官专业会议纪要》（七）（工伤保险领域）

第五条认为，因第三人造成工伤的职工或其近亲属，从第三人处获得民事赔偿后，又依据《工伤保险条例》的有关规定，向工伤保险基金申请工伤保险待遇的，人民法院应予支持，但第三人已经支付的工伤医疗费用除外。工伤保险基金依法支付工伤保险待遇后，向第三人代位追偿其已经向职工或其近亲属支付的工伤医疗费用的，人民法院应予支持。[②]

6.《中华人民共和国职业病防治法》（以下简称《职业病防治法》）（2018年12月29日修订）

第五十八条规定，职业病病人除依法享有工伤保险外，依照有关民事法律，尚有获得赔偿的权利的，有权向用人单位提出赔偿要求。

7.《安全生产法》（2021年6月10日修订）

第五十六条第二款规定，因生产安全事故受到损害的从业人员，除依法享有工伤社会保险外，依照有关民事法律尚有获得赔偿的权利的，有权提出赔偿要求。

8.《最高人民法院关于审理人身损害赔偿案件适用法律若干问题的解释》（2022年4月修订）

第三条第一款规定，依法应当参加工伤保险统筹的用人单位的劳动者，因工伤事故遭受人身损害，劳动者或者其近亲属向人民法院起诉请求用人单位承担民事赔偿责任的，告知其按《工伤保险条例》的规定处理。第二款规定，因用人单位以外的第三人侵权造成劳动者人身损害，赔偿权利人请求第三人承担民事赔偿责任的，人民法院应予支持。

（二）对上述规定的理解

由于第三人侵权导致职工工伤的，根据《中华人民共和国侵权责任法》（已废止）和《社会保险法》的规定，职工既可以向侵权的第三人要求民事侵权赔偿，也可以向工伤保险基金要求享受工伤保险待遇，如何处理二者关系，理论和

① 《社会保险法》第三十条规定，下列医疗费用不纳入基本医疗保险基金支付范围：①应当从工伤保险基金中支付的；②应当由第三人负担的；③应当由公共卫生负担的；④在境外就医的。医疗费用依法应当由第三人承担，第三人不支付或者无法确定第三人的，由基本医疗保险基金先行支付。基本医疗保险基金先行支付后，有权向第三人追偿。

② 来源："律呗"检索平台。

实践一直存在较大争议。

2004年5月1日起实施的《最高人民法院关于审理人身损害赔偿案件适用法律若干问题的解释》第十二条第二款明确规定因用人单位以外的第三人侵权造成劳动者人身损害的，劳动者可请求第三人承担赔偿责任。《最高人民法院关于因第三人造成工伤的职工或其亲属在获得民事赔偿后是否还可以获得工伤保险补偿问题的答复》明确："因第三人造成工伤的职工或其近亲属，从第三人处获得民事赔偿后，可以按照《工伤保险条例》第三十七条的规定，向工伤保险机构申请工伤保险待遇补偿。"司法实践普遍认为上述司法解释是处理第三人侵权赔偿责任与工伤保险责任关系的重要依据。

王泽鉴先生把工伤补偿和民事赔偿之间的关系归纳为选择、取代、补充、兼得四种模式。[①]

我们认为，上述规定大致可归属于"兼得"模式，即当工伤事故由第三人侵权引起的，受害人在获得第三人民事赔偿后，仍有权申请工伤保险补偿。但这种"兼得"究竟是"补充补偿"还是"双份赔偿"并未明确。

2011年，最高人民法院关于对"统一第三人侵权工伤补偿案件裁判标准"问题的答复对此作出了评述：在最高人民法院有关此问题的解释出台以后[②]，社保部门的同志和一些学者持有不同意见，他们认为应当采取补充补偿模式。为解决此问题，全国人大常委会在起草《社会保险法》过程中，曾就此问题组织了论证会。社保部门和部分学者的意见是，此类问题的赔偿应当为补充模式。即发生工伤后，受到第三人侵权的工伤劳动者可同时主张侵权行为损害赔偿和工伤保险给付，但其最终所获得的赔偿或补偿，以实际损失为限，不得超过其实际遭受的损害。理由有二：一是工伤保险具有补偿功能，侵权损害适用于填平法则，采取补充模式符合公平原则。二是采取补充模式所有受到工伤的劳动者补偿待遇是基本相同的。如果因第三人侵权工伤可以得到双份赔偿，将会造成一般工伤的待遇与因第三人造成的工伤待遇相差太大，产生新的不公平。也有不少学者主张，因第三人侵权工伤可以得到双份赔偿。其理由归纳起来有以下三点：一是工伤保险条例明确规定了构成工伤应享受相关待遇，同时没有规定第三人侵权工伤应当扣减第三人赔偿部分，也没有规定工伤基金或用人单位追偿权。各地地方法规的补差规定违背上位法工伤保险条例的规定。二是侵权损害填平法则难以适用于人身损害赔偿，生命健康无法用金钱来衡量，不存在填平问题。三是不论项目是否重复，多得一份或数份（侵权赔偿，责任保险，工伤待遇）也不为过，况且法律没有限制当事人可以重复获得赔偿（补偿），不存在公平问题。一些律师还提

① 郑晓珊：《工伤保险法体系——从理念到制度的重塑与回归》，清华大学出版社2014年版，第49页。

② 指《最高人民法院关于因第三人造成工伤的职工或其亲属在获得民事赔偿后是否还可以获得工伤保险补偿问题的答复》（〔2006〕行他字第12号）。

出，受到工伤的劳动者打民事官司要花费很大的人力和金钱成本。如果把打官司的成本除去，受到工伤的劳动者即使打赢官司，扣除成本后所多获得的利益是非常有限的。也有人认为，补充模式有一定道理，如果非要实行补充模式，就应当先行工伤补偿，而后保险机构代为被侵害劳动者打官司，民事赔偿完全到位后，从中扣除社保机构已支付的工伤保险待遇。由于各方观点分歧较大，都有一定的道理，立法机关在《社会保险法》和修改后的《工伤保险条例》中均未明确该问题。目前正在起草的《最高人民法院关于审理工伤认定行政案件若干问题的规定》，通过进一步论证，力争解决这一问题。①

2014 年《最高人民法院关于审理工伤保险行政案件若干问题的规定》第八条规定确立了“双份赔偿”模式，但由于实际发生的医疗费用数额明确，且费用凭据只有一份，因此职工只能享受一份，② 故该条明确规定医疗费用不适用“双赔”，与《社会保险法》保持一致。根据《社会保险法》第三十条规定，侵权人应当支付的医疗费用不纳入基本医疗保险基金支付范围，侵权人不因社会保险机构支付了医疗费而免除赔偿责任，社会保险机构有权追偿。

根据最新颁布的《最高人民法院关于审理人身损害赔偿案件适用法律若干问题的解释》第三条规定，区分侵权主体分别采取了“取代模式”和“兼得模式”。

该解释第一款规定侵权人为用人单位时，采取“取代模式”，即受害人主张用人单位承担民事赔偿责任的，人民法院应告知其按照《工伤保险条例》的规定处理。这是因为按照《社会保险法》第三十三条的规定，劳动者应当参加工伤保险，由用人单位缴纳工伤保险费，劳动者不缴纳工伤保险费。用人单位缴纳了工伤保险费后，再让其承担民事赔偿责任，则会过于加重用人单位的负担，也将降低用人单位缴纳工伤保险费的积极性。因此，侵权人为用人单位时，按照《工伤保险条例》的规定处理。

有人认为，本条第一款是基于我国国情作出的政策性规定，致力于解决工伤保险赔偿和民事赔偿的关系。其政策目的在于避免用人单位同时承担工伤保险责任和民事赔偿责任。但本条并非请求权消灭规范，不能以本条第一款为由，认为受害人不再享有侵权损害赔偿请求权。当用人单位的民事赔偿责任并非由其自身实际承担时（例如，可以由保险公司代为赔偿时），受害人同时主张工伤保险责任和民事赔偿责任，并未加重用人单位的实际负担，不仅未违反本条第一款的规范目的，而且更有利于保护受害人的权益，应当予以支持。③

该解释第二款规定侵权人为用人单位以外的第三人时，采取“兼得模式”，

① 来源：https://m.66law.cn/tiaoli/68525.aspx，2022 年 9 月 30 日。

② 马永欣、李涛、杨科雄：《〈最高人民法院关于审理工伤保险行政案件若干问题的规定〉的理解与适用》，《人民司法（应用）》2014 年第 23 期，第 16－21 页。

③ 转引自“劳动法行天下”微信公众号，2022 年 10 月 13 日。

即受害人既有权向侵权人主张民事损害赔偿责任，也有权按照《工伤保险条例》的规定申请工伤保险补偿。本款赋予受害人对于侵权的第三人有独立的赔偿请求权，未再规定保险机构的代位求偿权。

总体上说，劳动者因第三人侵权而受伤且被认定为工伤的，采取“有除外的兼得”模式，即除工伤医疗费用以外，可以获得“双赔”，工伤保险基金依法支付工伤保险待遇后，有权向第三人代位追偿其已经向劳动者或其近亲属支付的工伤医疗费用。

三、劳动者在同一用人单位连续工作期间多次发生工伤的待遇

《人力资源社会保障部关于执行〈工伤保险条例〉若干问题的意见》第十条规定，职工在同一用人单位连续工作期间多次发生工伤的，符合《工伤保险条例》第三十六条、第三十七条规定领取相关待遇时，按照其在同一用人单位发生工伤的最高伤残级别，计发一次性伤残就业补助金和一次性工伤医疗补助金。

按照上述规定，职工在同一用人单位连续工作期间多次发生工伤的，一次性伤残就业补助金和一次性工伤医疗补助金不能重复享受，只能按照其在同一用人单位发生工伤的最高伤残级别计发。这是因为：①《工伤保险条例》第三十六条第二款规定，职工因工致残被鉴定为五级、六级伤残的，“经工伤职工本人提出，该职工可以与用人单位解除或者终止劳动关系，由工伤保险基金支付一次性工伤医疗补助金，由用人单位支付一次性伤残就业补助金”。第三十七条第（二）项规定，职工因工致残被鉴定为七级至十级伤残的，“劳动、聘用合同期满终止，或者职工本人提出解除劳动、聘用合同的，由工伤保险基金支付一次性工伤医疗补助金，由用人单位支付一次性伤残就业补助金”。根据上述规定，支付一次性工伤医疗补助金和一次性伤残就业补助金的前提条件是双方劳动关系已经解除或者终止，无论职工在职期间发生了多少次工伤，双方劳动关系解除或者终止只可能发生一次，因此，一次性工伤医疗补助金和一次性伤残就业补助金也只能享受一次。②被鉴定为七级至十级伤残的职工和被鉴定为五级、六级伤残的职工，如果要重新就业，因其健康水平和工作能力与一般人存在一定的差距，会产生就业困难或需要不时治疗。从立法目的看，一次性工伤医疗补助金和一次性伤残就业补助金设立的目的就是对工伤职工在解除劳动关系后就业困难时给予的必要生活保障，而非对工伤职工因遭受伤害事故而给予的直接补偿，这些保障只能是一次性的。③《工伤保险条例》第四十五条规定，职工再次发生工伤，根据规定应当享受伤残津贴的，按照新认定的伤残等级享受伤残津贴待遇。该规定虽是有关伤残津贴，但可延伸至多次发生工伤的职工，其工伤待遇也应与其损失相适应，不得重复享受。

在陈某某与某工厂工伤待遇纠纷案中，2004 年 2 月 24 日，陈某某在某工厂车间发生工伤，被评定为九级伤残。2005 年 7 月 11 日，陈某某又因日常工作遭受工伤，被评定为十级伤残。陈某某辞职后申请劳动仲裁，请求某工厂按九级和

十级伤残的标准分别支付其一次性伤残就业补助金和一次性工伤医疗补助金。市中级人民法院二审认为，陈某某在某工厂工作期间，两次发生工伤事故，伤残等级分别为九级和十级。一次性伤残就业补助金和一次性工伤医疗补助金是工伤员工在离职时所享有的一次性工伤待遇，不可重复享受。故陈某某提出辞工后，某工厂应按照较高的伤残等级标准即九级伤残向陈某某支付一次性伤残就业补助金和一次性工伤医疗补助金。①

对于工伤职工旧伤复发是否需要治疗的问题，《劳动和社会保障部关于实施〈工伤保险条例〉若干问题的意见》第七条规定，应由治疗工伤职工的协议医疗机构提出意见，有争议的由劳动能力鉴定委员会确认。

案例56

第三人侵权和工伤竞合，停工留薪期间工资和误工费可兼得

裁判观点

现行法律并未禁止工伤职工同时享受工伤保险待遇和人身损害赔偿，工伤保险待遇属公法领域，基于社保法律关系发生；人身损害赔偿属私法领域，基于民事法律关系发生，不宜径行替代。职工因第三人侵权造成人身损害并构成工伤的，在停工留薪期间内，原工资福利待遇不变，由所在单位按月支付。用人单位以侵权人已向职工赔偿误工费为由，主张无须支付停工留薪期间工资的，人民法院不予支持。

法院查明事实

2018 年 7 月 9 日，周某某在下班途中驾驶普通二轮摩托车与张某某驾驶电动自行车发生碰撞，导致两车受损、周某某与张某某受伤。公安交管部门认定张某某负主要责任，周某某负次要责任。医院诊断周某某的伤情为头面部外伤、多处挫伤，为周某某开具了病假证明。

经公安交管部门调解，周某某与张某某就医疗费、误工费、营养费等达成协议。

当地人社局认定周某某受到的伤害属于工伤。周某某的伤残等级符合十级。周某某向当地劳动人事争议仲裁委员会申请仲裁，请求用人单位支付其一次性伤残补助金、一次性工伤医疗补助金、一次性伤残就业补助金、医药费、停工留薪

① 案例来源："律呗"检索平台，题目为《陈某某与某制品厂工伤待遇纠纷案》，本书没有收录。

期工资。在仲裁庭审中，周某某当庭增加诉讼请求，要求从申请仲裁之日起与用人单位解除劳动关系。仲裁委裁决周某某与用人单位的劳动关系于 2019 年 4 月 19 日解除，用人单位支付周某某一次性伤残就业补助金、停工留薪期工资。用人单位在法定期间内向一审法院起诉，认为误工费已经在交通事故中得到赔偿，不应再支付停工留薪期工资。

争议焦点

工伤劳动者的停工留薪期工资与误工费是否可以兼得。

裁判结果

一审判决用人单位与周某某之间的劳动关系于 2019 年 5 月 14 日解除；用人单位支付周某某停工留薪期工资、一次性伤残就业补助金；用人单位无须支付周某某医疗费、一次性伤残补助金、一次性工伤医疗补助金。

二审判决驳回用人单位的上诉，维持原判。

裁判理由

一审认为，职工经认定为工伤，理应按照《工伤保险条例》的规定享受相应的工伤保险待遇。因用人单位已为周某某缴纳了社会保险，故医疗费、一次性伤残补助金、一次性工伤医疗补助金应由工伤保险基金支付。关于周某某主张的一次性伤残就业补助金，根据《工伤保险条例》第三十七条的规定，周某某被鉴定为十级伤残，周某某提出与用人单位解除劳动关系，用人单位应支付周某某一次性伤残就业补助金。另根据法律规定，职工因工作遭受事故伤害需要暂停工作接受工伤医疗的，在停工留薪期间内，原工资福利待遇不变，由所在单位按月支付，停工留薪期工资应当凭伤者就诊的签订服务协议的医疗机构出具的休假证明确定。停工留薪期工资与误工费系基于不同的法律关系而产生，伤者可以兼得。

二审认为，周某某遭受工伤，应享受相应工伤待遇。因用人单位已为周某某缴纳了社保，故周某某可享有的一次性伤残补助金和一次性工伤医疗补助金应由工伤保险基金支付。一审法院判决用人单位应当支付周某某一次性伤残就业补助金、停工留薪期工资并无不当。

关于用人单位认为周某某系因第三人侵权构成工伤的问题，因其已经获得误工费赔偿，故不能同时享有停工留薪期工资。本院认为，一方面，现行法律并未禁止工伤职工同时享受工伤保险待遇和人身损害赔偿；另一方面，工伤保险待遇与民事侵权赔偿二者性质不同，前者属公法领域，基于社保法律关系发生；后者属私法领域，基于民事法律关系发生，不宜径行替代。

案例索引

《最高人民法院公报》2021 年第 6 期

案例57

职工被认定为工伤并已经获得第三人侵权损害赔偿的，工伤保险基金核定补偿时应扣除医疗费用

裁判观点

职工因第三人侵权导致死亡被认定为工伤，虽然从第三人处已经获得侵权损害赔偿，但工伤保险行政管理部门应当在依法扣除工伤职工已经获得的医疗费用后对其应当享有的工伤保险待遇进行足额审核确定。

法院查明事实

2014 年 5 月 9 日 0 时 30 分许，王某某在下班途中，被孔某某无证驾驶的轿车撞倒，王某某经医院抢救无效死亡，公安交管部门认定孔某某承担事故的全部责任，王某某无责任。市劳动和社会保障局作出认定王某某属工伤的工伤认定书，法院作出的刑事判决书载明肇事者孔某某赔偿被害人家属各项经济损失 28 万元且已实际执行。2015 年 3 月 16 日，××县社会医疗保险管理服务中心作出工伤保险待遇审核，核减了四原告从肇事司机处获得的 28 万元赔偿款。

争议焦点

××县社会医疗保险管理服务中心在王某某工伤保险待遇审核中扣除了其从第三人处获得的 28 万元赔偿款是否适当。

裁判结果

一审判决驳回原告四人的诉讼请求。

二审判决驳回原告四人的上诉，维持原判。

再审判决撤销二审行政判决和一审行政判决，责令××县社会医疗保险管理服务中心对王某某的工伤保险待遇重新作出审核。

裁判理由

再审认为，根据《社会保险法》第四十二条、《最高人民法院关于审理工伤保险行政案件若干问题的规定》第八条、《最高人民法院关于因第三人造成工伤的职工或其亲属在获得民事赔偿后是否还可以获得工伤保险补偿问题的答复》等规定，因第三人造成工伤的职工或其近亲属，从第三人处获得民事赔偿后，又依据《工伤保险条例》的有关规定，向工伤保险基金申请工伤保险待遇的，人民法院应予支持，但第三人已经支付的工伤医疗费用除外。工伤保险基金依法支付工伤保险待遇后，向第三人代位追偿其已经向职工或其近亲属支付的工伤医疗费用的，人民法院应予支持。本案中，王某某因交通事故导致死亡被认定为工伤，再审申请人虽然从第三人处已经获得 28 万元的侵权损害赔偿，但根据上述规定，其仍然可以获得相应的工伤保险待遇。××县社会医疗保险管理服务中心应当在

依法扣除王某某已经获得的医疗费用之后对其应当享有的工伤保险待遇进行足额审核确定。

案例索引

一审：（2015）祁行初字第3号

二审：（2016）晋07行终24号

再审：（2020）晋行再6号

案例58

工伤职工获得商业保险赔偿后，仍有权要求用人单位支付工伤保险待遇

裁判观点

依法缴纳工伤保险是用人单位的法定义务，该项义务不能通过当事人协商予以免除。购买的商业性意外伤害保险，性质上用人单位为职工提供的一种福利待遇，不能免除用人单位负有的法定的缴纳工伤保险费的义务或支付工伤保险待遇的义务。工伤职工的家属以意外伤害保险单受益人身份取得商业保险赔偿金后，仍有权主张工伤保险赔偿。①

法院查明事实

A公司与B公司签订委托招聘合同，约定B公司为A公司名下6艘船舶招聘远洋船员，以B名义与应聘船员签订聘用合同，合同的权利和义务由A公司享有和承担。

2012年7月8日，安某某与B公司签订聘用合同约定：B公司招聘安某某为远洋大管轮职务船员，聘用期限为两年半，自安某某出境日9月1日起至安某某所在船只抵境日或合同到期日止。

2012年8月22日，被告A公司作为投保人，为包括安某某在内的48名船员向保险公司投保团体意外伤害保险，保障项目为额外身故、残疾、烧伤给付，每人保险金额为60万元，保险期间为2012年8月23日至2013年8月22日。A公司于投保当日缴纳了保费。

2012年9月，安某某等14名船员被派遣至“中洋26”轮上进行远海捕鱼作业。2013年8月5日17时30分，“中洋26”轮在法属波利尼西亚南方群岛拉帕岛附近海域遇险侧翻，安某某被法院宣告死亡。人保公司向死者父母亲安某和兰

---

① 判决原文为“赔偿”，根据《工伤保险条例》的规定，应表述为“补偿”，为尊重判决书原文，本书均照录，不改。

某实际支付了安某某身故赔偿金××万元。

2014 年 12 月 10 日，区人民法院作出民事判决，确认 A 公司与安某某存在劳动关系。2015 年 3 月 16 日，市人社局认定安某某因工外出遇险死亡属于工伤。

争议焦点

安某和兰某获得 A 公司为其子安某某购买的商业保险的保险赔付后，能否再向 A 公司主张安某某的工伤保险待遇。

裁判结果

一审判决被告 A 公司向原告安某、兰某支付安某某的工资、奖金、丧葬补助金、一次性工亡补助金。

二审判决驳回 A 公司的上诉，维持原判。

裁判理由

二审认为：根据《工伤保险条例》第二条第一款规定，为职工缴纳工伤保险费是某公司的法定义务，该法定义务不得通过任何形式予以免除或变相免除。《工伤保险条例》第六十二条第二款又进一步规定："依照本条例规定应当参加工伤保险而未参加工伤保险的用人单位职工发生工伤的，由该用人单位按照本条例规定的工伤保险待遇项目和标准支付费用。"在上诉人 A 公司未为安某某缴纳工伤保险费的情况下，A 公司应向安某某的父母被上诉人安某和兰某支付工伤保险待遇。A 公司为安某某购买的商业性意外伤害保险，性质上是 A 公司为安某某提供的一种福利待遇，不能免除 A 公司作为用人单位负有的法定的缴纳工伤保险费的义务或支付工伤保险待遇的义务。

此外，法律及司法解释并不禁止受工伤的职工或其家属获得双重赔偿。《最高人民法院关于审理工伤保险行政案件若干问题的规定》第八条第一款规定"职工因第三人的原因受到伤害，社会保险行政部门以职工或者其近亲属已经对第三人提起民事诉讼或者获得民事赔偿为由，作出不予受理工伤认定申请或者不予认定工伤决定的，人民法院不予支持"。第三款规定"职工因第三人的原因导致工伤，社会保险经办机构以职工或者其近亲属已经对第三人提起民事诉讼为由，拒绝支付工伤保险待遇的，人民法院不予支持，但第三人已经支付的医疗费用除外"。由此可见，上述规定并不禁止受工伤的职工同时获得民事赔偿和工伤保险待遇赔偿。上诉人 A 公司称被上诉人安某和兰某同时获得保险金和工伤保险待遇属一事二赔、违反公平原则，没有法律依据，不予支持。

案例索引

《最高人民法院公报》2017 年第 12 期

案例59

不具备施工资质的实际施工人的雇员发生工亡的，由发包人和实际施工人承担连带赔偿责任，且不得扣除雇员已获得的意外伤害保险金

裁判观点

（1）根据《最高人民法院关于审理人身损害赔偿案件适用法律若干问题的解释》第十一条第二款规定，雇员在从事雇佣活动中因安全生产事故遭受人身损害，发包人、分包人知道或者应当知道接受发包或者分包业务的雇主没有相应资质或者安全生产条件的，应当与雇主承担连带赔偿责任。

（2）法律鼓励施工企业为从事危险工作的劳动者办理意外伤害保险的目的在于为劳动者提供更多的保障，但并不免除施工企业为劳动者缴纳工伤保险的法定义务。

（3）《中华人民共和国保险法》（以下简称《保险法》）第三十九条规定，投保人为与其有劳动关系的劳动者投保人身保险，不得指定被保险人及其近亲属以外的人为受益人。建筑施工企业作为投保人为劳动者投保团体意外伤害险，该保险的受益人只能是劳动者或其近亲属。劳动者在工作中发生人身伤亡事故，建筑施工企业或实际施工人以投保人身份主张在赔偿款中扣除意外伤害保险金，变相成为该保险受益人的，有违立法目的，依法不予支持。

法院查明事实

自2018年2月至10月，范某某受雇于被告黄某某。2018年10月3日下午，范某某在建设工程工作时被坠落的方料砸到头部。2018年10月6日，范某某骑电瓶车发生单车交通事故，后因抢救无效，于次日死亡。2018年10月9日，某司法鉴定所对范某某死亡原因进行法医学鉴定的鉴定意见载明：范某某的死因是重型颅脑外伤及胸部外伤，颅脑外伤是导致死亡的主要原因，胸部外伤为死亡发生的次要原因；关于致伤方式及两次外伤在范某某死亡发生中的作用，摔跌作用不能引起头颅崩裂、轻度变形，摔跌作用不足以解释全部的胸部外伤，即头颅损伤和右胸背部损伤考虑系第一次外伤砸击所致，但在头颅和胸部已有外伤的基础上，身体摔跌致使面部、胸部受力完全能够加剧前述头颅和胸部已有的外伤，这可能正是范某某单车事故发生后深昏迷、自主呼吸弱等病理学基础。

另查明，被告A公司为范某某在保险公司投保了团体意外伤害保险，事故发生后，原告范某、俞某某、高某已获赔意外伤害保险金××元。

还查明，被告A公司承接B公司的工程，并提供案涉工程用的脚手架、方料等材料。被告黄某某自A公司处承接木工劳务，黄某某并无相应施工资质；范某某父亲范某于1933年1月13日出生，其父另有两女高某、高某1。

争议焦点

（1）A公司与黄某某是否应当承担连带赔偿责任。

（2）案涉××元意外伤害保险金是否应当在A公司、黄某某的赔偿数额中予以扣除。

（3）本案责任比例的认定是否正确。

裁判结果

一审判决由黄某某负担损失中的50%、A公司负担损失中的20%，其余损失由范某、俞某某、高某自行负担。

二审判决撤销一审民事判决；黄某某赔偿范某、俞某某、高某各项损失的70%；A公司对黄某某的上述赔偿义务承担连带赔偿责任。

裁判理由

二审认为:《最高人民法院关于审理人身损害赔偿案件适用法律若干问题的解释》第十一条第二款规定，雇员在从事雇佣活动中因安全生产事故遭受人身损害，发包人、分包人知道或者应当知道接受发包或者分包业务的雇主没有相应资质或者安全生产条件的，应当与雇主承担连带赔偿责任。被上诉人A公司将工程分包给不具备施工资质的被上诉人黄某某，受害人范某某在施工过程中受伤后死亡，对该人身损害，A公司应当与实际施工人黄某某承担连带赔偿责任。

关于A公司、黄某某无权主张在赔偿款中扣除××元意外伤害保险金。首先，《建筑法》第四十八条规定，为劳动者缴纳工伤保险系建筑施工企业的法定义务，而为从事危险工作的劳动者办理意外伤害保险为倡导性规定，不具有强制性。法律鼓励施工企业为从事危险工作的劳动者办理意外伤害保险的目的在于为劳动者提供更多的保障，但并不免除施工企业为劳动者缴纳工伤保险的法定义务。

《保险法》第三十九条规定，人身保险的受益人由被保险人或者投保人指定。投保人指定受益人时须经被保险人同意。投保人为与其有劳动关系的劳动者投保人身保险，不得指定被保险人及其近亲属以外的人为受益人。该条明确雇主为劳动者投保人身保险时，受益人只能是被保险人及其近亲属。本案中，A公司作为投保人为范某某购买团体意外险，该人身保险的受益人为范某某，范某某死亡后，其继承人有权继承该意外伤害保险金。意外伤害险系人身险而非责任财产险，A公司或黄某某不能通过办理团体人身意外伤害险的方式替代强制性保险的投保义务。

《保险法》第四十六条规定，被保险人因第三者的行为而发生死亡、伤残或者疾病等保险事故的，保险人向被保险人或者受益人给付保险金后，不享有向第三者追偿的权利，但被保险人或者受益人仍有权向第三者请求赔偿。根据该条规定，由于被保险人的生命、健康遭到损害，其损失无法用金钱衡量或弥补，被保险人或受益人可获得双重赔偿，此时不适用财产保险中的损失填补原则。本案中，范某某在为黄某某提供劳务的过程中受伤后死亡，其继承人有权依据意外伤害保险向保险公司主张保险金，也有权请求范某某的雇主黄某某承担雇主赔偿责任。但保险公司给付保险金后，不享有向雇主黄某某的追偿权。换言之，人身意外伤害保险金和人身损害死亡赔偿金均归属于范某某的继承人所有，投保人某公司不享有任何权益，雇主黄某某更无权主张从赔偿款中扣除××元的意外伤害保险金。

案例索引

《最高人民法院公报》2021年第10期

案例60

职工在用人单位欠缴工伤保险费期间发生工伤，补缴后一次性伤残补助金不属于“新发生的费用”

裁判观点

用人单位参加工伤保险并补缴应当缴纳的工伤保险费、滞纳金后，由工伤保险基金和用人单位依照《工伤保险条例》的规定支付新发生的费用。“新发生的费用”是指用人单位参加工伤保险前发生工伤的职工，在参加工伤保险后新发生的费用，不包含一次性伤残补助金。

法院查明事实

A单位为吴某某申报了工伤保险，但自2015年7月起欠缴工伤保险费至2016年12月，2016年12月19日补缴此期间欠费。2017年1月，A单位未缴纳工伤保险费，同年2月22日补缴欠费后按月缴纳。

2016年6月7日，吴某某被职业病防治院诊断为“职业性煤工尘肺一期”，区人社局认定原告吴某某为工伤，伤残等级七级，无生活自理障碍。

吴某某与A单位签订《关于一次性解决吴某某因工受伤待遇协议书》，约定解除劳动关系，终止工伤保险关系，由A单位支付吴某某停工留薪期待遇、一次性工伤就业补助金，扣除吴某某个人应当承担的养老保险、医疗保险；另约定，鉴于吴某某已参加工伤保险，其一次性伤残补助金、一次性工伤医疗补助金应由工伤保险基金支付。

2017年3月19日，原告吴某某向区社保局申请从社会保险基金支付一次性伤残补助金和一次性工伤医疗补助金。区社保局回复不予支付。吴某某不服，向法院提起诉讼。一审判决驳回原告吴某某的诉讼请求，二审法院判决撤销一审行政判决和区社会保险局《关于吴某某申请支付工伤待遇的回复》，责令区社会保险局重新作出回复。事后，区社会保险局重新审核并支付了原告吴某某的一次性工伤医疗补助金。原告吴某某不服，重新向区社会保险局提交工伤保险待遇申请，要求支付其一次性伤残补助金。区社会保险局重新作出案涉回复。原告吴某某不服，再次向法院提起诉讼。

争议焦点

在 A 单位补缴应当缴纳的工伤保险费后，区社保局认为吴某某被诊断为职业病产生的一次性伤残补助金不应由工伤保险基金支付，是否符合法律规定。

裁判结果

一审判决驳回了吴某某的诉讼请求。

二审驳回吴某某的上诉，维持原判。

再审裁定驳回吴某某的再审申请。

裁判理由

再审认为，《工伤保险条例》第六十二条第三款规定："用人单位参加工伤保险并补缴应当缴纳的工伤保险费、滞纳金后，由工伤保险基金和用人单位依照本条例的规定支付新发生的费用。"《人力资源社会保障部关于执行〈工伤保险条例〉若干问题的意见（二）》第三条规定："《工伤保险条例》第六十二条规定的'新发生的费用'，是指用人单位参加工伤保险前发生工伤的职工，在参加工伤保险后新发生的费用。其中由工伤保险基金支付的费用，按不同情况予以处理：（一）因工受伤的，支付参保后新发生的工伤医疗费、工伤康复费、住院伙食补助费、统筹地区以外就医交通食宿费、辅助器具配置费、生活护理费、一级至四级伤残职工伤残津贴，以及参保后解除劳动合同时的一次性工伤医疗补助金；（二）因工死亡的，支付参保后新发生的符合条件的供养亲属抚恤金。"《重庆市工伤保险实施办法》第五十一条规定："用人单位应当参加工伤保险而未参加，或少报、漏报参保职工以及未按时足额缴纳工伤保险费的，按以下办法办理：……（二）2011 年 1 月 1 日后受伤的工伤人员及工亡职工的供养亲属，按《工伤保险条例》第六十二条规定，用人单位补缴工伤保险费和滞纳金后的次月起，新发生的除一次性工亡补助金、一次性丧葬补助金和一次性伤残补助金外的应由工伤保险基金支付的工伤保险待遇由工伤保险基金支付。"《人力资源社会保障部关于执行〈工伤保险条例〉若干问题的意见（二）》第三条和《重庆市工伤保险实施办法》第五十一条第（二）项已对"新发生的费用"作了明确规定，将一次性伤残补助金排除在"新发生的费用"外，用人单位补缴工伤保险费后，应由工伤保险基金支付的范围中不包括一次性伤残补助金。同时，从一次性伤残补助金本身分析，在被诊断为职业病时就必将发生该费用，该费用明显不属于用人单位补缴工伤保险费、滞纳金后新发生的费用范围。本案中，虽然吴某某被诊断为职业病前已参加了工伤保险，但吴某某被诊断为"职业性煤工尘肺一期"，被鉴定为伤残等级陆级期间的工伤保险费煤矿并未按时足额缴纳，而是在事后补缴，属于用人单位为职工参保后未按时足额缴纳工伤保险费的情形。

案例索引

一审：（2019）渝0102行初140号
二审：（2019）渝03行终155号
再审：（2020）渝行申258号

案例61

职工在工伤复发治疗期间死亡的，享受停工留薪期待遇

裁判观点

（1）工伤职工工伤复发的，在其已经享受的停工留薪期的基础上，另外仍可根据《工伤保险条例》第三十三条的规定享受停工留薪期待遇。

（2）职工在劳动能力鉴定委员确定的工伤复发医疗期期间死亡，属于在停工留薪期内因工伤导致死亡。职工在工伤复发治疗期间死亡后，其近亲属应享受丧葬补助金、供养亲属抚恤金和一次性工亡补助金。

法院查明事实

邓某某于2010年12月12日被诊断为职业病（急性淋巴白细胞白血病），随后人社局对邓某某认定为工伤。市劳动能力鉴定委员会认定邓某某构成五级伤残，医疗终结期为2012年12月12日。2016年2月4日，邓某某白血病复发入院治疗，市劳动能力鉴定委员会出具《工伤复发确认意见》，确认邓某某属于工伤复发，医疗期为2016年2月4日至2016年8月4日，邓某某于2016年4月13日去世。2016年5月9日，社会保险基金管理局受理了邓某作为家属的工伤待遇申请，邓某要求市社会保险基金管理局支付旧伤复发医疗费、鉴定费、住院伙食补贴、丧葬补助金、供养亲属抚恤金和一次性工亡补助金，市社会保险基金管理局同意支付旧伤复发医疗费、鉴定费、住院伙食补贴，不同意支付丧葬补助金、供养亲属抚恤金和一次性工亡补助金。邓某不服，向法院提起诉讼。

争议焦点

（1）已经享受过24个月停工留薪期的伤残职工，工伤复发后能否重新享受停工留薪期待遇。

（2）伤残职工在工伤复发治疗期间死亡，其应否享受丧葬补助金、供养亲属抚恤金和一次性工亡补助金。

裁判结果

一审判决驳回邓某的诉讼请求。

二审判决撤销一审行政判决和市社会保险基金管理局作出的《市工伤保险待遇决定书》的具体行政行为；责令市社会保险基金管理局对邓某的工伤保险待遇申请重新作出处理决定。

裁判理由

二审认为，《工伤保险条例》第三十三条规定："职工因工作遭受事故伤害或者患职业病需要暂停工作接受工伤医疗的，在停工留薪期内，原工资福利待遇不变，由所在单位按月支付。停工留薪期一般不超过12个月。伤情严重或者情况特殊的，经设区的市级劳动能力鉴定委员会确认，可以适当延长，但延长不得超过12个月。工伤职工评定伤残等级后，停发原待遇，按照本章的有关规定享受伤残待遇。工伤职工在停工留薪期满后仍需治疗的，继续享受工伤医疗待遇。生活不能自理的工伤职工在停工留薪期需要护理的，由所在单位负责。"据此，工伤职工的停工留薪期一般不超过12个月，伤情严重或者情况特殊的，经设区的市级劳动能力鉴定委员会确认，可以适当延长至24个月。《工伤保险条例》第三十八条同时规定："工伤职工工伤复发，确认需要治疗的，享受本条例第三十条、第三十二条和第三十三条规定的工伤待遇。"据此，工伤职工工伤复发的，在其已经享受的停工留薪期的基础上，另外仍可根据《工伤保险条例》第三十三条的规定享受停工留薪期待遇。此外，《广东省工伤保险条例》第二十六条第一、二款规定："职工因工伤需要暂停工作接受工伤医疗的，在停工留薪期内，原工资福利待遇不变，由所在单位按月支付。停工留薪期根据医疗终结期确定，由劳动能力鉴定委员会确认，最长不超过24个月。工伤职工鉴定伤残等级后，停发原待遇，按照本章的有关规定享受伤残待遇。工伤职工在鉴定伤残等级后仍需治疗的，经劳动能力鉴定委员会批准，一级至四级伤残，享受伤残津贴和工伤医疗待遇；五级至十级伤残，享受工伤医疗和停工留薪期待遇。"由此，在广东省辖区内，工伤职工的停工留薪期应根据劳动能力鉴定委员会确认的医疗终结期确定，最长不超过24个月。《广东省工伤保险条例》第三十六条还规定"工伤职工工伤复发，确认需要治疗的，享受本条例第二十五条、第二十六条和第二十八条规定的工伤待遇"。故，根据以上行政法规和地方性法规的相关规定，2016年2月邓某某工伤复发，最长可享受24个月的停工留薪期待遇。市劳动能力鉴定委员已于2016年3月2日出具了《工伤复发确认意见》，确认邓某某属于工伤复发，医疗期为2016年2月4日至2016年8月4日，市劳动能力鉴定委员确定的上述邓某某工伤复发医疗期6个月，即属于停工留薪期。邓某某在市劳动能力鉴定委员确定的工伤复发医疗期期间死亡，属于在停工留薪期内因工伤导致死亡。被上诉人市社会保险基金管理局认为职工遭受工伤后（包括旧伤复发）可以享受的停工留薪期前后累计最长不能超过24个月，邓某某于2010年12月受工伤后已经享受过24个月停工留薪期，故其2016年2月工伤复发后不能再享受停工留薪期，以上主张不仅有悖《工伤保险条例》第三十八条、《广东省工伤保险条例》第三十六条之规定，而且会造成损害伤情严重、职业病病情严重的工伤职工权益的后果，本院不予支持。根据《工伤保险条例》第三十九条第一款“职工因工死亡，其近亲属按照下列规定从工伤保险基金领取丧葬补助金、供养亲属抚恤金和一次性工亡补助金：（一）丧葬补助金为6个月的统筹地区上年度职工月平均工资；（二）供养亲属抚恤金按照职工本人工资的一定比例发给由因工死亡职工生前提供主要生活来源、无劳动能力的亲属。标准为：配偶每月40%，其他亲属每人每月30%，孤寡老人或者孤儿每人每月在上述标准的基础上增加10%。核定的各供养亲属的抚恤金之和不应高于因工死亡职工生前的工资。供养亲属的具体范围由国务院社会保险行政部门规定；（三）一次性工亡补助金标准为上一年度全国城镇居民人均可支配收入的20倍”和第二款“伤残职工在停工留薪期内因工伤导致死亡的，其近亲属享受本条第一款规定的待遇”以及《广东省工伤保险条例》第三十七条第一、二款之规定，邓某某在工伤复发治疗期间死亡后，其近亲属应享受丧葬补助金、供养亲属抚恤金和一次性工亡补助金。市社会保险基金管理局应向邓某某的近亲属核发丧葬补助金、供养亲属抚恤金和一次性工亡补助金。

案例索引

《最高人民法院公报》2019年第11期

案例62

用人单位主动与工伤职工解除劳动合同后，仍应向工伤职工支付一次性伤残就业补助金

裁判观点

《社会保险法》第三十九条第三款明确规定，终止或者解除劳动合同时，工伤职工应当享受的一次性伤残就业补助金，按照国家规定由用人单位支付。该规定仅将终止或解除劳动合同作为工伤职工享受一次性伤残就业补助金的前提条件，并未将合同解除方式与原因作为支付一次性伤残就业补助金的前提条件。用人单位主动解除劳动合同时也应当向工伤职工支付一次性伤残就业补助金。

法院查明事实

2011年3月1日，被告甲公司将原告某甲安排至乙公司工作。2012年3月21日，某甲在车间工作时被机器压伤左手食指，医院诊治结论为左食指挫裂伤，左食指末端粉碎性骨折。同年4月17日，甲公司向区人社局申请工伤认定。该局确认原告上述所受伤害属于工伤。区劳动能力鉴定委员会鉴定原告因工致残程度十级。同年7月26日，乙公司根据员工手册规定对某甲予以开除处分。

2012年4月11日，某甲以甲公司及更名后的丙公司为被申请人向区劳动人

事争议仲裁委员会申请仲裁，要求两公司支付其加班工资及赔偿金、未签订劳动合同双倍工资差额等多项费用。区劳动人事争议仲裁委员会对原告的仲裁请求不予支持。双方均未起诉，该裁决已生效。

2012 年 10 月 8 日，某甲向区劳动人事争议仲裁委员会申请仲裁，要求恢复与甲公司的劳动关系，并要求被告支付其 2012 年 7 月 27 日至恢复劳动关系期间的工资、停工留薪期工资差额等各项费用。区劳动人事争议仲裁委员会仅支持停工留薪期工资差额、就医交通费、治疗期间工资，丙公司对停工留薪期工资差额及就医交通费承担连带责任。原告、被告均不服，分别提起诉讼。法院认定原告与被告间存在劳动关系，丙公司为实际用工单位，判决被告无须支付原告停工留薪期工资差额。原告及丙公司均不服该判决而提起上诉，二审法院确认自 2012 年 3 月起，原告、被告之间存在劳动关系，丙公司为实际用工单位，对原告要求与丙公司恢复劳动关系的要求不予支持；原告在停工留薪期结束后的表现明显违反劳动纪律，被告据此解除与原告劳动关系的做法并无不当，故对原告要求恢复与被告间劳动关系的上诉请求不予支持。法院在所查明事实的基础上，作出了丙公司无须支付原告停工留薪期工资差额的判决。

2013 年 12 月 4 日，某甲就本案系争事项向区劳动人事争议仲裁委员会申请仲裁。同年 12 月 6 日，该会以原告的请求事项已超过仲裁申请时效为由决定不予受理。原告不服此决定而提起本案诉讼。

争议焦点

不是职工提出而是由用人单位解除劳动合同的，用人单位是否应当向工伤职工支付一次性伤残就业补助金。

裁判结果

一审判决驳回原告某甲的诉讼请求。

二审判决撤销一审民事判决，A 公司应支付某甲一次性伤残就业补助金。

裁判理由

一审认为，按照《上海市工伤保险实施办法》第四十一条之规定，因工致残被鉴定为七级至十级伤残的工伤人员，在劳动合同期满终止或工伤人员本人提出解除劳动合同的情况下，可享受由工伤保险基金支付一次性工伤医疗补助金，用人单位支付一次性伤残就业补助金的工伤待遇。本案中，原告、被告的劳动关系由被告合法解除，不属于上述法规规定的用人单位应支付该一次性待遇的情形，原告该部分诉请无依据，不予支持。

二审认为，一次性伤残就业补助金等工伤保险待遇是对职工因工作原因受到伤害而给予的补救和补偿，它不应受劳动关系解除原因等因素的影响。首先，《社会保险法》第三十九条第三款明确规定，终止或者解除劳动合同时，工伤职工应当享受的一次性伤残就业补助金，按照国家规定由用人单位支付。该规定仅将终止或解除劳动合同作为工伤职工享受一次性伤残就业补助金的前提条件，并未将合同解除方式与原因作为支付一次性伤残就业补助金的前提条件。其次，根据《工伤保险条例》第四十二条的规定，工伤职工仅在丧失享受待遇条件、拒不接受劳动能力鉴定、拒绝治疗的情况下，停止享受工伤保险待遇，用人单位解除劳动合同并不属于工伤职工停止享受工伤保险待遇的情形。最后，举轻以明重，《工伤保险条例》第三十七条第二款规定在工伤职工主动提出解除劳动合同及劳动合同期限终止时，用人单位尚需支付一次性伤残就业补助金，那么用人单位在主动解除劳动合同时支付一次性伤残就业补助金，更是理所当然的。故被上诉人甲公司应支付某甲一次性伤残就业补助金，某甲的相关上诉请求，予以支持。

案例索引

《最高人民法院公报》2015 年第 11 期

案例63

工伤保险的参保时间和生效时间之间不应该存在“空窗期”

裁判观点

（1）用人单位在职工发生工伤前已向社会保险经办机构为工伤职工申报了工伤保险且社会保险经办机构已予以受理的，工伤保险合同生效。社会保险经办机构在办理用人单位为职工投保工伤保险业务时的内部工作流程，以及其与相关部门进行核定、扣缴的衔接程序，作为行政相对人的用人单位与职工无从知晓，不能对外产生完全的约束力，因此，不能直接将结算期、费款所属期等同于生效时间。

（2）根据《社会保险法》第四十一条规定，用人单位缴纳工伤保险并不是职工要求工伤保险基金先行支付的前提条件。即使用人单位在职工发生工伤时未能将工伤保险费实额予以缴纳，也不影响职工享有从工伤保险基金获得工伤保险待遇的权利。

法院查明事实

某甲于 2017 年 2 月 9 日到第三人 A 公司工作。该公司于 2017 年 2 月 13 日为包括某甲在内的 10 人办理工伤保险。2017 年 2 月 21 日早晨 6 时许，某甲在步行去单位上班途中发生交通事故身亡。区人社局予以认定为工伤。某甲的亲属某乙等人向区劳动人事争议仲裁院申请劳动仲裁，请求裁决第三人 A 公司为原告支付一次性工亡补助金、丧葬费、供养亲属抚恤金等款项。2017 年 11 月 19 日，该仲裁院认为第三人 A 公司已依法为某甲缴纳工伤保险，采信了 A 公司提出的由工伤保险基金支付原告方所请求款项的意见，裁决驳回原告某乙等人的全部仲裁请求。原告某乙等人于2018年1月17日向法院提起行政诉讼，请求判决被告市工伤保险中心给予某甲享有工伤保险待遇。

另查明，在该地区社会保险管理信息系统，查询某甲工伤保险的参保信息显示本次参保日期与首次参保日期均为2017年2月13日，经办机构为市社保中心；在该系统人员信息查询项下查询的第一条信息显示：某甲，单位名称第三人A公司，缴费标志为已实缴，经办时间为2017年2月21日，到账日期为2017年6月9日，缴费类型为正常应缴，结算期及费款所属期均为2017年3月。在12333自助服务一体机，查询某甲工伤保险的参保信息显示本次参保日期与首次参保日期均为2017年2月13日，参保状态为参保缴费。在该地区社会保险管理信息系统，查询第三人A公司结算期为2017年2月的工伤保险单位人员应缴明细中未显示某甲的信息，结算期为2017年3月的工伤保险单位人员应缴明细中第215条信息为某甲的参保信息。

争议焦点

某甲发生工伤事故伤害时，是否在工伤保险保障的时间范围之内。

裁判结果

一审判决被告市工伤保险中心按照《工伤保险条例》等相关规定履行法定职责。

二审判决驳回市工伤保险中心的上诉，维持原判。

裁判理由

一审认为，第三人A公司作为用人单位是缴纳工伤保险的义务主体，在某甲发生工伤事故伤害前，已向被告市工伤保险中心提出为某甲投保工伤保险的申请并填写《××市社会保险投保申报表》。在案证据表明，某甲发生工伤事故伤害时及之后数月，并不存在第三人A公司因主观原因停缴或欠缴工伤保险费的情形。本案争议的焦点在于，某甲发生工伤事故伤害时，是否在工伤保险保障的时间范围之内。首先，被告市工伤保险中心的答辩主张以及其提供的依据、证据均无法有力证明某甲发生工伤事故伤害时，某甲的工伤保险处于参保而未生效的状态。被告市工伤保险中心作为社会保险经办机构，其在办理用人单位为劳动者投保工伤保险业务时的内部工作流程，以及其与相关部门进行核定、扣缴的衔接程序，作为行政相对人的用人单位与劳动者无从知晓，也很难知晓，故不能对外产生完全的约束力。该地区社会保险管理信息系统，作为被告市工伤保险中心办理工伤保险业务的内部系统，查询结果未直接显示某甲工伤保险的生效时间，故不能直接将结算期、费款所属期等同于生效时间。其次，在12333自助服务一体机与该地区社会保险管理信息系统中，查询某甲工伤保险的参保信息显示本次参保日期与首次参保日期均在工伤事故发生前。最后，《社会保险法》与《工伤保险条例》作为上位法均没有对工伤保险投保时间和生效时间作出间隔的明确规定。

被告市工伤保险中心提出“工伤保险当月参保，次月缴费生效”的主张，没有制度支撑，亦没有证据证明，不能作为某甲无法享受工伤保险待遇的理由。

二审认为，本案的争议焦点为上诉人市工伤保险中心是否应当为死者某甲支付工伤保险待遇。首先，该地区社会保险管理信息系统显示A公司为死者某甲办理工伤保险的参保日期与首次参保日期均为2017年2月13日。12333自助服务一体机查询亦显示某甲参保日期为2017年2月13日，参保状态为参保缴费。某甲发生工伤事故为2017年2月21日。据此，可以认定A公司向上诉人为死者某甲申报了工伤保险，上诉人已予以受理，A公司与上诉人形成了工伤保险合同关系，工伤保险合同已经生效，且某甲发生工伤事故处于工伤保险参保期间之内。虽然该地区社会保险管理信息系统2017年2月的缴费名录中未显示某甲，但上诉人市工伤保险中心不能以此否定A公司已为某甲参保的事实，其办理工伤保险的流程亦不能成为不予支付工伤保险待遇的依据。故上诉人市工伤保险中心称A公司为死者某甲参保缴费所属期为2017年3月，某甲发生工伤时，用人单位并未缴纳工伤保险费，不应由工伤保险基金支付的上诉理由本院不予支持。其次，根据《社会保险法》及《工伤保险条例》的相关规定，工伤保险缴纳义务主体为用人单位，监督主体为社会保险经办机构，劳动者个人不缴纳。即使A公司存在未及时缴纳工伤保险费的情况，根据《社会保险法》第四十一条规定：“劳动者所在用人单位未依法缴纳工伤保险费，发生工伤事故的，由用人单位支付工伤保险待遇。用人单位不支付的，从工伤保险基金中先行支付。从工伤保险基金中先行支付的工伤保险待遇应当由用人单位偿还。用人单位不偿还的，社会保险经办机构可以依照本法第六十三条的规定追偿。”由此也可知，用人单位缴纳工伤保险并不是劳动者要求工伤保险基金先行支付的前提条件。因此，即使是A公司在某甲发生工伤时未能将工伤保险费实额予以缴纳，也不影响某甲享有从工伤保险基金获得工伤保险待遇的权利。况且仲裁裁决已以A公司为死者某甲缴纳工伤保险，应由工伤保险基金支付为由驳回了被上诉人某乙等人的仲裁请求。

案例索引

一审：（2018）内0207行初5号

二审：（2020）内02行终111号

案例64

因用人单位以外的第三人侵权造成职工人身损害构成工伤的，职工可获“双赔”

裁判观点

（1）只要客观上存在工伤事故，就会在受伤职工和用人单位之间产生工伤保险赔偿关系，确认该法律关系成立与否，无须考查工伤事故发生的原因，即使工伤事故系因用人单位以外的第三人侵权所致，或者是由于受伤职工本人的过失所致，都不影响受伤职工向用人单位主张工伤保险赔偿的权利。

（2）基于侵权事实的存在，受伤职工作为被侵权人，与侵权人之间形成侵权之债的法律关系，有权向侵权人主张人身损害赔偿。侵权之债成立与否，与被侵权人是否获得工伤保险补偿无关，即使用人单位已经给予受伤职工工伤保险补偿，也不能免除侵权人的赔偿责任。

法院查明事实

原告某甲系 A 公司职工。2000 年 10 月 16 日，被告 B 公司职工某乙在工作过程中违规作业，从高处抛掷钢管，将正在现场从事工作的某甲头部砸伤，致其重度颅脑外伤、外伤性尿崩症等，伤情鉴定为因工致残程度四级。某甲与 A 公司发生工伤保险赔偿纠纷，经仲裁和法院判决，A 公司已就某甲的工伤事故承担了一定的费用。根据医院的诊断治疗意见，某甲需长期服用德巴金、弥凝片。根据司法鉴定结论，某甲需要护理 12 个月、营养 8 个月。某甲之子某丙出生于 1996 年 10 月 24 日，8 周岁，系未成年人。某甲之母某丁出生于 1948 年 5 月 3 日，57 周岁，系肢体残疾人。审理中，原告某甲表示，参照残疾赔偿金的规定，原告因伤残造成的收入损失应当按照 20 年计算，另主张被赡养人（原告母亲）的生活费。

争议焦点

因用人单位以外的第三人侵权造成职工人身损害构成工伤的，职工在获得用人单位工伤保险赔偿后，又向侵权人提起人身损害赔偿诉讼，请求判令侵权人承担民事赔偿责任的，是否应当予以支持。

裁判结果

一审判决被告 B 公司赔偿原告某甲护理费、营养费、被抚养、赡养人生活费、因伤残造成的收入损失等；原告某甲因伤残需长期服用德巴金、弥凝片的费用由被告 B 公司负担。

二审判决驳回上诉，维持原判。

裁判理由

二审认为：《工伤保险条例》第十四条规定明确了应当认定为工伤的法定情形，只要符合上述法定情形，职工所受伤害无论是否由第三人侵权引起，都应当认定为工伤。换言之，是否存在第三人侵权不影响工伤的认定。《中华人民共和国民法通则》（以下简称《民法通则》，已于 2021 年 1 月 1 日废止）第九十八条规定，公民享有生命健康权。第一百一十九条规定，侵害公民身体造成伤害的，应当赔偿医疗费、因误工减少的收入、残废者生活补助费等费用；造成死亡的，并应当支付丧葬费、死者生前扶养的人必要的生活费等费用。因此，第三人侵权造成他人身体伤害的应当承担赔偿责任，被侵害人依法享有获得赔偿的权利。

《最高人民法院关于审理人身损害赔偿案件适用法律若干问题的解释》第十二条第一款规定："依法应当参加工伤保险统筹的用人单位的职工，因工伤事故遭受人身损害，职工或者其近亲属向人民法院起诉请求用人单位承担民事赔偿责任的，告知其按《工伤保险条例》的规定处理。"该条第二款规定："因用人单位以外的第三人侵权造成职工人身损害，赔偿权利人请求第三人承担民事赔偿责任的，人民法院应予支持。"根据该规定，职工因工伤事故受到人身损害，有权向用人单位主张工伤保险赔偿，如果所受人身损害系因用人单位以外的第三人侵权所致，职工同时还有权向第三人主张人身损害赔偿。因用人单位以外的第三人侵权造成职工人身损害，构成工伤的，职工因工伤事故享有工伤保险赔偿请求权，因第三人侵权享有人身损害赔偿请求权。二者虽然基于同一损害事实，但存在于两个不同的法律关系之中，互不排斥。首先，基于工伤事故的发生，职工与用人单位之间形成工伤保险赔偿关系。国家设置工伤保险制度的目的是保障因工作遭受事故伤害或者患职业病的职工获得医疗救治和经济补偿。根据《工伤保险条例》的规定，用人单位应当为本单位全体职工缴纳工伤保险费，因工伤事故受到人身损害的职工有权获得工伤保险赔偿、享受工伤待遇。因此，只要客观上存在工伤事故，就会在受伤职工和用人单位之间产生工伤保险赔偿关系，确认该法律关系成立与否，无须考查工伤事故发生的原因，即使工伤事故系因用人单位以外的第三人侵权所致，或者是由于受伤职工本人的过失所致，都不影响受伤职工向用人单位主张工伤保险赔偿。其次，基于侵权事实的存在，受伤职工作为被侵权人，与侵权人之间形成侵权之债的法律关系，有权向侵权人主张人身损害赔偿。侵权之债成立与否，与被侵权人是否获得工伤保险赔偿无关，即使用人单位已经给予受伤职工工伤保险赔偿，也不能免除侵权人的赔偿责任。

综上，因用人单位以外的第三人侵权造成职工人身损害构成工伤的，职工具有双重主体身份——工伤事故中的受伤职工和人身侵权的受害人。基于双重主体身份，职工有权向用人单位主张工伤保险赔偿，同时还有权向侵权人主张人身损害赔偿，即有权获得双重赔偿。在这种情形下，用人单位和侵权人应当依法承担各自所负的赔偿责任，不因受伤职工（受害人）先行获得一方赔偿、实际损失已得到全部或部分补偿而免除或减轻另一方的责任。结合本案的实际情况，虽然被上诉人某甲获得了其所在单位A公司的工伤保险赔偿，但并不因此而减免上诉人B公司的侵权损害赔偿责任。B公司作为本案事故的侵权行为人必须依法承担相应的侵权赔偿责任。B公司上诉主张某甲已获得工伤保险赔偿，无权再向其要求侵权赔偿，没有法律依据，不予支持。某甲作为工伤事故中的受伤职工和侵权行为的受害人，有权获得双重赔偿，B公司的侵权赔偿责任并未因此而有所加重。

案例索引

最高人民法院公报（2006）第8期

专题八

工伤保险待遇赔偿主体的司法认定

导 读

一般情况下，受事故伤害的劳动者与用人单位订立了劳动合同，有明确劳动关系，或者虽未订立劳动合同，但经劳动仲裁机构或者人民法院认定存在事实劳动关系的，毫无疑问工伤保险赔偿主体就是该用人单位。但是，目前我国除典型劳动关系的劳动者外，还有非全日制劳动者、超过法定退休年龄的劳动者、在中国境内就业的外国劳动者等；在用工模式上，除典型劳动关系外，还有劳务派遣、挂靠、违法分包转包、网络主播、滴滴打车、快递快餐骑手、实习生等多种形态的用工关系。在形态各异的用工关系中的劳动者发生伤亡的，如何认定工伤以及如何确定工伤赔偿责任主体，成为工伤保险纠纷中的热点和难点。

一、关于工伤赔偿责任承担主体的规定

面对这种错综复杂的情况，工伤事故发生时如何明确工伤责任承担主体，社会保险行政部门和最高人民法院曾发布相关规定，明确一些特殊情况下工伤赔偿责任主体：

（一）《劳动和社会保障部关于实施〈工伤保险条例〉若干部问题的意见》（劳社部函〔2004〕256 号）

第一条规定，职工在两个或两个以上用人单位同时就业的，各用人单位应当分别为职工缴纳工伤保险费。职工发生工伤，由职工受到伤害时其工作的单位依法承担工伤保险责任。

（二）《劳动和社会保障部关于确立劳动关系有关事项的通知》（劳社部发〔2005〕12 号）

第四条规定，建筑施工、矿山企业等用人单位将工程（业务）或经营权发包给不具备用工主体资格的组织或自然人，对该组织或自然人招用的劳动者，由具备用工主体资格的发包方承担用工主体责任。

（三）《最高人民法院关于车辆挂靠其他单位经营车辆实际所有人聘用的司机工作中伤亡能否认定为工伤问题的答复》（〔2006〕行他字第 17 号）

答复认为，个人购买的车辆挂靠其他单位且以挂靠单位的名义对外经营的，其聘用的司机与挂靠单位之间形成了事实劳动关系，在车辆运营中伤亡的，应当适用《劳动法》和《工伤保险条例》的有关规定认定是否构成工伤。

（四）《最高人民法院关于印发〈全国民事审判工作会议纪要〉的通知》（法办〔2011〕442 号）

第五十九条规定，建设单位将工程发包给承包人，承包人又转包或者违法分包给实际施工人，实际施工人招用的劳动者请求确认与具有用工主体资格的发包人之间存在劳动关系的，不予支持。

（五）《人力资源社会保障部关于执行〈工伤保险条例〉若干问题的意见》（人社部发〔2013〕34号）

第七条规定，具备用工主体资格的承包单位违反法律、法规规定，将承包业务转包、分包给不具备用工主体资格的组织或者自然人，该组织或者自然人招用的劳动者从事承包业务时因工伤亡的，由该具备用工主体资格的承包单位承担用人单位依法应承担的工伤保险责任。

第八条规定，曾经从事接触职业病危害作业、当时没有发现罹患职业病、离开工作岗位后被诊断或鉴定为职业病的符合下列条件的人员，可以自诊断、鉴定为职业病之日起一年内申请工伤认定，社会保险行政部门应当受理：①办理退休手续后，未再从事接触职业病危害作业的退休人员；②劳动或聘用合同期满后或者本人提出而解除劳动或聘用合同后，未再从事接触职业病危害作业的人员。经工伤认定和劳动能力鉴定，前款第（一）项人员符合领取一次性伤残补助金条件的，按就高原则以本人退休前12个月平均月缴费工资或者确诊职业病前12个月的月平均养老金为基数计发。前款第（二）项人员被鉴定为一级至十级伤残、按《工伤保险条例》规定应以本人工资作为基数享受相关待遇的，按本人终止或者解除劳动、聘用合同前12个月平均月缴费工资计发。

第九条规定，按照本意见第八条规定被认定为工伤的职业病人员，职业病诊断证明书（或职业病诊断鉴定书）中明确的用人单位，在该职工从业期间依法为其缴纳工伤保险费的，按《工伤保险条例》的规定，分别由工伤保险基金和用人单位支付工伤保险待遇；未依法为该职工缴纳工伤保险费的，由用人单位按照《工伤保险条例》规定的相关项目和标准支付待遇。

（六）《对最高人民法院〈全国民事审判工作会议纪要〉第59条作出进一步释明的答复》（2014年4月11日）[①]

关于实际施工人招用的劳动者与承包人也就是建筑施工企业之间是否存在劳动关系，理论与实践中存在两种截然相反的观点：第一种观点认为，实际施工人与其招用的劳动者之间应认定为雇佣关系，但实际施工人的前一手具有用工主体资格的承包人、分包人或转包人与劳动者之间既不存在雇佣关系，也不存在劳动关系。理由是：建筑施工企业与实际施工人之间只是分包、转包关系，劳动者是由实际施工人雇用的，其与建筑施工企业之间并无建立劳动关系或雇佣关系的合意。另一种观点则认为，应认定实际施工人的前一手具有用工主体资格的承包人、分包人或转包人与劳动者之间存在劳动关系，因为认定他们之间存在劳动关系，有利于对劳动者保护。

我们同意第一种观点。主要理由如下：

首先，实际施工人的前一手具有用工主体资格的承包人、分包人或转包人与

① 来源：最高人民法院官网，2014年4月11日。

劳动者之间并没有丝毫的建立劳动关系的意思表示，更没有建立劳动关系的合意。我国《劳动合同法》第三条明确规定，建立劳动关系必须遵循自愿原则。自愿就是指订立劳动合同完全是出于劳动者和用人单位双方的真实意志，是双方协商一致达成的，任何一方不得将自己的意志加给另一方。自愿原则包括：订不订立劳动合同由双方自愿、与谁订立劳动合同由双方自愿、合同的内容取决于双方的自愿。现实生活中，劳动者往往不知道实际施工人的前一手具有用工主体资格的承包人、转包人或分包人是谁，承包人、转包人或分包人同样也不清楚该劳动者是谁，是否实际为其工程提供了劳务。在这种完全缺乏双方合意的情形下，直接认定二者之间存在合法劳动关系，不符合实事求是原则。如果实际施工人的前一手具有用工主体资格的承包人、分包人或转包人根本没有与劳动者订立劳动合同的意思，我们通过仲裁或者司法判决方式强行认定他们之间存在劳动关系，则等于违背了《劳动合同法》总则中对自愿原则的规定。

其次，如果认定实际施工人的前一手具有用工主体资格的承包人、分包人或转包人与劳动者之间存在劳动关系，那么，将由具有用工主体资格的承包人、分包人或转包人对劳动者承担劳动法上的责任，而实际雇佣劳动者并承担管理职能的实际施工人反而不需要再承担任何法律责任了，这种处理方式显然不符合公平原则。如果我们许可这样做法，实际施工人反而很容易逃避相应的法律责任。此外，如果强行认定实际施工人的前一手具有用工主体资格的承包人、分包人或转包人与劳动者之间存在劳动关系，还会导致产生一系列无法解决的现实难题：劳动者会要求与承包人、分包人或转包人签订书面劳动合同；要求为其办理社会保险手续；要求支付不签订书面劳动合同而应支付的双倍工资，等等。这些要求显而易见都是不应当得到支持的。

再次，《通知》[①] 第四条之所以规定可认定承包人、分包人或转包人与劳动者之间存在劳动关系，其用意是惩罚那些违反《建筑法》的相关规定任意分包、转包的建筑施工企业。我们认为，承包人、分包人或转包人违反了《建筑法》的相关规定，应当承担相应的行政责任或民事责任。不能为了达到制裁这种违法发包、分包或者转包行为的目的，就可以任意超越《劳动合同法》的有关规定，强行认定本来不存在的劳动关系。

最后，虽然不认定实际施工人的前一手具有用工主体资格的承包人、分包人或转包人与劳动者之间存在劳动关系，并不意味着劳动者的民事权益得不到保护。《劳动合同法》第九十四条规定："个人承包经营者违反本法规定招用劳动者，给劳动者造成损害的，发包的组织与个人承包经营者承担连带赔偿责任。"实践中个人承包经营者（也就是实际施工人）往往没有承担民事责任的足够财力，为了保护劳动者的权益，在劳动者遭受损失时，承包人、分包人或转包人是要承担民事上的连带赔偿责任的。这是有利于对劳动者提供周全保护的。从诉讼

① 指《劳动和社会保障部关于确立劳动关系有关事项的通知》（劳社部发〔2005〕12 号）。

程序看，劳动者既可以单独起诉实际施工人，也可以将承包人、分包人或转包人与实际施工人列为共同被告；从实体处理看，劳动者既可以要求实际施工人承担全额或者部分赔偿责任，也可以要求承包人、分包人或转包人承担全额或者部分赔偿责任，还可以要求承包人、分包人或转包人与实际施工人一起承担连带赔偿责任。

（七）《最高人民法院关于审理工伤保险行政案件若干问题的规定》（法释〔2014〕9号）

第三条规定，社会保险行政部门认定下列单位为承担工伤保险责任单位的，人民法院应予支持：①职工与两个或两个以上单位建立劳动关系，工伤事故发生时，职工为之工作的单位为承担工伤保险责任的单位；②劳务派遣单位派遣的职工在用工单位工作期间因工伤亡的，派遣单位为承担工伤保险责任的单位；③单位指派到其他单位工作的职工因工伤亡的，指派单位为承担工伤保险责任的单位；④用工单位违反法律、法规规定将承包业务转包给不具备用工主体资格的组织或者自然人，该组织或者自然人聘用的职工从事承包业务时因工伤亡的，用工单位为承担工伤保险责任的单位；⑤个人挂靠其他单位对外经营，其聘用的人员因工伤亡的，被挂靠单位为承担工伤保险责任的单位。前款第（四）（五）项明确的承担工伤保险责任的单位承担赔偿责任或者社会保险经办机构从工伤保险基金支付工伤保险待遇后，有权向相关组织、单位和个人追偿。

（八）《〈最高人民法院关于审理工伤保险行政案件若干问题的规定〉的理解与适用》

该文对《最高人民法院关于审理工伤保险行政案件若干问题的规定》第三条规定作出解释：①

（1）职工与两个以上单位存在劳动关系，应当以发生工伤事故时，职工实际为之工作的单位为承担工伤保险责任的用人单位。此种情况下，难以区分多个劳动关系的主次，工伤认定应当以谁受益、谁负责的原则界定责任主体。

（2）指派、派遣关系情况下承担工伤保险责任的用人单位的确定，主要考虑了劳动者与指派、派遣单位以及实际工作单位形成的双重工作关系，与第一项规定中的多个劳动关系存在区别。职工与多个用人单位形成的多个劳动关系之间互相独立，无法区分主次，而在指派、派遣关系中，两个用人关系存在主次区别，职工与指派和派遣单位之间的用人关系是主要的、独立的用人关系，而与被指派或被派遣到的实际工作单位之间的用人关系是因指派和派遣而形成的次要的、附属的用人关系，不能独立存在。另外，劳务派遣关系中用人单位的确定，除考虑以上因素外，还考虑了《劳动合同法》第五十八条规定，劳务派遣单位

---

① 马永欣、李涛、杨科雄：《〈最高人民法院关于审理工伤保险行政案件若干问题的规定〉的理解与适用》，《人民司法（应用）》2014年第23期，第16－21页。

是本法所称用人单位，应当履行用人单位对职工的义务。

（3）存在转包关系的情况下，发生工伤事故时用人单位的确定，以有利于保护劳动者为原则。本规定是对《劳动和社会保障部关于确立劳动关系有关事项的通知》第四条关于“建筑施工、矿山企业等用人单位将工程（业务）或经营权发包给不具备用工主体资格的组织或自然人，对该组织或自然人招用的劳动者，由具备用工主体资格的发包方承担用工主体责任”规定的发展，也吸收采纳了《人力资源社会保障部关于执行〈工伤保险条例〉若干问题的意见》第七条的精神。

（4）挂靠关系中用人单位的确定，《最高人民法院关于车辆挂靠其他单位经营车辆实际所有人聘用的司机工作中伤亡能否认定为工伤问题的答复》已经予以明确。关于挂靠经营过程中，聘用的人员与挂靠单位之间是否存在劳动关系的问题，存在不同认识。我们认为，本条规定主要是从有利于劳动者的角度出发，其原理与转包关系中无用工主体资格组织或个人聘用的人从事发包工程遭受工伤情况下的用人单位确认相同，不以是否存在真实劳动关系为前提，这是对工伤保险条例将劳动关系作为工伤认定前提的一般规定之外的特殊情形处理。需要注意的有两点，一是挂靠人是自然人，单位挂靠不能适用本条；二是仅适用于挂靠人聘用的人员，不包括挂靠人。

由于转包关系和挂靠关系中劳动者和承担工伤保险责任的用人单位之间并不存在真实的劳动关系，对劳动者造成伤害的实际侵权人仍然是不具有用工主体资格的组织、自然人。确定用工单位和被挂靠单位作为承担工伤保险责任的用人单位，虽然有利于保护劳动者的合法权益，但在责任的承担上，由工伤保险基金支付工伤保险待遇，会出现免除实际侵权人赔偿责任的不公平现象。为解决这一问题，司法解释明确了承担工伤保险责任的用人单位和社会保险经办机构在实际承担工伤保险责任后，可以根据实际支出的工伤保险待遇，向实际侵权人行使追偿权。

（九）《国务院办公厅关于促进建筑业持续健康发展的意见》（国办发〔2017〕19号）

第十三条规定，建立健全与建筑业相适应的社会保险参保缴费方式，大力推进建筑施工单位参加工伤保险。施工单位应履行社会责任，不断改善建筑工人的工作环境，提升职业健康水平，促进建筑工人稳定就业。

（十）《人力资源社会保障部办公厅关于进一步做好建筑业工伤保险工作的通知》（人社厅函〔2017〕53号）

第一条规定，《国务院办公厅关于促进建筑业持续健康发展的意见》再次强调，要“建立健全与建筑业相适应的社会保险参保缴费方式，大力推进建筑施工单位参加工伤保险”。这不仅是当前工伤保险扩面的中心任务，也是促进建筑业持续健康发展、保护建筑业工人合法权益的重要举措，各级人社部门要增强政治责任感和工作紧迫感，切实抓好工作落实，围绕项目参保模式积极推进政策创新和管理服务创新，着力建立健全建筑业按项目参保长效工作机制，同时，为灵活就业人员、分享经济等新业态从业人员的参保管理工作积累经验，奠定基础。

二、用人单位与工伤劳动者签订工伤保险待遇协议的法律效力

在发生工伤后，一些用人单位特别是没有为职工办理参加工伤保险手续的用人单位与工伤劳动者私下自行协商达成解决工伤劳动者工伤保险待遇的协议，这种情况在实务中时有发生。这种协议虽然能快速解决问题、减少纠纷，但是，如果用人单位的赔偿金额比《工伤保险条例》规定的赔偿数额明显要低的，则不利于对工伤劳动者合法权益的保护，很多时候劳动者仍然会因工伤保险待遇与用人单位发生纠纷，甚至诉至法院，请求法院判决用人单位依照《工伤保险条例》的规定补足工伤保险待遇的差额部分。对于这种协议的法律效力，理论界和司法界都在深入探讨。

（一）理论界的观点

有学者认为，“如果简单地认定为无效，则有悖于合同双方的利益，不利于社会关系的稳定；相反，如果一概认定为有效的，则很多时候损害了劳动者的合法权益，不利于矛盾的解决。因此，为了更好地维护劳动者的合法权益，维护工伤职工的正当利益，应当结合案件的具体情况对私了工伤协议的法律效力进行认定，不能采取一刀切的做法”①。

最高人民法院民事审判第一庭认为，工伤赔偿主要是为了保护工伤职工治疗工伤损害的救治权，以及职工的病情稳定和确定伤残等级后的一次性和长期性的经济补偿权。从款项性质上属于对劳动者工伤事故损害的赔偿和补偿。在规范价值的优先次序上，与合同自由应当处于同一位阶。但是，由于工伤保险待遇赔偿蕴含着对劳动者健康权保护，在审查认定欺诈、胁迫、乘人之危，或者存在重大误解、显失公平情形，其认定标准应当有别于其他款项，应当适当从宽认定。特别是实务中最为常见的工伤保险待遇赔偿“显失公平”标准的把握。有些地方为了统一法律适用，对于常见的工伤保险待遇赔偿协议参照《最高人民法院关于适用〈中华人民共和国合同法〉若干问题的解释（二）》（已废止）第十九条第二款关于“转让价格达不到交易时交易地的指导价或者市场交易价百分之七十的，一般可以视为明显不合理的低价”的规定，确定低于法定赔偿标准的70%作为认定解除或终止劳动合同工伤赔偿协议是否显失公平的标准。上述司法实务对于工伤保险待遇赔偿实现单一的客观判断标准具有参考性。不过，除工伤保险待遇赔偿以外其他性质款项应当根据法律规定的主观要件和客观要件进行严格审

① 王林清：《劳动纠纷裁判思路与规范释解》，法律出版社2016年版，第583页。

查认定，以促进诚实信用协商化解纠纷。[①]

（二）司法实务的观点

1. 职工在签订协议时已准确预估或已知晓其伤残评定等级，经用人单位明示，仍要求用人单位按照较低金额进行赔付，应系双方真实意思表示，协议不存在效力瑕疵[②]

在一起劳动争议案件中，法院驳回了原告肖某要求撤销工伤赔偿协议的诉求。审理法官认为，用人单位与劳动者自愿达成的工伤赔偿协议均系双方真实意思表示，只要不违反法律、法规的强制性规定，双方均应遵照执行。出于保护劳动者合法权益的目的，当工伤赔偿协议约定的赔偿金额低于法定赔偿标准的75%时，法院即可认定该工伤赔偿协议构成显失公平。但赔偿金额的高低并非衡量协议效力的唯一标准，协议效力如何还须综合全案事实进行认定。若劳动者在签订协议时已准确预估或已知晓其伤残评定等级，经用人单位明示，仍要求用人单位按照较低金额进行赔付，应系双方真实意思表示，协议不存在效力瑕疵。

2. 协议系在工伤认定、劳动能力鉴定结论作出前达成，且没有对赔偿项目进行说明的，不能直接认为是职工自愿放弃包括工伤保险待遇的各项赔偿权利[③]

二审法院认为，龙某在某公司承包的仓库工作，公司应当为龙某购买工伤保险而未购买。后龙某受伤，经人社局认定为工伤，有权享受工伤保险待遇，公司应当按照工伤保险待遇项目和标准向龙某支付费用。龙某受伤后几天，公司即与龙某签订《工地安全事故处理协议》，意图免除公司支付龙某工伤保险待遇费用的责任。首先，该协议系在工伤认定、劳动能力鉴定结论作出前达成，对于作为劳动者的龙某而言显失公平；其次，该协议中并没有对“其他费用”的项目进行说明，不能直接认为是公司所述龙某自愿放弃包括工伤保险待遇的各项赔偿权利；最后，公司作为用人单位，与龙某签订免除责任的协议与社会主义核心价值观明显不符。公司以该协议的签订来免除责任的行为于法无据，故一审法院认定由公司依法承担工伤保险责任并无不当，本院予以确认。

3. 工伤赔偿协议合法有效，系对自身合法权益的处分，应按协议履行[④]

二审法院认为：孟某系完全民事行为能力人，涉案《工伤赔偿协议书》是在孟某的工伤认定决定、劳动能力鉴定结论作出后达成，系双方当事人的真实意思表示，协议内容不违反法律法规强制性规定，合法有效。孟某主张涉案《工伤赔偿协议书》不是其真实意思表示，存在重大误解、显失公平，没有提供相应证据予以证明，其以此为由主张涉案协议无效，没有事实和法律依据，不予支持。

---

① 节选自最高人民法院民事审判庭编著：《最高人民法院新劳动争议司法解释（一）理解与适用》，人民法院出版社2021年版，转引自“劳动法研究”微信公众号，2022年8月18日。

② 转引自“陕西省法律风险研究中心”微信公众号，2022年1月6日。

③ 案号：（2022）湘01民终469号。

④ 案号：（2022）湘01民终6367号。

4．赔偿达不到70%的，工伤赔偿协议明显不合理①

法院认为，劳动关系不是简单的债务关系。本案中，沈某发生工伤，根据《工伤保险条例》与《江苏省实施〈工伤保险条例〉办法》相关规定，沈某应享受各项工伤保险待遇合计9万余元，而依照某公司与沈某签订的工伤补偿协议，某公司仅支付了3万余元，沈某依协议所得金额占依法应得金额之间比例仅40%不到，明显有失公平，终审判决撤销《工伤和解协议》，公司补足差额。工伤保险待遇计算具有专业性、复杂性，在没有证据表明劳动者对法定赔偿标准有充分认识的情况之下，不宜进行认定工伤赔偿协议有效，此类协议不是简单的债权债务关系，而是涉及劳动者生存权益，要谨防对工伤职工合法权益保护落空。至于如何具体衡量赔偿数额的公平性，劳动法中未有明确规定。《全国法院贯彻实施民法典工作会议纪要》第九条明确，转让价格达不到交易时交易地的指导价或者市场交易价百分之七十的，一般可以视为明显不合理的低价。民法规则适用于平等民事主体，而对于用人单位而言，工伤职工是劳动法倾斜保护的群体，赔偿达不到70%的，在民法视角审视已是明显不合理，举轻以明重，在劳动法上更显有失公平。

我们综合相关法律法规的规定和司法实践中审判观点，总结出以下要点：

（1）关于协议的效力。如果劳动者与用人单位自愿达成的工伤待遇赔偿协议系双方真实意思表示，根据《民法典》第一百四十三条的规定，② 协议符合有效民事法律行为的条件；同时，根据《民法典》第一百五十三条规定，③ 在国家法律、行政法规的效力性强制性规定没有禁止劳动者与用人单位签订工伤赔偿协议且协议不违背公序良俗的情况下，双方签订的工伤保险待遇协议并不当然无效。

（2）关于协议的撤销。根据《民法典》第一百四十七条、第一百四十八条、第一百五十条、第一百五十一条规定，基于重大误解实施的民事法律行为，一方以欺诈手段，使对方在违背真实意思的情况下实施的民事法律行为，一方或者第三人以胁迫手段，使对方在违背真实意思的情况下实施的民事法律行为，一方利用对方处于危困状态、缺乏判断能力等情形，致使民事法律行为成立时显失公平的，行为人、受欺诈方、受胁迫方、受损害方有权请求人民法院或者仲裁机构予以撤销。如果人民法院撤销了工伤保险赔偿协议的，工伤劳动者可以再行向劳动

---

① 锁文举、王岑：《工伤后单位赔偿约定“两清”，劳动者“反悔”为何获支持?》，《江苏工人报》，2022年10月22日。

② 《民法典》第一百四十三条规定，具备下列条件的民事法律行为有效：①行为人具有相应的民事行为能力；②意思表示真实；③不违反法律、行政法规的强制性规定，不违背公序良俗。

③ 《民法典》第一百五十三条规定：违反法律、行政法规的强制性规定的民事法律行为无效。但是，该强制性规定不导致该民事法律行为无效的除外。违背公序良俗的民事法律行为无效。

争议仲裁委员会申请仲裁。

（3）关于重大误解和显失公平的认定。劳动者有权处分自己要求工伤赔偿的权利，但这种处分行为应建立在劳动者充分知晓自己权利内容的基础上。双方签订工伤赔偿协议时，存在两种情形：一种情形是未经劳动行政部门依法认定为工伤且未完成劳动能力鉴定的情形下签订的赔偿协议；另一种情形是劳动行政部门已依法认定为工伤且已完成劳动能力鉴定。

对于第一种情形，此时工伤职工对自己的工伤待遇标准尚不清楚，因此极有可能存在显失公平、重大误解等可撤销情形，当劳动行政部门已依法认定为工伤且已完成劳动能力鉴定后，如果之前的协议约定的赔偿数额远低于法定赔偿数额的，劳动者以重大误解或者显失公平为由申请撤销之前签订的工伤赔偿协议，同时要求用人单位支付法定的工伤保险待遇，应该得到支持。该裁判观点在广东省高级人民法院（2019）粤民申 9059 号、江苏省高级人民法院（2018）苏民申 3484 号和青岛市中级人民法院（2021）鲁 02 民终 7511 号等案件中均有体现。①

对于第二种情形，此时劳动者知道或者应当知道其依法可以享受工伤保险待遇具体数额，仍然同意签订工伤赔偿协议，这种情况下，要取得法院认定为重大误解或者显失公平比较困难。有人认为，此时“法院应该考虑以下因素：实际获得赔偿款与应得赔偿款的差额及比例、劳动者受到伤害的程度、是否存在旧伤复发、劳动者家庭经济情况、用人单位的经济实力、协议签订当时的客观情况（如劳动者急需医疗费，而用人单位要求必须先签订协议再支付医疗费）等因素”②。有些法院认为劳动者从用人单位实际获得的赔偿款低于应得赔偿款 70%（或者 75%）的，属于不合理。

在案例 69 中，法院认为，用人单位与受伤劳动者在未进行伤残等级鉴定的情况下达成民事损害赔偿调解协议，赔偿金额可能低于工伤保险赔偿金额。在认定工伤、鉴定劳动能力后，若实际获得的医疗费、损害赔偿款少于应当享受的工伤保险待遇的，受伤劳动者有权要求补齐。

三、在工伤认定上对特殊主体的特殊规定

为保护一些特殊的弱势群体，人民法院和国家社会保险行政部门的相关规范性文件规定，不以存在劳动关系作为认定工伤的前提条件，符合工伤认定条件的，可直接认定为工伤。

（一）违法转包、分包的情形

在违法转包、分包关系中，不具备用工主体资格的转承包人聘用的职工因工伤亡时，由转包人承担工伤保险责任。承包人将承包业务违法分包给不具备用工主体资格分包人，职工因工伤亡时，应由承包人承担工伤保险责任。

---

① 上述案号转引自“炜衡律师”微信公众号，2022 年 10 月 31 日。

② 王林清：《劳动纠纷裁判思路与规范释解》，法律出版社 2016 年版，第 699 页。

依据 1：《最高人民法院关于审理工伤保险行政案件若干问题的规定》第三条第一款第（四）项规定：用工单位违反法律、法规规定将承包业务转包给不具备用工主体资格的组织或者自然人，该组织或者自然人聘用的劳动者从事承包业务时因工伤亡的，用工单位为承担工伤保险责任的单位。

依据 2：《劳动和社会保障部关于确立劳动关系有关事项的通知》第四条规定：建筑施工、矿山企业等用人单位将工程（业务）或经营权发包给不具备用工主体资格的组织或自然人，对该组织或自然人招用的劳动者，由具备用工主体资格的发包方承担用工主体责任。

依据 3：《人力资源社会保障部关于执行〈工伤保险条例〉若干问题的意见》第七条：具备用工主体资格的承包单位违反法律、法规规定，将承包业务转包、分包给不具备用工主体资格的组织或者自然人，该组织或者自然人招用的劳动者从事承包业务时因工伤亡的，由该具备用工主体资格的承包单位承担用人单位依法应承担的工伤保险责任。

参考案例：（2018）最高法行再 151 号（本书案例 68）。

（二）挂靠经营的情形

个人挂靠经营中，挂靠人聘用的人员因工伤亡时，由被挂靠单位承担工伤保险责任。

依据：《最高人民法院关于审理工伤保险行政案件若干问题的规定》第三条第一款第（五）项规定：个人挂靠其他单位对外经营，其聘用的人员因工伤亡的，被挂靠单位为承担工伤保险责任的单位。

参考案例：（2018）最高法行申 117 号（本书案例 67）。

（三）“包工头”因工伤亡的情形

承包单位将承包工程违法转包、分包给不具备用工主体资格的“包工头”，“包工头”或其招聘的劳动者因工伤亡时，均应由承包单位承担工伤保险责任。

参考案例：（2021）最高法行再 1 号（本书案例 71）。

（四）达到退休年龄继续受聘于现工作单位的人员

（1）离退休人员受聘于现工作单位，现工作单位已经为其缴纳了工伤保险费，其在受聘期间因工作受到事故伤害的，应当适用《工伤保险条例》的有关规定处理。

依据：《最高人民法院行政审判庭关于离退休人员与现工作单位之间是否构成劳动关系以及工作时间内受伤是否适用〈工伤保险条例〉问题的答复》（〔2007〕行他字第 6 号）认为，根据《工伤保险条例》第二条、第六十一条等有关规定，离退休人员受聘于现工作单位，现工作单位已经为其缴纳了工伤保险费，其在受聘期间因工作受到事故伤害的，应当适用《工伤保险条例》的有关规定处理。

（2）达到或超过法定退休年龄，未办理退休手续或者未依法享受城镇职工基本养老保险待遇，继续在原用人单位工作期间受到事故伤害或患职业病的，用人单位依法承担工伤保险责任。

依据：《人力资源社会保障部关于执行〈工伤保险条例〉若干问题的意见（二）》第二条第一款规定，达到或超过法定退休年龄，但未办理退休手续或者未依法享受城镇职工基本养老保险待遇，继续在原用人单位工作期间受到事故伤害或患职业病的，用人单位依法承担工伤保险责任。

（五）项目参保人员

用人单位招用已经达到、超过法定退休年龄或已经领取城镇劳动者基本养老保险待遇的人员，在用工期间因工作原因受到事故伤害或患职业病的，如招用单位已按项目参保等方式为其缴纳工伤保险费的，应适用《工伤保险条例》。

依据：《人力资源社会保障部关于执行〈工伤保险条例〉若干问题的意见（二）》第二条第二款规定，用人单位招用已经达到、超过法定退休年龄或已经领取城镇职工基本养老保险待遇的人员，在用工期间因工作原因受到事故伤害或患职业病的，如招用单位已按项目参保等方式为其缴纳工伤保险费的，应适用《工伤保险条例》。

（六）离退休人员

离退休人员受聘于现工作单位，现工作单位已经为其缴纳了工伤保险费，其在受聘期间因工作受到事故伤害的，应当适用《工伤保险条例》的有关规定处理。

依据：《最高人民法院行政审判庭关于离退休人员与现工作单位之间是否构成劳动关系以及工作时间内受伤是否适用〈工伤保险条例〉问题的答复》认为，根据《工伤保险条例》第二条、第六十一条等有关规定，离退休人员受聘于现工作单位，现工作单位已经为其缴纳了工伤保险费，其在受聘期间因工作受到事故伤害的，应当适用《工伤保险条例》的有关规定处理。①

（七）超过法定退休年龄的务工农民

用人单位聘用的超过法定退休年龄的务工农民，在工作时间内、因工作原因伤亡的，应当适用《工伤保险条例》的有关规定进行工伤认定。

依据1：《最高人民法院行政审判庭关于超过法定退休年龄的进城务工农民因工伤亡的，应否适用〈工伤保险条例〉请示的答复》认为，用人单位聘用的超过法定退休年龄的务工农民，在工作时间内、因工作原因伤亡的，应当适用《工伤保险条例》的有关规定进行工伤认定。

---

① 从文义解释来看，并不是对涉及超过法定退休年龄的所有离退休人员都适用，答复中规定适用《工伤保险条例》的情形是受聘于现工作单位且现工作单位已为其缴纳工伤保险费的离退休人员，对现工作单位未为其缴纳工伤保险费的离退休人员工作受到伤害时，能否适用《工伤保险条例》，未明确。

依据 2：《最高人民法院关于超过法定退休年龄的进城务工农民在工作时间内因工伤亡的，能否认定工伤的答复》认为，用人单位聘用的超过法定退休年龄的务工农民，在工作时间内、因工作原因伤亡的，应当适用《工伤保险条例》的有关规定进行工伤认定。

（八）未建立劳动关系的特定人员

由于超过法定退休年龄劳动者、实习学生等未建立劳动关系人员不属于《工伤保险条例》适用范围，但其工伤保障需求又较为迫切，其从业单位工伤风险也亟须有效化解。为此，浙江省和广东省先后出台相关试行规定，允许超过法定退休年龄劳动者、实习学生等人员单项参加工伤保险。

1.《浙江省人力资源和社会保障厅等 3 部门关于试行职业技工等学校学生在实习期间和已超过法定退休年龄人员在继续就业期间参加工伤保险工作的指导意见》（浙人社发〔2018〕85 号）

该指导意见规定的参保范围为：纳入试行参保的实习生暂限于由职业技工院校集中统一安排的学期性实习学生，且年龄不小于 16 周岁；纳入试行参保的超龄就业人员暂限于未享受机关事业单位或城镇职工基本养老保险待遇人员，且男性不超过 65 周岁，女性不超过 60 周岁。实习生和超龄就业人员按照规定参加工伤保险的，由工伤保险基金按规定支付待遇，由用人（实习）单位承担用人（实习）单位应承担的工伤保险责任。

人力资源社会保障部工伤保险司转发了该指导意见，请各省、自治区、直辖市及新疆生产建设兵团人社厅（局）结合自身工作实际，认真学习借鉴。[①]

2.《广东省人力资源和社会保障厅　广东省财政厅　国家税务总局广东省税务局关于单位从业的超过法定退休年龄劳动者等特定人员参加工伤保险的办法（试行）》

该试行办法规定参保对象为在从业单位工作的超过法定退休年龄人员（包括已享受和未享受机关事业单位或者城镇劳动者基本养老保险待遇人员）、已享受一级至四级工伤伤残津贴或病残津贴人员、实习学生（包括签订三方实习协议或自行联系实习单位的实习学生和从业单位使用的勤工助学学生）、单位见习人员，以及在家政服务机构从业的家政服务人员等未建立劳动关系的劳动者，以及村（社区）两委人员，提供网约车、外卖、快递劳务等新业态从业人员，依法组建的志愿服务组织招募从事特定公益活动（应急救援、公共卫生防控、大型活动等）的志愿者等特定人员，按“自愿参保”原则选择为上述从业人员单项参加工伤保险、缴纳工伤保险费。

该试行办法规定，已参保的从业人员因工受伤或者患职业病的，其工伤认

---

① 《人力资源社会保障部工伤保险司关于转发浙江省人力资源和社会保障厅等 3 部门〈关于试行职业技工等学校学生在实习期间和已超过法定退休年龄人员在继续就业期间参加工伤保险工作的指导意见〉的通知》（人社工险便函〔2019〕44 号）。

定、劳动能力鉴定和由工伤保险基金负责支付的工伤保险待遇等执行《社会保险法》《工伤保险条例》《广东省工伤保险条例》以及国家、省相关规定。

四、新形势下的最新规定

（一）《人力资源社会保障部　国家发展改革委　交通运输部　应急部　市场监管总局　国家医保局　最高人民法院　全国总工会关于维护新就业形态劳动者劳动保障权益的指导意见》（人社部发〔2021〕56号）

近年来，平台经济迅速发展，创造了大量就业机会，依托互联网平台就业的网约配送员、网约车驾驶员、货车司机、互联网营销师等新就业形态劳动者数量大幅增加，对这些劳动者与其服务的企业的用工关系，人力资源社会保障部、国家发展改革委、交通运输部、应急部、市场监管总局、国家医保局、最高人民法院、全国总工会出台了指导意见。

该指导意见第一条第（二）项规定，符合确立劳动关系情形的，企业应当依法与劳动者订立劳动合同。不完全符合确立劳动关系情形但企业对劳动者进行劳动管理的，指导企业与劳动者订立书面协议，合理确定企业与劳动者的权利义务。个人依托平台自主开展经营活动、从事自由职业等，按照民事法律调整双方的权利义务。

该项规定并未对依托互联网平台就业的劳动者与其服务的企业的用工关系做出直接的判断，应根据法律、行政法规、部门规章和司法解释规定的认定劳动关系相关标准进行综合判断，分三种情况分别作出规定：一是符合确立劳动关系情形的，企业应当依法与劳动者订立劳动合同；二是不完全符合确立劳动关系情形但企业对劳动者进行劳动管理的，企业与劳动者订立书面协议，合理确定企业与劳动者的权利义务；三是个人依托平台自主开展经营活动、从事自由职业等的，按照民事法律调整双方的权利义务。

该指导意见第一条第（三）项规定，平台企业采取劳务派遣等合作用工方式组织劳动者完成平台工作的，应选择具备合法经营资质的企业，并对其保障劳动者权益情况进行监督。平台企业采用劳务派遣方式用工的，依法履行劳务派遣用工单位责任。对采取外包等其他合作用工方式，劳动者权益受到损害的，平台企业依法承担相应责任。

（二）《住房和城乡建设部　人力资源社会保障部关于修改〈建筑工人实名制管理办法（试行）〉的通知》（建市〔2022〕59号）

为了进一步促进就业，保障建筑工人合法权益，住房和城乡建设部、人力资源社会保障部决定修改《建筑工人实名制管理办法（试行）》。修改的内容有二：

一是将第八条修改为："全面实行建筑工人实名制管理制度。建筑企业应与招用的建筑工人依法签订劳动合同，对不符合建立劳动关系情形的，应依法订立用工书面协议。建筑企业应对建筑工人进行基本安全培训，并在相关建筑工人实名制管理平台上登记，方可允许其进入施工现场从事与建筑作业相关的活动。”

二是将第十条、第十一条、第十二条和第十四条中的“劳动合同”统一修改为“劳动合同或用工书面协议”。

修改后的《建筑工人实名制管理办法》将不再强制性要求建筑企业必须与招用的建筑工人签订劳动合同，对不符合建立劳动关系情形的，可依法订立用工书面协议。

案例65

职工“自动放弃缴纳社保声明”不能构成不予认定工伤的理由

裁判观点

职工应当参加工伤保险，缴纳工伤保险费是用人单位的法定义务，不能由职工和用人单位协商排除用人单位的法定缴纳义务。认定工伤并不以用人单位是否缴纳工伤保险费为前提。用人单位未依法缴纳工伤保险费的，职工在被认定为工伤后可以依法请求用人单位承担相应的工伤保险待遇。

法院查明事实

某乙的妻子某甲在原告A公司工作，工作时间为7时至19时。2017年6月16日6时13分许，某甲驾驶电动自行车遇某丙驾驶的重型特殊结构货车向南右转弯，大货车车头右前角与电动自行车左后侧相撞，某甲当场倒地死亡。经道路交通事故认定，某甲与某丙承担事故的同等责任。2018年5月31日，某甲的丈夫某乙向被告区人社局提出工伤认定申请，区人社局在对某甲事故情况进行调查后认定某甲受到的事故伤害，属于工伤认定范围，予以认定为工伤。

争议焦点

某甲在入职后向上诉人提交的“自动放弃缴纳社保声明”能否构成不予认定工伤的理由。

裁判结果

一审判决驳回原告A公司的诉讼请求。

二审判决驳回A公司上诉，维持原判。

裁判理由

二审认为：本案的争议焦点是某甲在入职后向A公司提交的“自动放弃缴纳社保声明”能否构成不予认定工伤的理由。根据《社会保险法》的相关规定，职工应当参加基本养老保险、基本医疗保险、工伤保险、失业保险，由用人单位和职工共同缴纳相关保险费。这是保障公民在年老、疾病、工伤、失业等情况下，依法从国家和社会获得物质帮助的权利，也是法律明确规定的用人单位和个人的义务，并不是由职工和用人单位自由协商处分的权利。而且是否缴纳社会保险费与认定工伤并无直接关联，人社局受理工伤申请以及认定工伤并不以伤（亡）者是否缴纳社会保险为依据，只是未缴社会保险费用一旦发生工伤就无法从工伤保险基金中获得物质帮助的权利。故对A公司主张的某甲放弃缴纳社保申请不予认定工伤的理由本院不予采信。

案例索引

《最高人民法院公报》2020年第1期

案例66

未达到法定退休年龄的企业内退人员到新用人单位工作发生工伤事故的，新用人单位是工伤保险责任的赔偿主体

裁判观点

未达到法定退休年龄的企业内退人员，在与原用人单位保留劳动关系的前提下，到另一单位从事劳动、接受管理的，劳动者与新用人单位之间的用工关系为劳动关系。劳动者在新用人单位工作期间发生工伤事故的，新用人单位是工伤保险责任的赔偿主体，应由其承担工伤待遇赔偿的各项义务。

法院查明事实

某甲在被告A公司从事工作期间发生交通事故受伤。2009年12月15日，某甲向区劳动争议仲裁委员会申请劳动仲裁要求确认其与被告间存在劳动关系，该委员会终止该案审理。某甲不服，向法院提起诉讼，法院判决某甲与被告间自2006年8月起至2010年6月止存在劳动关系，二审维持原判。某甲于2011年8月30日被市人社局确认系工伤并经市劳动能力鉴定委员会鉴定为工伤五级。某甲于2013年3月22日向区劳动争议仲裁委员会申请仲裁要求工伤补偿，该委员会终止对该案件审理。2013年12月9日，某甲因病死亡。

被告A公司辩称：某甲是××单位工人，享有社保，内退期间至被告处工作，被告无法为其交纳社保，原、被告间应属雇佣关系。

本案在审理过程中，某甲之父某乙、某甲之妻某丙、某甲之子某丁申请变更诉讼主体作为原告参加诉讼。

同时，某甲因同一起交通事故向侵权人提起民事赔偿，于2009年6月24日评残。法院判决确认某甲误工期自伤起至评残前一日。

争议焦点

（1）某甲在交通事故中已获赔偿，用人单位是否还应承担工伤补偿责任。

（2）企业未达到法定退休年龄的内退人员与新用人单位之间的关系是否为劳动关系。

裁判结果

一审判决被告A公司支付原告工伤补偿金（含停工留薪期工资、一次性伤残补助金、一次性工伤医疗补助金、一次性伤残就业补助金）。

二审判决驳回A公司的上诉，维持原判。

裁判理由

一审认为，企业未达到法定退休年龄的内退人员与新用人单位之间的关系为劳动关系。即使内退劳动者的原用人单位为其缴纳了工伤保险费，新用人单位亦应自用工之日起为劳动者办理工伤保险的转移手续并续缴工伤保险费。新用人单位未履行该法律义务，劳动者在该单位工作期间发生工伤事故的，依法应当由实际用人单位承担工伤待遇赔偿的法律义务。某甲与被告A公司自2006年8月至2010年6月存在劳动关系已经由生效民事判决予以确认，某甲于2008年12月14日在被告从事工作时发生交通事故受伤，被告依法应对某甲因工伤产生的各项待遇损失承担赔偿责任。某甲受伤后经市劳动能力鉴定委员会认定为工伤同时经鉴定为五级伤残，法院予以确认。对某甲申请仲裁和各项费用，法院认定某甲应享受停工留薪期工资、一次性伤残补助金、一次性工伤医疗补助金、一次性伤残就业补助金。

二审认为，一审判决认定事实清楚，适用法律正确。

案例索引

《最高人民法院公报》2018年第3期

案例67

在挂靠关系中，被挂靠单位为承担工伤保险责任的单位

裁判观点

根据《最高人民法院关于审理工伤保险行政案件若干问题的规定》第三条第一款第（五）项，个人挂靠其他单位对外经营，其聘用的人员因工伤亡的，被挂靠单位为承担工伤保险责任的单位。该司法解释从保护劳动者的合法权益出发，从挂靠经营关系推定出拟制的劳动关系，在认定工伤时无需再另行确认劳动关系。

法院查明事实

原告某甲的雇主某乙将其重型罐式货车挂靠于A公司从事运输业务，并聘用原告某甲为驾驶员。2015年11月14日早上5时左右，某甲在给该车关车顶入料盖口时摔伤。医院诊断其为：①腰1椎体压缩性骨折；②右腕柯式骨折；③右耻骨下支骨折；④全身多处软组织伤；⑤其他操作及基础疾病待排。2016年4月8日，某甲向区人社局申请工伤认定。区人社局认定某甲此次受伤属于工伤。A公司不服，向区人民政府提起行政复议申请，称重型罐式货车不是该公司的自有车辆，而是他人的挂靠经营；某甲不是该公司聘请的驾驶员，与公司没有劳动关系；事故发生时，也不是受该公司安排工作，申请撤销区人社局作出的《认定工伤决定书》。被告区人民政府2016年9月5日作出《行政复议决定书》，决定撤销被申请人作出的《认定工伤决定书》，并责令被申请人重新作出行政行为。某甲不服，遂诉至法院。

争议焦点

个人挂靠其他单位对外经营，其聘用的人员与被挂靠单位是否为劳动关系。

裁判结果

一审判决撤销区人民政府作出的《行政复议决定书》，责令区人民政府重新作出行政复议决定。

二审判决驳回区人民政府的上诉，维持原判。

再审裁定驳回区人民政府的再审申请。

裁判理由

最高人民法院再审认为，根据《最高人民法院关于审理工伤保险行政案件若干问题的规定》第三条第一款第（五）项，个人挂靠其他单位对外经营，其聘用的人员因工伤亡的，被挂靠单位为承担工伤保险责任的单位。该司法解释从保护劳动者的合法权益出发，从挂靠经营关系推定出拟制的劳动关系，在认定工伤时无须再另行确认劳动关系。本案中，根据工伤认定申请表、货车行驶证、证人证言等证据足以认定，货车实际车主某乙将货车挂靠在A公司从事货物运输业务，某甲系某乙聘用的驾驶员，某甲在给该货车关车顶入料盖口时摔伤，因此，A公司应当承担工伤保险责任。区人社局认定某甲受到的事故伤害为工伤符合《工伤保险条例》第十四条第（一）项和《最高人民法院关于审理工伤保险行政案件若干问题的规定》第三条第一款第（五）项之规定。区政府撤销区人社局作出的《认定工伤决定书》的行为不当。原审法院判决维持区人社局作出的《认定工伤决定书》，撤销区政府作出的《行政复议决定书》正确。

案例索引

一审：（2016）渝01行初561号

二审：（2017）渝行终303号

再审：（2018）最高法行申117号

案例68

存在违法转包、分包的情形时，用工单位承担劳动者的工伤保险责任不以是否存在劳动关系为前提

裁判观点

存在违法转包、分包的情形时，用工单位承担劳动者的工伤保险责任不以是否存在劳动关系为前提。用工单位违反法律、法规规定将承包业务转包、分包给不具备用工主体资格的组织或者自然人，劳动者发生工伤事故时，应由违法转包、分包的用工单位承担工伤保险责任。

法院查明事实

2013年9月1日，A公司将其承建的××项目工程的劳务部分分包给B公司，B公司又将铺设琉璃瓦劳务分包给自然人某甲。2014年9月22日，某甲的合伙人某乙招聘某丙、某丁、某戊和某己四人共同铺设琉璃瓦。2014年10月8日11时左右，某己在施工现场19楼楼顶铺设琉璃瓦时，被吊沙灰的塔吊铁盘砸伤左足。医院诊断其为：左足第一趾末节趾腹脱套伤，左足第一趾甲床撕裂，左足第二趾中节离断伤，左足第三趾甲床撕裂。2015年9月9日，某己向市人社局提出工伤认定申请，并提交了相关材料。市人社局经审查核实，于2016年6月20日作出《认定工伤决定书》，认定某己为工伤。B公司不服，提起行政诉讼，请求撤销市人社局作出的工伤认定决定。

另查明，××县劳动人事争议仲裁委员会裁决、一审和二审法院判决均确认某己与A公司之间、与B公司之间不存在劳动关系。

争议焦点

B公司与某己不存在劳动关系，是否需承担某己的工伤保险责任。

裁判结果

一审判决驳回B公司的诉讼请求。

二审判决撤销一审行政判决，撤销市人社局作出的工伤认定决定。

再审判决撤销二审行政判决，维持一审行政判决。

裁判理由

最高人民法院再审认为，通常情况下，社会保险行政部门认定劳动者工伤，应以劳动者与用人单位之间存在劳动关系为前提，除非法律、法规及司法解释另有规定情形。《最高人民法院关于审理工伤保险行政案件若干问题的规定》第三条第一款规定："社会保险行政部门认定下列单位为承担工伤保险责任单位的，

人民法院应予支持：……（四）用工单位违反法律、法规规定将承包业务转包给不具备用工主体资格的组织或者自然人，该组织或者自然人聘用的劳动者从事承包业务时因工伤亡的，用工单位为承担工伤保险责任的单位……”该条规定从有利于保护劳动者合法权益的角度出发，对《工伤保险条例》将劳动关系作为工伤认定前提的一般规定作出了补充，即当存在违法转包、分包的情形时，用工单位承担劳动者的工伤保险责任不以是否存在劳动关系为前提。根据上述规定，用工单位违反法律、法规规定将承包业务转包、分包给不具备用工主体资格的组织或者自然人，劳动者发生工伤事故时，应由违法转包、分包的用工单位承担工伤保险责任。

住房和城乡建设部《建筑工程施工转包违法分包等违法行为认定查处管理办法（试行）》（建市〔2014〕118 号）第九条明确规定："存在下列情形之一的，属于违法分包：……（六）劳务分包单位将其承包的劳务再分包的……”该条规定不违反《建筑法》的相关规定，可以作为判断 B 公司是否属于违法分包的参考依据。A 公司将其承建项目工程的劳务部分分包给 B 公司。B 公司属于具有建筑劳务资质的企业，其应使用自有劳务工人完成所承接的劳务项目，但其又将铺设琉璃瓦劳务分包给自然人某甲，该行为属于违法分包。

B 公司作为具备用工主体资格的承包单位，违法将其所承包的业务分包给自然人某甲，某甲聘用的工人某己在铺设琉璃瓦时因工受伤，B 公司依法应当承担某己所受事故伤害的工伤保险责任。市人社局作出的工伤认定决定所认定的事实清楚，适用法律正确，符合法定程序。

案例索引

一审：（2016）甘 71 行初 165 号

二审：（2017）甘行终 266 号

再审：（2018）最高法行再 151 号

案例69

私下订立损害赔偿协议后，工伤职工仍有申请工伤认定的权利

裁判观点

（1）法人企业将承包工程分包给不具备用工主体资格的自然人，该自然人聘用的职工从事承包工程时受伤，职工以法人企业为用工单位申请认定工伤，社会保险行政部门作出《认定工伤决定书》，符合法律规定。上述法人企业与职工之间并非典型的劳动关系，而是法律拟制的用工主体责任关系。

（2）用人单位与受伤职工在未进行伤残等级鉴定的情况下达成民事损害赔偿调解协议，赔偿金额可能低于工伤保险赔偿金额。在认定工伤、鉴定劳动能力后，若实际获得的医疗费、损害赔偿款少于应当享受的工伤保险待遇的，受伤职工有权要求补齐。

法院查明事实

A 公司将其承包的××工程分包给“包工头”某甲负责施工，并签订了分包合同，约定某甲自行招用施工人员及其薪酬发放。某乙被某甲招用并安排至××项目从事管道安装的焊工工作，由某甲对其进行管理。2016 年 8 月 30 日，某乙在工作期间摔伤右脚，随后住院治疗。出院后，医院出具诊断证明，诊断为右侧跟骨粉碎性骨折，并做了复位锁定钢板内固定术。医生建议骨折愈合（1 年后）可拆除内固定装置，拆除内固定装置住院总费用约 1 万元。

2016 年 12 月，某乙申请劳动仲裁，请求确认与 A 公司存在劳动关系。仲裁庭认定某乙不存在劳动关系。2017 年 2 月 8 日，某乙以 A 公司为工作单位，向市社会保障局提出工伤认定申请，在工伤认定审查期间，某乙又以某甲为被告向法院提起民事诉讼，请求解除与某甲的雇佣合同关系，确认某甲已支付某乙受伤期间的医疗费、手术费、护理费及住院生活费，判令某甲向某乙支付伤残赔偿金、后续治疗费及营养费、误工费、护理费、精神抚慰金、交通费、在职期间工资待遇等费用。该案经法院主持调解，某乙与某甲达成调解协议：确认某乙与某甲的雇佣关系已解除；某甲自愿支付某乙损害赔偿款共计×万元；双方互不再追究对方其他经济责任。调解书生效后如期履行。2017 年 5 月 18 日，市社会保障局作出《认定工伤决定书》，认定 A 公司为责任单位，市政府作出案涉《行政复议决定书》，决定撤销市社会保障局案涉的《认定工伤决定书》。某乙不服，提起行政诉讼。

争议焦点

符合工伤认定条件的职工与“包工头”私下订立赔偿协议并已履行的，是否还有权申请工伤认定。

裁判结果

一审判决驳回原告某乙的诉讼请求。

二审判决驳回某乙的上诉，维持原判。

再审判决撤销二审行政判决和一审行政判决；撤销市人民政府《行政复议决定书》；恢复市社会保障局《认定工伤决定书》的法律效力。

裁判理由

最高人民法院再审认为，《最高人民法院关于审理工伤保险行政案件若干问题的规定》第三条规定，用工单位违反法律、法规规定将承包业务转包给不具备用工主体资格的组织或者自然人，该组织或者自然人聘用的职工从事承包业务时因工伤亡的，社会保险行政部门认定用工单位为承担工伤保险责任单位的，人民法院应予支持。承担工伤保险责任的单位承担赔偿责任或者社会保险经办机构从工伤保险基金支付工伤保险待遇后，有权向相关组织、单位和个人追偿。本案中，A 公司将承包的工程分包给不具备用工主体资格的某甲，某甲聘用的某乙从事承包工程时受伤，某乙以 A 公司为用工单位申请认定工伤，市社会保障局作出《认定工伤决定书》，符合法律规定。

市政府以某乙已领取了某甲支付的损害赔偿款，其因工作遭受的事故伤害已获医疗救治和经济补偿，不再具有工伤认定所保护的权利为由，撤销了《认定工伤决定书》。本院认为，A 公司与某乙之间并非典型的劳动关系，而是法律拟制的用工主体责任关系，某乙在劳动仲裁机构认定其与 A 公司不存在劳动关系的情形下，对其能否要求工伤保险赔偿存在认识不足。而且，民事损害赔偿系某乙在未进行伤残等级鉴定的情况下与某甲调解达成，赔偿金额可能低于工伤保险赔偿金额。依法享受工伤保险待遇是职工享有的法定权利，市政府仅以某乙签订调解协议并领取损害赔偿款为由，撤销《认定工伤决定书》，可能损害某乙的法定权利，应当予以纠正。需要说明的是，某乙在认定工伤、鉴定劳动能力后，若实际获得的医疗费、损害赔偿款少于应当享受的工伤保险待遇，有权要求补齐。

案例索引

一审：（2017）粤 19 行初 62 号

二审：（2018）粤行终 1134 号

再审：（2020）最高法行再 118 号

案例 70

个体工商户的经营者是承担工伤赔偿责任的主体

裁判观点

（1）根据《劳动法》第九条和《工伤保险条例》第五条、第十八条的规定，社会保险行政部门在工伤认定程序中，具有认定受到伤害的职工与企业之间是否存在劳动关系的职权。

（2）个体工商户的经营者聘请的职工与个体工商户存在事实劳动关系，职工受到事故伤害认定为工伤的，由个体工商户的经营者承担工伤赔偿责任。

法院查明事实

A 店系个体工商户，经营者为本案第三人某甲。

2016 年 11 月 9 日，某乙驾驶小型普通客车（车主为某甲）前往 × × 市区，某丙乘坐该车一同前往。7 时许，某乙驾驶车辆与某丁驾驶的小型普通客车相撞，致两车损坏，某丙受伤经抢救无效于当日12时15分死亡。公安局交警大队认定，某丁负事故主要责任，某乙负事故次要责任，某丙对此次事故不负责任。

某丙父亲某戊向市人社局递交工伤认定申请，市人社局认定用人单位为A店某甲，对某丙2016年11月9日发生事故死亡认定为工伤。

某甲不服工伤认定决定，向市人民政府申请行政复议，市人民政府作出行政复议决定，以申请人与某丙之间存在劳动关系，属于认定事实不清、证据不足为由，撤销市人社局作出工伤认定决定，责令市人社局重新进行工伤认定。

另查明，事故发生后，抢救治疗花费的医疗费由某甲支付。某丙的父母某戊、某己因此次事故诉某甲、保险公司机动车交通事故责任纠纷一案，该案审理过程中，某甲辩称，某乙是我公司员工，是职务行为，某丙非我公司员工。法院判决保险公司赔偿某戊、某己×元；某甲赔偿某戊、某己×元。宣判后，某甲不服，提起上诉。

争议焦点

（1）社会保险行政部门在工伤认定程序中，是否具有认定劳动关系的职权。

（2）本案某丙与A店是否存在劳动关系。

裁判结果

一审判决撤销市人民政府作出的行政复议决定，确认市人社局作出的工伤认定决定的法律效力。

二审驳回某甲的上诉，维持原判决。

再审裁定驳回某甲的再审申请。

裁判理由

一审认为，某戊在工伤认定过程中提交的证据已初步证实某丙与A店之间存在劳动关系。A店作为用工单位，对职工负有管理责任，其应当制作并掌握劳动用工方面的资料，如认为与职工之间不存在劳动关系，应当举证证实。某丙是在接受A店经营者某甲安排前往履行工作职责途中遭遇交通事故伤害，其所受伤害依法应当认定为工伤。市人社局作出的工伤认定决定事实清楚、证据充分、结果正确。在行政复议过程中，某甲提交的证据并不能证实其与某丙之间不存在劳动关系，而某戊提交的证据却进一步印证了某甲对某丙的用工者身份。另外，某甲向某丙提供工作所需交通工具，在事故发生后赶往现场，在对某丙进行抢救的手续上签字，支付了某丙的医疗费用，这些行为也与某甲的用工者身份相符。复议决定认为，工伤认定决定认定某甲与某丙之间存在劳动关系，属于认定事实不清，证据不足，以此为由撤销工伤认定决定，主要证据不足。

二审认为，根据《工伤保险条例》的相关规定，某丙与某甲经营的A店之间是否形成事实劳动关系是工伤认定程序中应查明的基础前提事实。某丙之父某戊作为申请人主张某丙生前系A店的员工，因在A店经营者某甲的安排下与员工某乙一起去送货的路上发生交通事故死亡，从而申请对某丙的死亡认定为工伤。经本院查阅询问笔录，该询问笔录所记载的内容能够认定某甲自认某丙是其经营的A店的员工这一事实，某甲对于这一事实的自认亦与某乙于2016年11月9日接受公安局交通警察大队询问中所陈述的相关内容相互印证。工伤认定程序中，某甲不认可某丙是其经营的A店的员工这一事实，但并未提交充分有效的证据推翻之前的陈述，其单纯的否认行为并不构成对某戊所主张的某丙系其经营的A店员工这一事实的实质性抗辩。因此，某丙作为某甲经营的A店的员工，与某甲经营的A店形成了事实劳动关系，其在接受经营者某甲的工作安排前往履行职责途中遭受了交通事故伤害，市人社局根据《工伤保险条例》第十四条第（五）项的规定对某丙2016年11月9日发生事故死亡认定为工伤，并无不当。市人民政府以市人社局认定事实不清、证据不足为由撤销涉案工伤认定决定，没有事实及法律依据。原审法院据此撤销涉案行政复议决定，依法确认涉案工伤认定决定的法律效力，并无不当。

本院注意到，某甲在某丙发生交通事故死亡后，其在配合交通事故认定、理赔、工伤认定、行政复议、行政诉讼、民事诉讼等各个阶段就其与某乙、某丙之间存在何种关系的陈述上不断发生变化，我们有理由相信其陈述的变化是基于在各个阶段对其利益最大化满足的目的。对于本案的事实认定而言，上诉人某甲在接受公安局交通警察大队调查询问时所作的陈述，是其第一次在公权力机关介入时所作的最初陈述，其此时的陈述尚不涉及对其本人不利的责任承担问题，其陈述所受外界干扰较小、可信度高；其陈述与某乙的调查陈述形成相互印证，与某戊申请工伤认定时所主张的事由及本案诉讼中补充提交的证据材料亦能形成相互印证，能够较为客观地证实某丙系上诉人经营的A店的员工这一事实。上诉人在上述工伤认定等后续程序中的陈述意在推翻其自认的某丙系其经营的A店的员工这一事实，但均未提供充分有效的证据予以支持，且其在后续程序中的陈述、答辩、主张亦存在相互矛盾之处，依法不予采信。

最高人民法院再审认为，根据《劳动法》第九条和《工伤保险条例》第五条、第十八条的规定，社会保险行政部门在工伤认定程序中，具有认定受到伤害的职工与企业之间是否存在劳动关系的职权。本案中，市人社局根据调查核实的情况作出工伤认定决定，认定某丙为工伤，具有事实和法律依据。原审法院撤销涉案行政复议决定，确认上述工伤认定决定的法律效力，并无不当。某甲在工伤认定以及诉讼程序中关于其与某丙之间劳动关系的陈述虽然与此前在接受公安局交通警察大队调查询问时所作的陈述不一致，但其未能提出合理理由，也未提供相应的证据佐证，一、二审法院对某甲的诉讼主张不予支持并无不当。

案例索引

一审：（2018）鲁06行初22号

二审：（2018）鲁行终1881号

再审：（2019）最高法行申12618号

案例71

符合工伤认定条件的包工头也应认定为工伤

裁判观点

（1）建设工程领域具备用工主体资格的承包单位承担其违法转包、分包项目上因工伤亡职工的工伤保险责任，并不以存在法律上劳动关系或事实上劳动关系为前提条件。现行工伤保险制度确立了因工伤亡职工与违法转包、分包的承包单位之间推定形成拟制劳动关系的规则，即直接将违法转包、分包的承包单位视为用工主体，并由其承担工伤保险责任。

（2）包工头作为职工，同样可能存在工作时间、工作地点因工作原因而伤亡的情形。包工头因工伤亡，与其聘用的施工人员因工伤亡，就工伤保险制度和工伤保险责任而言，并不存在本质区别。

法院查明事实

2016年3月31日，甲与A公司签订《建设工程标准施工合同》，发包人为甲，承包人为A公司，工程名称为甲商住楼，工程地点在××市。2016年8月7日，甲又与乙签订《建筑工程承包合同》，发包人为甲，承包人为乙，工程名称为甲商住楼，工程地点同样在××市。两份合同所指向的建设（建筑）工程为同一工程，乙为实际施工人。

2017年6月9日，乙死在出租屋内，其妻子丙向市人社局申请工伤认定。经查，死者乙生前是第三人A公司承建的甲商住楼工地的包工头，事发时，乙在工地旁边的出租屋内等待市住建局的工作人员前来检查。下午3时许，乙被发现躺在出租屋内，医院证明（推断）其死亡原因为猝死。市人社局作出《关于乙视同工亡认定决定书》，认定乙在工作时间和工作岗位，突发疾病在48小时之内经抢救无效死亡属视同因工死亡。

第三人A公司向市人民政府申请行政复议，市人民政府作出《行政复议决定书》，撤销了市人社局作出的《关于乙视同工亡认定决定书》。

原告丙不服市人民政府作出的《行政复议决定书》，向原审法院提起诉讼，请求撤销市人民政府作出的《行政复议决定书》，维持市人社局作出的《关于乙视同工亡认定决定书》。

争议焦点

（1）A公司应否作为承担工伤保险责任的单位。

（2）A公司应否承担乙的工伤保险责任。

裁判结果

一审判决驳回原告丙的诉讼请求。

二审判决驳回丙的上诉，维持原判。

再审裁定判决撤销二审行政判决和一审行政判决；撤销市人民政府作出的《行政复议决定书》；恢复市人社局作出的《关于乙视同工亡认定决定书》的效力。

裁判理由

最高人民法院再审认为：

第一，A 公司应否作为承担工伤保险责任的单位。

《建筑法》第二十六条规定：承包建筑工程的单位应当持有依法取得的资质证书，并在其资质等级许可的业务范围内承揽工程。禁止建筑施工企业超越本企业资质等级许可的业务范围或者以任何形式用其他建筑施工企业的名义承揽工程。禁止建筑施工企业以任何形式允许其他单位或者个人使用本企业的资质证书、营业执照，以本企业的名义承揽工程。第二十八条规定：禁止承包单位将其承包的全部建筑工程转包给他人，禁止承包单位将其承包的全部建筑工程肢解以后以分包的名义分别转包给他人。同时，《最高人民法院关于行政诉讼证据若干问题的规定》第五十四条规定：法庭应当对经过庭审质证的证据和无需质证的证据进行逐一审查和对全部证据综合审查，遵循法官职业道德，运用逻辑推理和生活经验，进行全面、客观和公正的分析判断，确定证据材料与案件事实之间的证明关系，排除不具有关联性的证据材料，准确认定案件事实。

本案中，《建设工程标准施工合同》、案涉工程项目报建资料、施工许可证和现场照片均能证明甲商住楼的承建单位为 A 公司；以施工人员为被保险人的建筑工程人身意外团体险，投保人也是 A 公司；在 A 公司与甲签订的补充协议中，还指定陆某账户为工人工资账户；而根据在案的证人证言和对陆某的询问笔录，陆某实际参与了项目的施工管理，且事发当天与乙一同在工地等候住建部门检查。上述证据已经能够证实，A 公司实际以承建单位名义办理了工程报建和施工许可手续，并在一定程度上参与施工管理。A 公司知道、应当知道甲又与乙另行签订施工合同，既未提出异议或者主张解除之前的施工合同，反而配合乙以 A 公司名义施工，委派工作人员参与现场施工管理并约定经手工人工资。A 公司在 2017 年 8 月 11 日的答辩状中虽不承认其与乙之间存在劳动关系，但也认可乙与其是挂靠关系，是实际施工人。而无论挂靠关系、借用资质关系还是违法转包关系，A 公司仅以乙与甲另行签订施工承包合同为由，主张其与乙之间不存在任何法律关系，与在案证据证明的事实明显不符，也违反《建筑法》相关规定。

综上，A 公司与甲签订建设工程施工合同后，作为具备用工主体资格的承包单位，既然享有承包单位的权利，也应当履行承包单位的义务。A 公司允许乙利用其资质并挂靠施工，理应当承担被挂靠单位的相应责任。在工伤保险责任承担方面，A 公司与乙之间虽未直接签订转包合同，但其允许乙利用其资质并挂靠施工，可以视为两者间已经形成事实上的转包关系，A 公司可以作为承担工伤保险责任的单位。而且，就甲、A 公司、乙三者之间形成的施工法律关系而言，由 A 公司作为承担工伤保险责任的单位，符合《劳动和社会保障部关于确立劳动关系有关事项的通知》第四条、《人力资源社会保障部关于执行〈工伤保险条例〉若干问题的意见》第七条规定以及《最高人民法院关于审理工伤保险行政案件若干问题的规定》第三条第一款第（四）（五）项规定的立法精神，亦在上述规定的扩张解释边界之内。

第二，A 公司应否承担乙的工伤保险责任。

《劳动和社会保障部关于确立劳动关系有关事项的通知》第四条规定，建筑施工、矿山企业等用人单位将工程（业务）或经营权发包给不具备用工主体资格的组织或自然人，对该组织或自然人招用的职工，由具备用工主体资格的发包方承担用工主体责任。《人力资源社会保障部关于执行〈工伤保险条例〉若干问题的意见》第七条规定：具备用工主体资格的承包单位违反法律、法规规定，将承包业务转包、分包给不具备用工主体资格的组织或者自然人，该组织或者自然人招用的职工从事承包业务时因工伤亡的，由该具备用工主体资格的承包单位承担用人单位依法应承担的工伤保险责任。《最高人民法院关于审理工伤保险行政案件若干问题的规定》第三条第一款规定：“社会保险行政部门认定下列单位为承担工伤保险责任单位的，人民法院应予支持：……（四）用工单位违反法律、法规规定将承包业务转包给不具备用工主体资格的组织或者自然人，该组织或者自然人聘用的职工从事承包业务时因工伤亡的，用工单位为承担工伤保险责任的单位；（五）个人挂靠其他单位对外经营，其聘用的人员因工伤亡的，被挂靠单位为承担工伤保险责任的单位。”

本案中，××市政府和 A 公司认为，即使 A 公司与乙之间存在项目转包或者挂靠关系，但相关法律规范仅规定包工头招用的职工或者包工头聘用的职工因工伤亡的，A 公司才可能承担工伤保险责任；乙作为包工头，而非其招用的职工或聘用的职工，其因工伤亡不应由 A 公司承担工伤保险责任。本院认为，对法律规范的解释，应当结合具体案情，综合运用文义解释、体系解释、目的解释等多种解释方法。

首先，建设工程领域具备用工主体资格的承包单位承担其违法转包、分包项目上因工伤亡职工的工伤保险责任，并不以存在法律上劳动关系或事实上劳动关系为前提条件。根据《人力资源社会保障部关于执行〈工伤保险条例〉若干问题的意见》第七条等规定，认定工伤保险责任或用工主体责任，不以存在法律上劳动关系为必要条件。根据《最高人民法院关于审理工伤保险行政案件若干问题的规定》第三条规定，能否进行工伤认定和是否存在劳动关系，并不存在绝对的对应关系。从前述规定来看，为保障建筑行业中不具备用工主体资格的组织或自然人聘用的职工因工伤亡后的工伤保险待遇，加强对职工的倾斜保护和对违法转包、分包单位的惩戒，现行工伤保险制度确立了因工伤亡职工与违法转包、分包的承包单位之间推定形成拟制劳动关系的规则，即直接将违法转包、分包的承包单位视为用工主体，并由其承担工伤保险责任。

其次，将包工头纳入工伤保险范围，符合建筑工程领域工伤保险发展方向。《国务院办公厅关于促进建筑业持续健康发展的意见》强调要建立健全与建筑业相适应的社会保险参保缴费方式，大力推进建筑施工单位参加工伤保险，明确了做好建筑行业工程建设项目农民工职业伤害保障工作的政策方向和制度安排。《人力资源社会保障部办公厅关于进一步做好建筑业工伤保险工作的通知》等规范性文件还要求，完善符合建筑业特点的工伤保险参保政策，大力扩展建筑企业工伤保险参保覆盖面，推广采用按建设项目参加工伤保险制度。即针对建筑行业的特点，建筑施工企业对相对固定的职工，应按用人单位参加工伤保险；对不能按用人单位参保、建筑项目使用的建筑业职工特别是农民工，按项目参加工伤保险。因此，为包括包工头在内的所有职工按项目参加工伤保险，扩展建筑企业工伤保险参保覆盖面，符合建筑工程领域工伤保险制度发展方向。

再次，将包工头纳入工伤保险对象范围，符合应保尽保的工伤保险制度立法目的。考察《工伤保险条例》相关规定，工伤保险制度目的在于保障因工作遭受事故伤害或者患职业病的职工获得医疗救治和经济补偿，促进工伤预防和职业康复，分散用人单位的工伤风险。《工伤保险条例》第二条规定：中华人民共和国境内的企业、事业单位、社会团体、民办非企业单位、基金会、律师事务所、会计师事务所等组织和有雇工的个体工商户应当依照本条例规定参加工伤保险，为本单位全部职工或者雇工缴纳工伤保险费。中华人民共和国境内的企业、事业单位、社会团体、民办非企业单位、基金会、律师事务所、会计师事务所等组织的职工和个体工商户的雇工，均有依照本条例的规定享受工伤保险待遇的权利。显然，该条强调的本单位全部职工或者雇工，并未排除个体工商户、包工头等特殊的用工主体自身也应当参加工伤保险。易言之，无论是从工伤保险制度的建立本意，还是从工伤保险法规的具体规定，均没有也不宜将包工头排除在工伤保险范围之外。包工头作为职工，处于违法转包、分包利益链条的最末端，参与并承担着施工现场的具体管理工作，有的还直接参与具体施工；其同样可能存在工作时间、工作地点因工作原因而伤亡的情形。包工头因工伤亡，与其聘用的施工人员因工伤亡，就工伤保险制度和工伤保险责任而言，并不存在本质区别。如人为限缩《工伤保险条例》的适用范围，不将包工头纳入工伤保险范围，将形成实质上的不平等；而将包工头等特殊主体纳入工伤保险范围，则有利于实现对全体职工的倾斜保护，彰显社会主义工伤保险制度的优越性。

最后，包工头违法承揽工程的法律责任，与其参加社会保险的权利之间并不冲突。《社会保险法》第一条规定：为了规范社会保险关系，维护公民参加社会保险和享受社会保险待遇的合法权益，使公民共享发展成果，促进社会和谐稳定，根据宪法，制定本法。第三十三条规定：职工应当参加工伤保险，由用人单位缴纳工伤保险费，职工不缴纳工伤保险费。工伤保险作为社会保险制度的一个重要组成部分，由国家通过立法强制实施，是国家对职工履行的社会责任，也是职工应该享受的基本权利。不能因为包工头违法承揽工程违反建筑领域法律规范，而否定其享受社会保险的权利。承包单位以自己的名义和资质承包建设项目，又由不具备资质条件的主体实际施工，从违法转包、分包或者挂靠中获取利益，由其承担相应的工伤保险责任，符合公平正义理念。当然，承包单位依法承担工伤保险责任后，在符合法律规定的情况下，可以依法另行要求相应责任主体承担相应的责任。

总之，将包工头纳入工伤保险范围，并在其因工伤亡时保障其享受工伤保险待遇的权利，由具备用工主体资格的承包单位承担用人单位依法应承担的工伤保险责任，符合工伤保险制度的建立初衷，也符合《工伤保险条例》及相关规范性文件的立法目的。市人社局认定乙在工作时间和工作岗位突发疾病死亡，应由A公司承担工伤保险责任，具有事实和法律依据，本院予以支持。

案例索引

一审：(2018）粤18行初42号

二审：(2019）粤行终390号

再审：(2021）最高法行再1号

专题九

工伤认定程序相关问题的司法认定

导　读

目前我国实行以存在劳动关系为前提、以申请为启动、以社会保险行政部门的行政认定为核心、以行政复议和行政诉讼为救济的工伤认定程序设计。由于工伤认定是一个具体的行政行为，人民法院依据《中华人民共和国行政复议法》（以下简称《行政复议法》）和《行政诉讼法》对行政机关的具体行政行为进行审查，并不解决职工的工伤认定申请是否成立的问题，只能作出维持还是撤销社会保险行政部门的工伤认定的判决，而不能作出变更工伤认定的判决。判决撤销社会保险行政部门行政行为的，只能责令社会保险行政部门重新做出工伤认定的行政行为。

一、一般工伤认定程序

（一）工伤认定申请时限

1. 用人单位一方的申请时限

劳动者发生事故伤害或者按照职业病防治法规定被诊断、鉴定为职业病，所在单位应当自事故伤害发生之日或者被诊断、鉴定为职业病之日起30日内，向统筹地区社会保险行政部门提出工伤认定申请。遇有特殊情况，经报社会保险行政部门同意，申请时限可以适当延长。

为督促用人单位及时为受事故伤害和被诊断、鉴定为职业病的职工提出工伤认定申请，《工伤保险条例》第十七条第四款规定："用人单位未在本条第一款规定的时限内提交工伤认定申请的，在此期间发生符合本条例规定的工伤待遇等有关费用由该用人单位负担。"《劳动和社会保障部关于实施〈工伤保险条例〉若干问题的意见》第六条规定，条例第十七条第四款规定"用人单位未在本条第一款规定的时限内提交工伤认定申请的，在此期间发生符合本条例规定的工伤待遇等有关费用由该用人单位负担"。这里用人单位承担工伤待遇等有关费用的期间是指从事故伤害发生之日或职业病确诊之日起到劳动保障行政部门受理工伤认定申请之日止。

2. 劳动者一方的申请时限

用人单位未在规定的时限内提出工伤认定申请的，受伤害劳动者或者其近亲属、工会组织在事故伤害发生之日或者被诊断、鉴定为职业病之日起1年内，可以直接按照《工伤认定办法》第四条规定提出工伤认定申请。《劳动和社会保障部关于实施〈工伤保险条例〉若干问题的意见》第五条规定，用人单位未按规定为职工提出工伤认定申请，受到事故伤害或者患职业病的职工或者其直系亲属、工会组织提出工伤认定申请，职工所在单位是否同意（签字、盖章），不是必经程序。

3. 超过工伤认定申请期限的处理

根据《最高人民法院关于审理工伤保险行政案件若干问题的规定》，由于不属于劳动者或者其近亲属自身原因超过工伤认定申请期限的，被耽误的时间不计算在工伤认定申请期限内。

有下列情形之一耽误申请时间的，应当认定为不属于劳动者或者其近亲属自身原因：①不可抗力；②人身自由受到限制；③属于用人单位原因；④社会保险行政部门登记制度不完善；⑤当事人对是否存在劳动关系申请仲裁、提起民事诉讼。

（二）工伤认定申请

1. 填写《工伤认定申请表》

提出工伤认定申请需要填写《工伤认定申请表》。《工伤认定申请表》的填写参看《工伤认定办法》所附填表说明。

2. 提交材料

在提交《工伤认定申请表》的同时应提交下列材料：

（1）劳动、聘用合同文本复印件或者与用人单位存在劳动关系（包括事实劳动关系）、人事关系的其他证明材料。

（2）医疗机构出具的受伤后诊断证明书或者职业病诊断证明书（或者职业病诊断鉴定书）。

（三）工伤认定申请的受理

1. 受理部门

工伤认定申请的受理部门是用人单位所在地统筹地区社会保险行政部门；按照规定应当向省级社会保险行政部门提出工伤认定申请的，向用人单位所在地设区的市级社会保险行政部门提出。

《人力资源社会保障部关于执行〈工伤保险条例〉若干问题的意见（二）》第七条规定，用人单位注册地与生产经营地不在同一统筹地区的，原则上应在注册地为职工参加工伤保险；未在注册地参加工伤保险的职工，可由用人单位在生产经营地为其参加工伤保险。劳务派遣单位跨地区派遣劳动者，应根据《劳务派遣暂行规定》参加工伤保险。建筑施工企业按项目参保的，应在施工项目所在地参加工伤保险。职工受到事故伤害或者患职业病后，在参保地进行工伤认定、劳动能力鉴定，并按照参保地的规定依法享受工伤保险待遇；未参加工伤保险的职工，应当在生产经营地进行工伤认定、劳动能力鉴定，并按照生产经营地的规定依法由用人单位支付工伤保险待遇。

2. 受理

社会保险行政部门收到申请人提交工伤认定申请和全部材料及补正材料后，在15日内作出受理或者不予受理的决定。

材料不完整的，应当以书面形式一次性告知申请人需要补正的全部材料。社会保险行政部门收到申请人提交的全部补正材料后，应当在 15 日内作出受理或者不予受理的决定。

社会保险行政部门决定受理的，应当出具《工伤认定申请受理决定书》；决定不予受理的，应当出具《工伤认定申请不予受理决定书》。

（四）工伤认定

1．调查核实

社会保险行政部门工作人员在工伤认定中，可以进行以下调查核实工作：

（1）根据工作需要，进入有关单位和事故现场。

（2）依法查阅与工伤认定有关的资料，询问有关人员并作出调查笔录。

（3）记录、录音、录像和复制与工伤认定有关的资料。调查核实工作的证据收集参照行政诉讼证据收集的有关规定执行。

社会保险行政部门工作人员进行调查核实时，有关单位和个人应当予以协助。用人单位、工会组织、医疗机构以及有关部门应当负责安排相关人员配合工作，据实提供情况和证明材料。

社会保险行政部门在进行工伤认定时，对申请人提供的符合国家有关规定的职业病诊断证明书或者职业病诊断鉴定书，不再进行调查核实。职业病诊断证明书或者职业病诊断鉴定书不符合国家规定的要求和格式的，社会保险行政部门可以要求出具证据部门重新提供。

社会保险行政部门受理工伤认定申请后，可以根据工作需要，委托其他统筹地区的社会保险行政部门或者相关部门进行调查核实。

《人力资源社会保障部关于执行〈工伤保险条例〉若干问题的意见（二）》第十条规定，因工伤认定申请人或者用人单位隐瞒有关情况或者提供虚假材料，导致工伤认定决定错误的，社会保险行政部门发现后，应当及时予以更正。

2．作出工伤认定决定

社会保险行政部门应当自受理工伤认定申请之日起 60 日内作出工伤认定决定，出具《认定工伤决定书》或者《不予认定工伤决定书》。

社会保险行政部门受理工伤认定申请后，作出工伤认定决定需要以司法机关或者有关行政主管部门的结论为依据的，在司法机关或者有关行政主管部门尚未作出结论期间，作出工伤认定决定的时限中止，并书面通知申请人。

社会保险行政部门对于事实清楚、权利义务明确的工伤认定申请，应当自受理工伤认定申请之日起 15 日内作出工伤认定决定。

社会保险行政部门应当自工伤认定决定作出之日起 20 日内，将《认定工伤决定书》或者《不予认定工伤决定书》送达受伤害劳动者（或者其近亲属）和用人单位，并抄送社会保险经办机构。

二、不服工伤认定决定或者工伤待遇的救济途径

有下列情形之一的，有关单位或者个人可以依法申请行政复议，也可以依法

向人民法院提起行政诉讼：

（1）申请工伤认定的劳动者或者其近亲属、该劳动者所在单位对工伤认定申请不予受理的决定不服的。

（2）申请工伤认定的劳动者或者其近亲属、该劳动者所在单位对工伤认定结论不服的。

（3）用人单位对经办机构确定的单位缴费费率不服的。

（4）签订服务协议的医疗机构、辅助器具配置机构认为经办机构未履行有关协议或者规定的。

（5）工伤劳动者或者其近亲属对经办机构核定的工伤保险待遇有异议的。

三、关于工伤认定中出现劳动关系争议应当如何处理的问题

《最高人民法院关于审理工伤保险行政案件若干问题的规定》第二条规定："人民法院受理工伤认定行政案件后，发现原告或者第三人在提起行政诉讼前已经就是否存在劳动关系申请劳动仲裁或者提起民事诉讼的，应当中止行政案件的审理。"

《〈最高人民法院关于审理工伤保险行政案件若干问题的规定〉的理解与适用》一文解释：人民法院在受理工伤认定行政案件后发现职工或者用人单位对是否存在劳动关系发生争议，在处理方式上应当区分情况分别对待。第一种情况是，职工和用人单位对是否存在劳动关系发生争议，提起行政诉讼前已经申请劳动仲裁或者提起民事诉讼的，人民法院应当中止正在审理的工伤认定行政案件；第二种情况是，职工和用人单位对是否存在劳动关系发生争议，没有申请劳动仲裁或者提起民事诉讼的，人民法院可以在审理工伤认定行政案件时一并对是否存在劳动关系进行审查。主要考虑到，劳动行政部门在工伤认定程序中，具有认定受到伤害的职工与企业之间是否存在劳动关系的职权。社会保险行政部门在工伤认定程序中已经对是否存在劳动关系作出了判断，进入行政诉讼程序后，人民法院可以对社会保险部门就是否存在劳动关系的认定进行审查，职工或者用人单位无需就是否存在劳动关系另行申请劳动仲裁或者提起民事诉讼。另外，效率和便民问题也是处理方式选择上的重要考量因素。《社会保险法》第三十六条第二款规定，认定程序应当尽可能简便。如果社会保险行政部门已对是否存在劳动关系作出了判断，在行政诉讼中再要求原告或者第三人另行申请劳动仲裁或者提起民事诉讼，中止行政诉讼，繁多的程序必然会导致效率低下，往往耽误了受伤职工治疗和康复，也导致在实践中很多劳动者因程序繁杂而放弃申请工伤认定或者匆忙和用人单位达成不平等的协议，造成更多的社会矛盾，不利于职工权益保护。一并进行审查，有利于防止用人单位因工伤认定对己不利时，故意就是否存在劳动关系申请劳动仲裁或者提起民事诉讼，借此拖延行政案件的审理，损害工伤职工合法权益。同时，鉴于劳动法、劳动争议调解仲裁法和民事诉讼法有关申请劳动仲裁或者提起民事诉讼的规定，人民法院发现原告或者第三人在提起行政诉讼

前已经就是否存在劳动关系申请劳动仲裁或者提起民事诉讼的，应当依法中止工伤认定行政案件的审理。①

四、本书案例中有关工伤认定程序的裁判观点

（一）关于劳动关系的认定

（1）在没有任何法定有权机构对劳动者与用人单位之间是否存在劳动关系作出确认的情况下，不能直接适用《工伤保险条例》的规定作出认定工伤的结论，正在进行的行政复议可以中止（参看本书案例74、案例75）。

（2）行政复议作为对原行政行为进行全面审查的救济程序，有权对社会保险行政部门所作出的劳动关系认定进行合法性审查并进行纠正，但复议机关不宜在社会保险行政部门未作事实审查与认定的情况下，直接认定劳动者与案外人之间的劳动关系（参看本书案例78）。

（二）劳动保障行政部门重新启动工伤认定程序时可以不再进行调查核实的情形

在已经终结的工伤认定程序中，劳动保障行政部门如果已经掌握了有关劳动者受事故伤害的证据，在重新启动的工伤认定程序中可以不再进行调查核实（参看本书案例73）。

（三）工伤认定问题不是民事诉讼的审理范围

申请工伤认定的劳动者或者其近亲属、该劳动者所在单位对工伤认定结论不服的，可以依法申请行政复议或者依法向人民法院提起行政诉讼，是否构成工伤的问题，不属于民事诉讼的审理范围（参看本书案例76）。

（四）关于工伤申请时限

（1）当事人及其近亲属或者其所在单位在交通事故发生之后，都未在《工伤保险条例》规定的法定期限内向劳动保险行政部门提出过工伤认定的申请，劳动保险行政部门不再负有依当事人申请作出工伤认定的法定职责（参看本书案例86）。

（2）《工伤保险条例》第十七条规定的工伤申请时限，并非从事故发生时起算，应从劳动者获得事故所导致的延续伤害确诊结果时起算（参看本书案例79）。

（3）工伤认定申请时效应当从工伤事故导致的伤害结果实际发生之日起算，工伤事故发生时伤害结果尚未实际发生，工伤劳动者在伤害结果实际发生后一年内提出工伤认定申请的，不属于超过工伤认定申请时效的情形（参看本书案例81）。

（4）用人单位未提出工伤认定申请，劳动者超过规定的申请期限向社会保险行政部门提出工伤认定申请，且没有不属于劳动者自身原因的情形的，不予受理工伤认定申请（参看本书案例82）。

---

① 马永欣、李涛、杨科雄：《〈最高人民法院关于审理工伤保险行政案件若干问题的规定〉的理解与适用》，《人民司法（应用）》2014年第23期，第16－21页。

（五）不得申请行政复议的情形

劳动者不服人社部门作出的行政决定向人民法院提起行政诉讼，人民法院已经依法受理的，不得申请行政复议（参看本书案例 84）。

（六）行政行为的可诉性

（1）当事人认为行政机关作出的程序性行政行为侵犯其人身权、财产权等合法权益，对其权利义务产生明显的实际影响，且无法通过提起针对相关的实体性行政行为的诉讼获得救济，而对该程序性行政行为提起行政诉讼的，属于可诉行政行为，人民法院应当依法受理（参看本书案例 72）。

（2）上级社会保险行政部门对下级社会保险行政部门的授权及管辖划分系上下级行政机关之间的权限和管辖划分，并非针对具体事件作出的、具有外部效果的、行政法上的处理行为，行为本身不产生外部法律效力，属于不可诉的行为（参看本书案例 88）。

（3）对信访事项有权处理的行政机关依据《信访条例》（已废止）作出的处理意见、复查意见、复核意见和不再受理决定，信访人不服提起行政诉讼的，人民法院不予受理（参看本书案例 91）。

案例 72

行政机关作出的程序性行政行为也可属于可诉性行政行为

裁判观点

如果程序性行政行为具有终局性，对相对人权利义务产生实质影响，并且无法通过提起针对相关的实体性行政行为的诉讼获得救济的，则属于可诉行政行为，相对人提起行政诉讼的，属于人民法院行政诉讼受案范围。

法院查明事实

由于甲驾驶摩托车倒地翻覆的原因无法查实，公安局交警大队依据《道路交通事故处理程序规定》第五十条的规定，作出《道路交通事故证明》载明：2013 年 3 月 18 日，甲驾驶无牌二轮摩托车途中与隔离带边缘相擦剐，翻覆于隔离带内，造成车辆受损、甲当场死亡的交通事故。

2013 年 4 月 10 日，第三人 A 公司就其职工甲因交通事故死亡，向被告市人社局申请工伤认定，并同时提交了市公安局交警大队所作的《道路交通事故证明》等证据。被告以公安机关交通管理部门尚未对本案事故作出交通事故认定书为由，于当日作出《工伤认定时限中止通知书》。

2013 年 6 月 24 日，原告向被告提交了《恢复工伤认定申请书》，要求被告恢复对甲的工伤认定。因被告未恢复对甲工伤认定程序，原告向法院提起行政诉讼，请求判决撤销被告作出的《工伤认定时限中止通知书》。

争议焦点

（1）《工伤认定时限中止通知书》是否属于可诉行政行为。

（2）《工伤认定时限中止通知书》是否应当予以撤销。

裁判结果

一审判决撤销被告市人社局作出的《工伤认定时限中止通知书》。

二审裁定准许市人社局撤回上诉。一审判决已发生法律效力。

裁判理由

一审认为，第一，关于《工伤认定时限中止通知书》是否属于可诉行政行为问题。

被告作出《工伤认定时限中止通知书》，属于工伤认定程序中的程序性行政行为，如果该行为不涉及终局性问题，对相对人的权利义务没有实质影响的，属于不成熟的行政行为，不具有可诉性，相对人提起行政诉讼的，不属于人民法院受案范围。但如果该程序性行政行为具有终局性，对相对人权利义务产生实质影响，并且无法通过提起针对相关的实体性行政行为的诉讼获得救济的，则属于可诉行政行为，相对人提起行政诉讼的，属于人民法院行政诉讼受案范围。

虽然根据《道路交通安全法》第七十三条的规定："公安机关交通管理部门应当根据交通事故现场勘验、检查、调查情况和有关的检验、鉴定结论，及时制作交通事故认定书，作为处理交通事故的证据。交通事故认定书应当载明交通事故的基本事实、成因和当事人的责任，并送达当事人。"但是，在现实道路交通事故中，也存在因道路交通事故成因确实无法查清，公安机关交通管理部门不能作出交通事故认定书的情况。对此，《道路交通事故处理程序规定》第五十条规定："道路交通事故成因无法查清的，公安机关交通管理部门应当出具道路交通事故证明，载明道路交通事故发生的时间、地点、当事人情况及调查得到的事实，分别送达当事人。"就本案而言，××市公安局交警大队就甲因交通事故死亡，依据所调查的事故情况，只能依法作出《道路交通事故证明》，而无法作出《交通事故认定书》。因此，本案中《道路交通事故证明》已经是公安机关交通管理部门依据《道路交通事故处理程序规定》就事故作出的结论，也就是《工伤保险条例》第二十条第三款中规定的工伤认定决定需要的"司法机关或者有关行政主管部门的结论"。除非出现新事实或者法定理由，否则公安机关交通管理部门不会就本案涉及的交通事故作出其他结论。而本案被告在第三人申请认定工伤时已经提交了相关《道路交通事故证明》的情况下，仍然作出《工伤认定时限中止通知书》，并且一直到原告起诉之日，被告仍以工伤认定处于中止中为由，拒绝恢复对甲死亡是否属于工伤的认定程序。由此可见，虽然被告作出《工伤认定时限中止通知书》是工伤认定中的一种程序性行为，但该行为将导致原告的合法权益长期，乃至永久得不到依法救济，直接影响了原告的合法权益，对其权利义务产生实质影响，并且原告也无法通过对相关实体性行政行为提起诉讼以获得救济。因此，被告作出《工伤认定时限中止通知书》，属于可诉行政行为，人民法院应当依法受理。

第二，关于《工伤认定时限中止通知书》是否应当予以撤销问题。

《工伤保险条例》第二十条第三款规定，“作出工伤认定决定需要以司法机关或者有关行政主管部门的结论为依据的，在司法机关或者有关行政主管部门尚未作出结论期间，作出工伤认定决定的时限中止”。如前所述，第三人在向被告就甲死亡申请工伤认定时已经提交了《道路交通事故证明》。也就是说，第三人申请工伤认定时，并不存在《工伤保险条例》第二十条第三款所规定的依法可以作出中止决定的情形。因此，被告依据《工伤保险条例》第二十条规定，作出《工伤认定时限中止通知书》属于适用法律、法规错误，应当予以撤销。

案例索引

最高人民法院指导案例 69 号

案例73

劳动保障行政部门在已经掌握大量事实的情况下，重新启动工伤认定程序不必重新调查核实

裁判观点

（1）在《工伤保险条例》施行前作出的工伤认定被人民法院判决撤销后，又在《工伤保险条例》施行后重新启动的工伤认定程序，应当执行《工伤保险条例》的规定。

（2）《工伤认定办法》第八条规定，工伤认定程序中的调查核实，可以由劳动保障行政部门根据需要进行。故调查核实不是每个工伤认定程序中必经的程序。在已经终结的工伤认定程序中，劳动保障行政部门如果已经掌握了有关劳动者受事故伤害的证据，在重新启动的工伤认定程序中可以不再进行调查核实。

（3）人民法院在行政诉讼中的任务，是审查被诉具体行政行为的合法性。人民法院只有了解被诉具体行政行为据以作出的事实和证据，才可能对被诉具体行政行为是否具有合法性作出正确评价。

法院查明事实

第三人某甲原系原告 A 公司的员工，2000 年 2 月 14 日（春节休假后的第一个工作日）上午，某甲于工作时间内在厂区跌倒致伤，经医院诊断为急性闭合性

颅脑外伤。2000 年 6 月 7 日，A 公司工会主席某乙到市总工会法律援助中心咨询时，曾陈述："上午上班后，他（某甲）帮助维修班的员工排线时，不慎把左手手指划了一道口子，他见伤口流血就到办公室向别人要了创可贴，走出办公室不多远，在无任何人碰撞他的情况下，不知什么原因，突然自己跌倒。"2001 年 10 月 30 日，某甲向仲裁委提出劳动争议仲裁申请。同年 11 月 9 日，仲裁委委托被告市劳动局认定某甲的伤情是否构成工伤。2002 年 4 月 5 日，市劳动局出具《关于某甲工伤认定的复函》答复仲裁委，认为某甲所受伤害不能认定为工伤。某甲不服该复函，向市人民政府申请复议。市人民政府的《行政复议决定书》决定维持市劳动局复函。某甲仍不服，提起行政诉讼。法院判决撤销了该复函，并判决市劳动局重新作出工伤认定。2003 年 1 月 22 日，市劳动局在重新调查后，作出《企业职工工伤认定书》，决定不认定某甲所受伤害为工伤。某甲仍不服，再次提起行政诉讼。法院判决撤销该工伤认定书，并判决市劳动局重新作出工伤认定，二审维持原判。市劳动局向 A 公司发出《工伤认定举证通知书》，告知 A 公司需对某甲的工伤申请承担举证责任。A 公司向市劳动局递交了不认为某甲是工伤的陈述及证据。2005 年 4 月 30 日，市劳动局作出 0491 号《认定工伤决定书》，认定某甲受伤为工伤。A 公司不服，申请行政复议，市人民政府复议维持了 0491 号《认定工伤决定书》。A 公司仍不服，遂提起本案行政诉讼。

争议焦点

（1）《工伤保险条例》施行后重新启动的工伤认定行政程序，能否适用《工伤保险条例》。

（2）市劳动局未经调查作出工伤认定书，并将终审判决的裁判理由写入该工伤认定书中，是否合法。

裁判结果

一审判决维持被告市劳动局作出的 0491 号《认定工伤决定书》。

二审判决驳回 A 公司的上诉，维持原判。

裁判理由

一审认为：

第一，2003 年《工伤保险条例》第六十四条规定："本条例自 2004 年 1 月 1 日起施行。本条例施行前已受到事故伤害或者患职业病的职工尚未完成工伤认定的，按照本条例的规定执行。"第三人某甲于 2000 年 2 月 14 日受伤，至《工伤保险条例》施行之日，没有取得过发生法律效力的工伤认定决定，因此对某甲所受事故伤害的工伤认定尚未完成。依照《工伤保险条例》第六十四条规定，在对某甲所受事故伤害重新启动的工伤认定程序中，应当按照《工伤保险条例》的规定执行。原告 A 公司关于本次工伤认定程序是前两次工伤认定程序的延续，《工伤保险条例》对本案不能适用的意见，与法相悖，不予采纳。

第二，2003 年 9 月 23 日，劳动和社会保障部颁布的《工伤认定办法》第五条规定，进行工伤认定所需的劳动关系、诊断证明等材料，由申请人提交。第八条规定：“劳动保障行政部门受理工伤认定申请后，根据需要可以对提供的证据进行调查核实，有关单位和个人应当予以协助。用人单位、医疗机构、有关部门及工会组织应当负责安排相关人员配合工作，据实提供情况和证明材料。”第十四条规定：“职工或者其直系亲属认为是工伤，用人单位不认为是工伤的，由该用人单位承担举证责任。用人单位拒不举证的，劳动保障行政部门可以根据受伤害职工提供的证据依法作出工伤认定结论。”

《工伤保险条例》第十四条第（一）项规定：职工在工作时间和工作场所内，因工作原因受到事故伤害的，应当认定为工伤。终审判决书在阐述维持一审判决的理由时，其中“没有证据证明在单位日常的工作时间和工作的区域内，某甲因从事与日常生产、工作无关的事务而跌倒致伤”一语，完全符合《工伤保险条例》的规定。

被告市劳动局接到终审判决书后，依法重新启动了工伤认定程序。由于在以前的工伤认定程序中，对第三人某甲所受事故伤害的经过，市劳动局通过调查已经取得大量证据，故在重新启动的工伤认定程序中，该局未再进行调查。鉴于原告A公司一直不认为某甲所受事故伤害是工伤，依照《工伤保险条例》第十九条和《工伤认定办法》第十四条的规定，A公司应当承担不是工伤的举证责任，于是市劳动局向A公司发出《工伤认定举证通知书》，通知其举证，并且明确告知了不承担举证责任的法律后果。A公司接到举证通知书后，未在通知书指定的期限内举证，延期10多天后提交的证据，仍没有证明某甲因从事与日常生产、工作无关的事务而跌倒致伤。市劳动局在对A公司延期提交的证据进行审查后，作出认定工伤的决定。

根据《工伤认定办法》第五条、第八条，劳动保障行政部门受理工伤认定申请后，只是对申请人提交的材料进行审查，然后根据需要对提供的证据进行调查核实，所以调查核实不是每个工伤认定程序中必经的程序。由于对第三人某甲所受事故伤害的经过已经掌握了大量证据，被告市劳动局在重新启动的工伤认定程序中，根据需要未再进行调查，而是径行通知原告A公司举证的做法，不违背法律规定。0491号《认定工伤决定书》将2号《终审判决书》根据《工伤保险条例》规定阐述的裁判理由写入其中，只是要交代其重新认定的理由，并非以法院判决为依据。A公司关于市劳动局不进行调查，将法院判决作为依据，是适用法律错误的起诉理由，不能成立。

二审认为：

第一，2000年6月7日，工会主席某乙到市总工会陈述了第三人某甲所受伤害的事实，咨询对此事的处理意见。市总工会记录某乙陈述的事实内容，与某甲在被上诉人市劳动局向其调查时陈述的事实基本一致。市劳动局对某甲提供的主要证人都进行过调查，各证人对某甲受伤害经过所作证言虽然存在着矛盾，但仍有部分证人的证言与某乙、某甲陈述的事实相符。某乙是上诉人A公司的工会主席，没有证据证明某乙是代表某甲前往市总工会陈述事实、咨询意见，也没有证据证明某乙在市总工会陈述的事实受到了某甲或者某甲事前陈述的影响。综合考虑某乙的工会主席身份、受咨询机关的性质和某乙的陈述内容，应当认定：某乙是为维护职工利益，才以 A 公司工会主席身份，前往市总工会咨询对某甲所受伤害的处理意见。故市总工会对某乙陈述事实所作的咨询记录具有真实性，应当确认为证据。

第二，第三人某甲受伤后，对某甲的伤情是否构成工伤，被上诉人市劳动局曾先后作出过三个工伤认定，这三个工伤认定，都经过一审法院的行政诉讼程序。人民法院在行政诉讼中的任务，是审查被诉具体行政行为的合法性。在本案中，即是审查 0491 号《认定工伤决定书》的合法性。一审法院只有通过了解某甲受伤的事实以及确认此事实的证据，才能对 0491 号《认定工伤决定书》是否合法作出评价。某甲受伤的事实以及确认此事实的证据虽然在前后三个行政诉讼中没有变化，但是最后一个被诉具体行政行为（即工伤认定行为）的内容发生了变化，因此，一审相应地对被诉具体行政行为的合法性作出不同评价。上诉人 A 公司以一审对同样事实、同样证据作出不同判决为由，认为一审判决错误，该上诉理由不能成立。

案例索引

《最高人民法院公报》2007 年第 1 期

案例 74

未确定劳动关系即依据《工伤保险条例》认定工伤显属不当

裁判观点

《工伤保险条例》第十八条第一款规定，提出工伤认定申请应当提交的材料包括与用人单位存在劳动关系（包括事实劳动关系）的证明材料。在没有任何法定有权机构对劳动者与用人单位之间是否存在劳动关系作出确认的情况下，直接适用《工伤保险条例》的规定作出认定工伤的结论，显属不当。

法院查明事实

原告某甲与某乙系夫妻关系。公安派出所出具的《关于某乙死亡的处警情况说明》记载，2017 年 11 月 8 日 21 时左右，聂某、某乙、宋某去送三辆解放牌轻卡，每人驾驶一辆，其中某乙驾驶 A 公司的车辆。于 2017 年 11 月 9 日 0 时 30 分左右，三人行驶到某高速路口附近停车在各自车上休息。2017 年 11 月 9 日 5 时 30 分，聂某与宋某发现某乙躺在其驾驶的车内，脸色发紫，嘴唇发黑，敲打玻璃无反应，于是报警。派出所民警到达现场时，120 急救人员也到达了现场进行抢救时，发现某乙已无生命体征。刑警大队技术科人员和法医经勘察后初步排除他杀，认为属意外死亡。法医再次对某乙死因进行尸体解剖作出鉴定意见，某乙的死因符合劳累等外在因素作用下导致其自身潜在性疾病突然发作导致死亡。2017 年 12 月 6 日，××公安分局作出《不予立案通知书》，认为没有犯罪事实，决定不予立案。

2017 年 12 月 12 日，原告提交工伤认定申请。2018 年 1 月 4 日，A 公司提交《情况说明》否认某乙是其劳动者。原告提交了证人聂某、宋某的证人证言。人社局召集了听证会后，作出《认定工伤决定书》，认定某乙受到的事故伤害为工伤。A 公司向被告区人民政府提出行政复议申请，被告区人民政府组织 A 公司、区人社局、某甲和高某举行了听证会。区人社局在听证中称没有认定某乙与 A 公司之间存在劳动关系，但某乙的情况符合《最高人民法院关于审理工伤保险行政案件若干问题的规定》第三条第（四）项规定，故可以认定为工伤。另，原告未通过启动劳动仲裁和民事诉讼程序确认劳动关系。

2018 年 5 月 9 日，被告区人民政府认为区人社局并未对某乙与申请人二者之间是否存在劳动关系进行认定，径直以《最高人民法院关于审理工伤保险行政案件若干问题的规定》第三条第（四）项作为直接认定某乙工伤的依据系适用法律依据错误。遂作出行政复议决定，撤销区人社局作出的《认定工伤决定书》。

争议焦点

区人社局作出《认定工伤决定书》后，区人民政府作出复议决定予以撤销并限期重作是否合法。

裁判结果

一审判决驳回原告某甲的诉讼请求。

二审判决驳回上诉，维持原判。

再审裁定驳回再审申请人某甲的再审申请。

裁判理由

二审认为，《工伤保险条例》第十八条第一款规定，提出工伤认定申请应当提交下列材料：与用人单位存在劳动关系（包括事实劳动关系）的证明材料。根据上述规定，提供与用人单位之间存在劳动关系（包括事实劳动关系）的证明材料是作出工伤认定的必备条件。《中华人民共和国劳动争议调解仲裁法》（以下简称《劳动争议调解仲裁法》）第二条规定：中华人民共和国境内的用人单位与职工发生的下列劳动争议，适用本法：因确认劳动关系发生的争议；《劳动法》第七十九条规定，劳动争议发生后，当事人可以向本单位劳动争议调解委员会申请调解；调解不成，当事人一方要求仲裁的，可以向劳动争议仲裁委员会申请仲裁。当事人一方也可以直接向劳动争议仲裁委员会申请仲裁。对仲裁裁决不服的，可以向人民法院提起诉讼。《最高人民法院行政审判庭关于社会保险行政部门在工伤认定程序中是否具有劳动关系确认权请示的答复》载明："根据《劳动法》第九条和《工伤保险条例》第五条、第十八条的规定，社会保险行政部门在工伤认定程序中，具有认定受到伤害的职工与企业之间是否存在劳动关系的职权。"根据上述规定，有权作出劳动关系确认的主体为劳动争议仲裁委员会、人民法院和社会保险行政部门。本案中，并未有法定有权机构对某乙与A公司之间是否存在劳动关系作出确认的情况下，区人社局直接适用《工伤保险条例》第十四条第（五）项的规定作出认定工伤的结论显属不当。关于《最高人民法院关于审理工伤保险行政案件若干问题的规定》第三条第（四）项的适用问题，该项规定的内容为：用工单位违反法律、法规规定将承包业务转包给不具备用工主体资格的组织或者自然人，该组织或者自然人聘用的职工从事承包业务时因工伤亡的，用工单位为承担工伤保险责任的单位。这是对于与某一单位之间并未建立劳动关系，但可以由该单位承担工伤保险责任的规定，是认定工伤需先确认劳动关系的例外规定。从该规定的内容可知，适用该规定的前提是查清用工单位是否有违反法律法规规定将承包业务转包的事实、所转包的对象是否不具备用工主体资格、伤亡的人员是不是所转包对象聘用的职工、伤亡的原因是不是因从事承包业务等。但是，在本案中，区人社局在工伤认定程序中并未对上述事实作出分析认定，在《认定工伤决定书》中亦未基于对上述事实的分析判断适用《最高人民法院关于审理工伤保险行政案件若干问题的规定》第三条第（四）项之规定。被告撤销被诉认定工伤决定并责令区人社局在法定期限内重新作出认定这一结果并无不当。

最高人民法院再审认为，关于撤销1199号认定工伤决定是否有事实和法律依据。《工伤保险条例》第十八条第一款规定，提出工伤认定申请应当提交的材料包括与用人单位存在劳动关系（包括事实劳动关系）的证明材料。而区人社局在没有任何法定有权机构对某乙与A公司之间是否存在劳动关系作出确认的情况下，直接适用《工伤保险条例》第十四条第（五）项的规定作出认定工伤的结论，显属不当。

案例索引

一审：（2018）鲁02行初138号

二审：（2019）鲁行终767号

再审：（2020）最高法行申1662号

案例75

劳动者与单位是否存在劳动关系未认定之前，行政复议中止符合规定

裁判观点

行政机关在受理工伤行政复议申请后，因伤害的劳动者与企业之间是否存在劳动关系等问题有待相关有权机构认定而中止复议，在有权机构认定是否存在劳动关系后恢复行政复议，符合行政复议程序规定。

法院查明事实

自然人李某购买了半挂牵引车，并为车辆购买了交通事故责任强制保险和办理了道路运输证。刘某某与李某签订了《车辆经营承包合同》，并缴纳了承包经营风险保证金。2012 年 5 月 20 日，徐某与刘某某共同驾驶该半挂牵引车在送货途中发生交通事故致徐某受伤，2012 年 8 月 31 日徐某经抢救无效死亡。《道路交通事故认定书》认定徐某在此次交通事故中无责任。2013 年 5 月 14 日，王某某向市人社局申请工伤认定。2013 年 6 月 17 日，市人社局作出《认定工伤决定书》，认定徐某因工死亡。2014 年 7 月 22 日，A 公司向市政府申请行政复议。在市政府复议审理期间，A 公司向市劳动争议仲裁委员会提出仲裁申请，市劳动人事争议仲裁委员会于 2014 年 11 月 28 日裁决徐某生前与 A 公司之间不存在劳动关系。王某某、徐某 1、袁某、徐某 2 不服，向法院提起民事诉讼。一审法院判决驳回王某某、徐某 1、袁某、徐某 2 的诉讼请求。王某某、徐某 1、袁某、徐某 2 不服，提起上诉，二审判决驳回上诉，维持原判。市政府于 2015 年 8 月 3 日恢复审理复议一案，并于 2015 年 8 月 6 日作出《行政复议决定书》，其结论为：撤销被申请人市人社局所作《认定工伤决定书》，责令被申请人市人社局重新作出具体行政行为。该决定书于 2015 年 8 月 27 日送达给王某某。此后，袁某、徐某 2 向法院提起诉讼，请求撤销市政府《行政复议决定书》，确认徐某为工伤死亡。

另认定，袁某与徐某系母子关系，徐某与徐某 2 系父子关系。

争议焦点

行政机关在复议期间，因受到伤害的劳动者与企业之间是否存在劳动关系等问题向劳动人事争议仲裁委员会提出仲裁申请尚未确定而中止复议，劳动关系确定后恢复复议审理程序是否符合行政复议程序。

裁判结果

一审判决驳回原告袁某、徐某 2 的诉讼请求。

二审判决驳回上诉，维持原判。

再审裁定驳回袁某、徐某2的再审申请。

裁判理由

最高人民法院再审认为,《劳动争议调解仲裁法》第五条规定,发生劳动争议,当事人不愿协商、协商不成或者达成和解协议后不履行的,可以向调解组织申请调解;不愿调解、调解不成或者达成调解协议后不履行的,可以向劳动争议仲裁委员会申请仲裁。《中华人民共和国行政复议法实施条例》(以下简称《行政复议法实施条例》)第四十一条第一款第(七)项规定,行政复议期间有下列情形之一,影响行政复议案件审理的,行政复议中止:"(七)案件审理需要以其他案件的审理结果为依据,而其他案件尚未审结的。"本案中,A公司不服市人社局作出的《认定工伤决定书》,向市政府提起行政复议。在复议期间,A公司就受到伤害的劳动者徐某与企业之间是否存在劳动关系等问题向市劳动人事争议仲裁委员会提出仲裁申请,市政府依法中止复议。经市劳动人事争议仲裁委员会仲裁,一审及二审判决确认徐某生前与A公司之间不存在劳动关系。随后市政府恢复复议审理程序并告知相关当事人,作出29号复议决定,符合行政复议程序规定。

案例索引

一审:(2015)常行初字第68号

二审:(2016)湘行终692号

再审:(2017)最高法行申8300号

案例76

认定是否构成工伤,不属于民事诉讼的审理范围

裁判观点

(1)用人单位应当为本单位职工缴纳工伤保险费,因工伤事故受到人身伤害的职工有权获得工伤补偿,享受工伤待遇。应当参加工伤保险而未参加工伤保险的用人单位职工发生工伤的,由用人单位按照《工伤保险条例》规定的工伤保险待遇项目和标准支付费用。工伤和民事侵权两种法律关系互相独立,互不排斥,工伤职工在获得民事赔偿后有权要求工伤补偿。

(2)认定是否构成工伤的问题,不属于民事诉讼的审理范围。

法院查明事实

王某、王某1的母亲张某系A公司的职工。2013年9月14日17时50分,

张某在下班途中与甲驾驶的小型越野客车相撞发生交通事故死亡，县公安交管部门认定张某与甲负此次事故的同等责任。事故发生后达成和解，甲一次性赔偿王某1、王某各项损失×元。2015年4月29日，王某1、王某向县人社局申请其母工伤认定。2015年5月5日，县人社局作出《认定工伤决定书》，认定张某为工伤。A公司不服，提起行政诉讼。后A公司以其“已与张某亲属达成和解，双方同意协商解决”为由申请撤回起诉，同日，法院裁定准许A公司撤回起诉。

2016年10月21日，县人民政府作出《行政执法监督决定书》，撤销县人社局作出的《认定工伤决定书》。王某1不服该决定，向省人民政府申请行政复议。复议案件中止期间，县人民政府作出《行政执法监督决定书》，撤销县人社局作出的《认定工伤决定书》，县人社局依法予以纠正，2016年10月21日作出的《行政执法监督决定书》同时废止。王某1仍不服，重新向省人民政府申请行政复议。2018年1月2日，省人民政府作出《行政复议决定书》，撤销县人民政府《行政执法监督决定书》。A公司不服，诉至法院。

2015年8月10日，王某1、王某申请劳动仲裁，同年9月17日，县劳动争议仲裁委员会裁决A公司支付王某1、王某丧葬费和一次性工亡补助金。另查明，A公司没有为张某参加工伤保险。A公司不服裁决起诉来院，请求依法判令驳回王某1、王某的诉讼请求。

争议焦点

张某是否构成工伤，A公司应否向王某1、王某支付劳动争议仲裁委员会仲裁裁决书裁决工伤费用。

裁判结果

一审判决A公司赔偿王某、王某1之母张某丧葬费和一次性工亡补助金。

二审判决驳回A公司的上诉，维持原判。

再审判决维持二审民事判决。

裁判理由

一审认为：用人单位应当为本单位职工缴纳工伤保险费，因工伤事故受到人身伤害的职工有权获得工伤补偿，享受工伤待遇。应当参加工伤保险而未参加工伤保险的用人单位职工发生工伤的，由用人单位按照工伤保险条例规定的工伤保险待遇项目和标准支付费用。根据《最高人民法院关于审理人身损害赔偿案件适用法律若干问题的解释》第十二条的规定，工伤和侵权两种法律关系互相独立，互不排斥，王某1、王某在获得民事赔偿后有权要求工伤补偿。A公司主张张某交通事故已得到全额赔偿和工伤认定与事实不符，不应享受工伤待遇，因工伤认定不属本案审理范围，且《认定工伤决定书》已生效，其主张不能成立。

二审认为：A公司二审提交的证据不属于法律规定的新证据，不能推翻公安交管部门做出的道路交通事故认定和劳动部门对于张某身亡属于工伤的认定。A公司在不服工伤认定的行政诉讼中撤诉，视为对其相应权利的放弃，其关于请求驳回王某、王某1原审诉讼请求的上诉理由没有事实根据和法律依据，本院不予采信。

再审认为：关于张某是否构成工伤的问题，不属于民事诉讼的审理范围，相关一审行政判决和二审行政判决已驳回A公司的诉讼请求，故张某构成工伤是已被生效判决所确认的事实。在此前提下，县劳动争议仲裁委员会裁决的丧葬补助金和一次性工亡补助金，符合《工伤保险条例》第三十九条规定的支付项目和数额，故A公司请求不支付上述费用，缺乏事实和法律依据，依法应不予支持。

案例索引

一审：（2015）鹿民劳初字第10号

二审：（2016）豫16民终940号

再审：（2018）豫民再569号

案例77

重复诉讼的，人民法院不应受理

裁判观点

对工伤劳动者的工伤认定、伤残等级评定，已通过行政复议、行政诉讼进行了救济，诉讼标的已被生效的行政判决和行政裁定所羁束，在有关行政复议争议提起的诉讼，属于重复起诉，人民法院不应受理。

法院查明事实

甲曾多次向市人社局提出申请，请求对乙医疗损害导致的截肢作工伤认定或工伤复发的确认。市人社局已答复甲对其有关申请不予受理，甲对有关答复提起了行政复议和行政诉讼，请求撤销有关答复的诉求未获得行政复议机关或人民法院的支持。甲于2017年8月1日再次向市人社局申请就乙医疗损害导致的截肢作出工伤认定、作出是否工伤直接导致疾病的确认或工伤复发的确认。市人社局作出答复书，告知甲对有关问题不再重复答复。市政府作出《不予受理决定书》，决定对甲就答复书提起的行政复议申请不予受理。甲对该答复书及不予受理复议申请的决定不服，提起本案诉讼。

争议焦点

甲的起诉是否符合受理条件。

裁判结果

一审裁定驳回甲的起诉

二审裁定驳回甲的上诉，维持原裁定。

再审裁定驳回甲的再审申请。

裁判理由

最高人民法院再审认为，本案争议的主要问题为，甲的起诉是否符合受理条件。甲曾多次向市人社局提出申请，请求对乙医疗损害导致的截肢作工伤认定或工伤复发的确认。市人社局已答复甲对其有关申请不予受理，甲对有关答复提起了行政复议和行政诉讼，其请求撤销有关答复的诉求未获得行政复议机关或人民法院的支持。甲于 2017 年 8 月 1 日再次向市人社局申请就乙医疗损害导致的截肢作出工伤认定、作出是否工伤直接导致疾病的确认或工伤复发的确认，属重复申请。市人社局作出答复书，告知甲对有关问题不再重复答复，市政府作出《不予受理决定书》决定对甲就答复书提起的行政复议申请不予受理。甲对该答复书及不予受理复议申请的决定不服，提起本案诉讼。本案争议仍系有关市人社局是否应对乙医疗损害导致的截肢作工伤认定或工伤复发确认的争议，人民法院已对此进行过审理，故对甲针对前述争议及有关行政复议争议提起的本案诉讼，人民法院不应受理。

案例索引

一审：（2017）川 14 行初 35 号

二审：（2019）川行终 1205 号

再审：（2020）最高法行申 2557 号

案例 78

在社会保险行政部门未作事实审查与认定的情况下，复议机关不宜直接认定劳动者与案外人之间的劳动关系

裁判观点

最高人民法院行政审判庭在〔2009〕行他字第 12 号答复中明确肯定了社会保险行政部门在工伤认定程序中的劳动关系认定权。行政复议作为对原行政行为进行全面审查的救济程序，有权对社会保险行政部门所作出的劳动关系认定进行合法性审查并进行纠正，但复议机关不宜在社会保险行政部门未作事实审查与认定的情况下，直接认定劳动者与案外人之间的劳动关系。

法院查明事实

2004 年 9 月 26 日，原告甲向第三人 A 公司交纳管理费，在第三人处上班，截至 2006 年 11 月，原告甲均从第三人处领取工资报酬。根据原告甲陈述，原告

甲后在第三人处三四个专柜工作过。结合现有的证据材料，原告甲在当前专柜上班前，在B公司在第三人处设立的专柜上班，该公司自2016年1月至2月为原告甲交纳基本养老保险。2016年3月25日，原告甲经申请到当前专柜上班。原告甲在第三人及各专柜工作时，均未签订劳动合同。第三人向原告甲发放员工识别卡，收取管理费，第三人及当前专柜负责考勤打卡。原告甲从专柜领取工资及相关报酬，专柜为原告甲购买基本养老保险。

第三人内设的分公司于2014年、2016年分别与原告工作过的B公司及当前专柜经营者乙签订《经营合同书》及《供应商委派人员管理协议书》。约定：①甲方许可乙方在其处开设专柜。②甲方按销售合同总额的比例抽取毛利。③电费、电话费等由乙方承担。④在人员管理方面，乙方须按照劳动法规定履行用工手续、签订劳动合同、支付员工工资等法定待遇及承担保险（社保、意外）等所有费用；乙方员工应着甲方统一规定工服、佩戴统一员工卡，遵守甲方规章制度。

2016年3月28日晚，原告甲在当前专柜工作时不慎受伤。2017年2月15日，原告甲以第三人为工作单位向市人社局申报工伤。同年5月2日，该局作出工伤认定决定，认定原告构成工伤。第三人不服，向被告市人民政府申请行政复议。被告市人民政府以原告甲与第三人不存在劳动关系为由，撤销了市人社局作出的工伤认定决定。原告甲不服，提起诉讼。一审法院判决驳回甲的诉讼请求。二审法院以市人民政府没有通知案外人C公司参加复议程序违法、认定部分事实证据不充分为由，判决撤销一审行政判决及市人民政府作出的行政复议决定，责令市人民政府重新作出行政复议决定。市人民政府重新作出行政复议决定时，电话通知C公司负责人参与复议，但该公司负责人未前往参加。2019年2月21日，市人民政府作出行政复议决定，以原告甲与A公司不存在事实劳动关系为由撤销市人社局作出的工伤认定决定。原告仍不服，向法院提起诉讼。

争议焦点

（1）原告与第三人A公司之间是否存在劳动关系。

（2）被告市人民政府作出的行政复议决定应否撤销。

裁判结果

一审判决驳回原告甲的诉讼请求。

二审判决驳回上诉，维持原判。

再审裁定驳回再审申请人甲的再审申请。

裁判理由

最高人民法院再审认为，根据原审查明的事实，2016年3月28日晚，再审申请人在当前专柜工作时不慎受伤。2017年2月15日，再审申请人以原审第三人A公司为工作单位向市人社局申报工伤。对此，市人社局于同年5月2日作出涉案工伤认定决定，认定再审申请人受伤构成工伤。原审第三人不服，向被申请人申请行政复议，被申请人作出66号复议决定，以原审第三人与再审申请人不存在劳动关系为由，决定撤销涉案工伤认定决定。再审申请人不服66号复议决定提起行政诉讼，已生效的行政判决以被申请人在未通知案外人C公司参加复议，程序违法、认定部分事实证据不充分为由，判决撤销66号复议决定，并责令被申请人重新作出行政复议决定。此后，被申请人重新作出被诉12号复议决定，以再审申请人与原审第三人不存在事实劳动关系为由，决定撤销涉案工伤认定决定。

根据《劳动和社会保障部关于确立劳动关系有关事项的通知》第二条规定，再审申请人未与第三人A公司签订劳动合同，第三人与专柜签订协议约定，专柜应按照劳动法规定履行用工手续、签订劳动合同、支付员工工资等法定待遇及承担保险等所有费用。再审申请人受伤时系专柜的销售人员，其从该专柜领取工资及相关报酬，该专柜为其购买基本养老保险，故被申请人作出被诉复议决定认定再审申请人与原审第三人不存在劳动关系，决定撤销涉案工伤认定决定，具有事实和法律依据。同时，因涉案工伤认定决定仅涉及再审申请人与原审第三人之间是否存在劳动关系，在社会保险行政部门未作事实审查认定的情况下，复议机关不宜代替社会保险行政部门直接对劳动者与案外人C公司之间的劳动关系进行认定，故C公司是否参与复议程序，不会对再审申请人的权益产生影响。因此，一审法院判决驳回再审申请人的诉讼请求，二审法院判决驳回上诉、维持原判，均无不当。

案例索引

一审：(2019) 赣02行初80号

二审：(2019) 赣行终536号

再审：(2020) 最高法行申9629号

案例79

工伤申请时限应从职工获得事故所导致的延续伤害确诊结果时起算

裁判观点

职工受到的事故伤害并非单指事故发生当场受到的伤害，亦包含了事故所导致的延续伤害。《工伤保险条例》第十七条规定的工伤申请时限，并非从事故发生时起算，应从职工获得事故所导致的延续伤害确诊结果时起算。

法院查明事实

2015年3月19日，某甲以其于2010年1月14日给病人实施手术过程中因被针刺破左手指感染丙肝病毒，后于2014年9月19日在302医院被确诊为丙型肝炎致肝硬化失代偿并腹水为由，向省人社厅申请工伤认定。2015年4月1日，省人社厅作出《工伤认定申请不予受理决定书》，认为某甲提出的因手术刺破手指受到的伤害，已经超出《工伤保险条例》规定的工伤认定申请时限，决定不予受理。某甲不服，向法院提起行政诉讼，一审判决撤销省人社厅作出的决定书，二审判决维持原判。2016年5月27日，省人社厅根据某甲提交相关资料作出1号决定书，认为某甲提出的2010年1月14日左手针刺伤（丙肝）工伤认定申请，不符合《工伤保险条例》第十七条第二款规定的受理条件，决定不予受理。某甲不服，遂提起诉讼，请求撤销1号决定书，责令省人社厅依法受理某甲的工伤认定申请并作出工伤认定。

二审另查明，卫健委《丙型病毒性肝炎诊断标准》（WS213－2008）规定："确诊丙型病毒性肝炎必须依据HCV-RNA检测。"2013年8月6日至2013年9月13日，某甲于301分院就诊时，该院未依据HCV-RNA检测方法检测出HCV-RNA阳性。医院于2014年9月2日出具证明，说明其一直以来都无法实施丙肝的分型定量检查及确诊试验，建议某甲去上级医院实施丙肝的分型定量检查以便进一步确诊治疗。某甲出现乏力、腹胀等不适症状加重后于2014年9月9日进入302医院进行检查及治疗，经该院采用HCV-RNA检测方法检测，某甲被确诊感染丙型病毒性肝炎。

争议焦点

某甲提出工伤认定申请是否已超过了法定的1年的申请期限。

裁判结果

一审判决驳回某甲的诉讼请求。

二审判决撤销一审行政判决和省人社厅作出的1号《工伤认定申请不予受理决定书》，责令省人社厅依法对某甲的工伤认定申请作出处理。

再审裁定驳回省人社厅的再审申请。

裁判理由

二审认为，依据《工伤保险条例》第十七条规定，某甲可在事故伤害发生之日起一年内向省人社厅提出工伤认定申请。就本案而言，事故伤害并非单指某甲在2010年1月14日手术中其手指被刺破伤，而亦包含了事故所导致的延续伤害，即某甲被确诊感染丙型病毒性肝炎及其所致肝硬化失代偿期合并腹水。参照卫健委《丙型病毒性肝炎诊断标准》（WS213－2008）"确诊丙型病毒性肝炎必须依据HCV-RNA检测"的规定，301分院并未按照上述规定确诊某甲感染丙肝病毒。后某甲转诊至302医院，该院于2014年9月17日以HCV-RNA检测方法确诊某甲患有丙型肝炎肝硬化失代偿期。获得确诊结果后，某甲于2015年3月19日向省人社厅提出工伤认定申请，并未超过《工伤保险条例》第十七条规定的申请时限。

最高人民法院再审认为，根据卫健委《丙型病毒性肝炎诊断标准》（WS213－2008）“确诊丙型病毒性肝炎必须依据 HCV-RNA 检测”的规定，某甲提起工伤认定申请是否超过了《工伤保险条例》第十七条第二款规定的 1 年期限，关键在于某甲于2013 年 8 月 6 日至2013 年 9 月 13 日在医院就诊时，该院是否对其进行了 HCV-RNA 检测并得出 HCV-RNA 阳性的结论。虽然省人社厅在一审中提交了某甲的住院病历资料，其中 2014 年 9 月 10 日某甲的《病案纸》现病史部分及 2014 年 9 月 19 日某甲的《病案纸》入院情况部分均载明，某甲就诊的医院查抗 HCV 阳性。但某甲在原审中否认作了查抗 HCV 检测，省人社厅亦未提交某甲在医院的《检验报告单》等予以证明，故省人社厅在原审中提交的证据不足以证明某甲在医院就诊时，该院对其进行了 HCV-RNA 检测并得出 HCV-RNA 阳性的结论。省人社厅虽然在再审审查中提交《省人力资源和社会保障厅关于协助提供相关问题材料的函》、医院《检验报告单》《关于丙型肝炎病毒检测方法的说明》，以证明医院对某甲进行了 HCV-RNA 检测并得出 HCV-RNA 阳性的结论。但依据《行政诉讼法》第三十四条第一款关于“被告对作出的行政行为负有举证责任，应当提出作出该行政行为的证据和所依据的规范性文件”的规定，并参照《最高人民法院关于执行〈中华人民共和国行政诉讼法〉若干问题的解释》第三十一条第三款关于“被告在二审过程中向法庭提交在一审过程中没有提交的证据，不能作为二审法院撤销或变更一审裁判的根据”的规定，省人社厅在二审判决作出后向医院核查该院对某甲作出“丙型肝炎致肝硬化”诊断结论的检测方法，违反了上述规定的精神，本院对上述证据不予采信。故二审法院撤销一审判决，责令省人社厅依法对某甲的工伤认定申请作出处理，并无不当。

案例索引

一审：（2016）琼 01 行初 37 号

二审：（2017）琼行终 423 号

再审：（2017）最高法行申 7727 号

案例80

在行政程序中不提交而在行政诉讼期间才提交的证据，应当从内容上看采纳该证据是否有利于人民法院查明案情

裁判观点

当事人未在行政程序中提交证据而在诉讼程序中提交，在决定取舍这样的证据时，司法解释既然规定“一般不予采纳”而不是“一律不予采纳”，就不能只

从形式上看该证据是何时提交的，还应当从内容上看采纳该证据是否有利于人民法院查明案情。

法院查明事实

第三人某甲是原告某厂的职工。2003 年 5 月 21 日 16 时许，某甲在该厂砸石头时，被飞起的石片崩伤右眼，经诊断为右眼外伤、角膜溃疡。受伤后，某甲向被告市劳保局申请工伤补偿争议仲裁。某厂坚持认为某甲不构成工伤，仲裁无果，某甲于 2004 年 2 月 20 日向市劳保局申请工伤认定。市劳保局于 3 月 4 日向某厂下达了《工伤认定协助调查通知书》，要求某厂在 10 日内将与某甲申请工伤认定的有关材料函告或当面陈述。在指定期限内，某厂只向市劳保局提交了一份认为不构成工伤的答辩状，未附任何证据。市劳保局根据调查结果，依照《工伤保险条例》第十四条第（一）项的规定，于 3 月 24 日作出 03 号工伤认定书，认定某甲所受伤害为工伤。某厂不服，向市政府申请行政复议。7 月 21 日，市政府以 17 号复议决定书，作出维持 03 号工伤认定书的决定。某厂不服，遂提起本案行政诉讼。

争议焦点

对某厂在行政程序中未提交而在诉讼程序中提交的证据，人民法院应否采纳。

裁判结果

一审判决维持被告市劳保局作出的 03 号工伤认定书。

二审判决驳回某厂的上诉，维持原判。

裁判理由

二审认为，上诉人某厂未在行政程序中提交而在诉讼程序中提交的四个证据，被上诉人市劳保局和第三人某甲在一审质证时均持异议。在决定取舍这样的证据时，司法解释既然规定“一般不予采纳”而不是“一律不予采纳”，就不能只从形式上看该证据是何时提交的，还应当从内容上看采纳该证据是否有利于人民法院查明案情。这四个证据是：①2004 年 5 月 13 日以卫生院眼科医师陈某名义出具的诊断证明书，所证内容是 2003 年 5 月 14 日一名普通患者在该院的就诊情况。2003 年 5 月 26 日，卫生院曾以同一个医师的名义，为某甲出具过一份诊断证明书，其上记载的患者主诉是右眼被石子碰伤一天余伴视物不清，医师诊断结果是右眼外伤、右眼角膜溃疡。2004 年 5 月 13 日又出具的这份诊断证明书，把某甲的就诊时间从 2003 年 5 月 26 日提前到 2003 年 5 月 14 日，把对某甲的诊断结果从右眼外伤、右眼角膜溃疡改变为角膜溃疡。由于这份诊断证明书上既没有患者主诉也没有医师检查所见，从字面上无法得知患者是哪只眼角膜溃疡，因何溃疡。卫生院何以在一年后出具这样一份残缺不全的诊断证明书？该诊断证明书既然能对一年前的患者姓名、准确就医时间以及诊断结果记录得如此清晰，却为什么说不出患者是哪只眼有病？如果卫生院是靠该院病案记载内容出具这份诊断证明书的，为什么不能将病案记载内容直接作为证据提供？如果 2004 年 5 月 13 日的这份诊断证明书反映的是事实真相，那么卫生院对 2003 年 5 月 26 日出具的那份诊断证明书，又该作何解释？这些疑点，出具该证据的卫生院和提供该证据的某厂有义务说明。②某厂 2003 年 5 月的记工表。该证据出自某厂，是记工员一人在笔记本上书写的，极易伪造，如无其他证据印证，则不具有证明力。③2004 年9 月 3 日原告的委托代理人对李某的调查笔录一份。在这份笔录中，李某说：他不识字，只是在人家写好的内容上签名捺了指印；2003 年 5 月 21 日他不上班，不知道某甲崩着眼的事，也没有听说某甲去医院看眼睛。对与工伤认定有利害关系的某甲来说，李某的这一理由，足以推翻李某在先给其出具的证言。然而，市劳保局工作人员与工伤认定无任何利害关系，在市劳保局工作人员向李某调查时，李某所述内容仍与其给某甲出具证言的内容一致，已经被市劳保局工作人员记录在案。李某翻证后的证言，不足采信。④2004 年 9 月 3 日原告的委托代理人对李某 1 的调查笔录一份。在这份笔录中，李某 1 说道：他们在一起干活时的距离很近，如果有人崩着眼，别人应该知道，就是当场没看见，也会听他说一声；而李某 1 说他既看到某甲眼睛红，也听到某甲说过是崩着眼了。该证言不能否定某甲在工作时眼睛受伤的事实。再者，从四个证据的内容分析，这四个证据完全能在行政机关调查工伤情况时形成，某厂当时如果持有这四个证据，完全有条件向行政机关提供。某厂不在《工伤认定协助调查通知书》指定的期间内向行政机关提交这些证据，确实违背了《行政诉讼证据规定》[①] 第五十九条的规定。一审在这些证据受到对方当事人质疑的情况下，根据《行政诉讼证据规定》第五十九条的规定，决定不采纳某厂提供的有疑问证据，是正确的。

案例索引

《最高人民法院公报》2005 年第 8 期

案例 81

工伤职工在伤害结果实际发生后一年内提出工伤认定申请的，不属于超过工伤认定申请时效

裁判观点

《工伤保险条例》第十七条第二款规定的“事故伤害发生之日”，是关于工伤认定申请时效起算时间的规定。在通常情况下，工伤事故发生后，伤害结果也

---

① 《行政诉讼证据规定》指《最高人民法院关于行政诉讼证据若干问题的规定》（法释〔2002〕21 号），下同。

随即发生，伤害结果发生之日也就是事故发生之日。但在工伤事故发生后，伤害结果并未马上发生，即伤害结果发生之日与事故发生之日不一致的特殊情况下，“事故伤害发生之日”应当理解为伤害结果发生之日，并以之作为工伤认定申请时效的起算时间。

法院查明事实

原告某甲于2004年3月进入某单位（该单位于2005年6月因改制变更为第三人A公司）工作。2004年6月，原告与其师傅某乙共同工作时铁屑溅入原告的左眼中。原告当时感觉左眼疼痛，滴了眼药水后疼痛缓解，故未去医院检查。2006年10月3日，原告感觉左眼剧烈疼痛，视觉模糊，于同年10月5日到医院诊疗，同年10月11日至13日经医院手术治疗，诊断为：①左眼外伤性白内障；②左眼铁锈沉着综合征；③左眼球内附异物。虽经治疗，原告的左眼视力明显减弱。医生诊断认为某甲左眼所受伤害与涉案事故存在因果关系，从医学角度看此类事故伤害可以存在较长的潜伏期。2007年4月9日，原告向被告市劳动局提出工伤认定申请，被告以原告提出的工伤认定申请已超过规定的申请时效为由，作出《不予受理通知书》。原告不服，提起行政诉讼，请求撤销被告作出的涉案《不予受理通知书》。另查明：2006年12月21日，原告某甲以人身损害赔偿纠纷为由起诉第三人A公司的上级主管部门、A公司，要求两被告赔偿原告因涉案事故伤害就医诊疗所支出的医疗费并承担后续治疗费用。法院认为根据《最高人民法院关于审理人身损害赔偿案件适用法律若干问题的解释》第十二条第一款、《中华人民共和国民事诉讼法》第一百四十条第一款第（三）项之规定，职工因工伤事故遭受人身损害的，应当请求工伤保险赔偿，不能直接对用人单位提起民事诉讼，故裁定驳回原告的起诉。

二审法院另查明：2006年10月11日至13日，被上诉人某甲在医院接受治疗，该院医生经手术从被上诉人的左眼底部取出一铁屑。2006年10月26日被上诉人出院，医生作出的诊断结论为：①左眼外伤性白内障；②左眼铁锈沉着综合征；③左眼球内附异物。出院时检查被上诉人的左眼视力为手动30CM，矫正无提高。

争议焦点

工伤事故发生时伤害后果尚未发生，伤害后果发生后经医生诊断证明确系工伤事故导致的，应当如何确定工伤认定申请时效的起算时间。

裁判结果

一审判决撤销被告市劳动局作出的《不予受理通知书》，被告市劳动局对原告某甲的工伤认定申请重新作出具体行政行为。

二审判决驳回市劳动局的上诉，维持原判。

裁判理由

二审认为，《工伤保险条例》第十七条第二款规定：“工伤职工或者其直系亲属、工会组织在事故伤害发生之日或者被诊断、鉴定为职业病之日起 1 年内，可以直接向用人单位所在地统筹地区劳动保障行政部门提出工伤认定申请。”该规定明确了提出工伤认定申请的主体、申请时效及其起算时间，以及受理申请的行政部门。其中的“事故伤害发生之日”，即是关于工伤认定申请时效起算时间的规定。在通常情况下，工伤事故发生后，伤害结果也随即发生，伤害结果发生之日也就是事故发生之日，故对于“事故伤害发生之日”的理解不会产生歧义。但在工伤事故发生后，伤害结果并未马上发生，而是潜伏一段时间后才实际发生，即伤害结果发生之日与事故发生之日不一致的特殊情况下，“事故伤害发生之日”应当理解为伤害结果发生之日，并以之作为工伤认定申请时效的起算时间。首先，文义解释是正确理解法律条文的首选方法。《工伤保险条例》第十七条第二款规定的“事故伤害发生之日”，从字面含义上看，“事故”是对于“伤害”的修饰和限制，即这里的“伤害”是基于工伤事故而发生的，伤害结果与工伤事故之间存在因果关系。据此理解，“事故伤害发生之日”就是指伤害结果发生之日，而不是事故发生之日。其次，工伤职工或者其直系亲属、工会组织提出工伤认定申请的前提，是工伤事故伤害结果已经实际发生。工伤事故发生后，如果伤害后果尚未发生，上述工伤认定申请主体无法预知是否会产生伤害后果、会产生什么样的伤害后果，也无法预知伤害后果会引发什么样的损失，当然也就无从提出工伤认定申请。因此，正确理解《工伤保险条例》第十七条第二款规定的“事故伤害发生之日”，应当认定“事故伤害发生之日”即为工伤事故伤害结果实际发生之日，而不是工伤事故发生之日。最后，根据《民法通则》第一百三十七条的规定，诉讼时效期间从知道或者应当知道权利被侵害时起计算。最高人民法院《关于贯彻执行〈中华人民共和国民法通则〉若干问题的意见（试行)》的通知［法（办）发〔1988〕6 号］第一百六十八条规定：“人身损害赔偿的诉讼时效期间，伤害明显的，从受伤害之日起算；伤害当时未曾发现，后经检查确诊并能证明是由侵害引起的，从伤势确诊之日起算。”工伤认定申请时效虽然与民事诉讼时效不同，但在判断时效起算时间时，应当参照上述关于民事诉讼时效起算时间的规定。劳动保障部门在确定工伤认定申请时效的起算时间时，应当以工伤事故伤害结果实际发生的时间为标准。根据本案事实，被上诉人某甲于 2004 年 6 月在工作时发生铁屑溅入左眼的事故，但当时并未实际发生伤害后果，而是直至 2006 年 10 月才病情发作，经医生确诊为左眼铁锈沉着综合征。根据医生诊断证明，该病具有潜伏性和隐蔽性，与 2004 年 6 月被上诉人在工作时发生的事故具有因果关系。鉴于涉案工伤事故发生时伤害后果尚未实际发生，伤害结果发生后经医生确诊证明确系因涉案工伤事故所致，故本案工伤认定申请时效应当从伤害后果实际发生之日起算，被上诉人提出涉案工伤认定申请时，尚未超过申请时效。规定工伤认定申请时效，更为重要的是充分保障工伤职工的合法权益。综上，正确理解《工伤保险条例》第十七条第二款的规定，应当认定“事故伤害发生之日”就是指伤害结果实际发生之日。被上诉人某甲提出的工伤认定申请没有超过申请时效。

案例索引

《最高人民法院公报》2008 年第 1 期

案例 82

超过规定的申请期限提出工伤认定申请且没有不属于职工自身原因情形的，不予受理

裁判观点

职工在其所在单位未提出工伤认定申请的情况下，应在事故伤害发生之日起一年内直接向社会保险行政部门提出工伤认定申请，超过规定的申请期限向社会保险行政部门提出工伤认定申请，且没有《最高人民法院关于审理工伤保险行政案件若干问题的规定》第七条规定的不属于职工自身原因的情形的，不予受理工伤认定申请。

法院查明事实

2014 年 9 月 23 日，某甲以邮政快递方式向省人社厅寄送《工伤认定申请书》，请求作出工伤认定决定。2014 年 11 月 25 日，某公司就省人社厅工伤处反映某甲陈述单位不为其申报工伤一事，提交《关于某甲同志的有关情况报告》，认为由于当时该司企业管理办公室认为某甲按规定不属于工伤范围，没有向该司社会保险管理处申报工伤认定申请；某甲目前申报工伤已超过《工伤保险条例》规定的时限，因此没有为其申报工伤。2014 年 12 月 2 日，省人社厅向某甲发出《工伤认定申请材料补正通知书》，请某甲补正按规定填写的《工伤认定申请表》、参加工伤保险的书面参保证明（事故当月）、受伤后的首诊病历材料。某甲按照上述补正通知书的要求填写《工伤认定申请表》，向省人社厅提出工伤认定申请。某甲在《工伤认定申请表》中简述其在 2012 年 7 月 31 日受伤害之后提出工伤认定申请的经过，还提交了其受伤后到医院治疗的病历、医院诊断报告及证明书、社会保险参保证明、居民身份证及工作证等资料。2014 年 12 月 22 日，省人社厅向某甲作出《关于工伤认定申请不予受理的决定》，认为某甲陈述受伤时间发生于 2012 年 7 月 31 日，该厅于 2014 年 12 月 16 日收到工伤认定申请补正材料，根据《省工伤保险条例》第十二条相关规定，某甲提出的工伤认定申请已超过法定受理期限，决定不予受理。某甲遂提起行政诉讼，请求撤销省人社厅决定，判令省人社厅受理某甲工伤认定的申请。

法院另查明，2001 年 5 月 21 日，某甲以连续工龄满 30 年、身体欠佳为由，申请企业内部退养。2001 年 7 月 11 日，某公司对其发出任免通知，某甲退出工作岗位，享受集团公司发放的内部退养待遇。根据《集团公司职工内部退养暂行

规定》，职工在“内部退养”期间，按规定每月缴纳个人养老金、住房公积金以及即将出台的医疗保险金等社会保障的个人缴费，有关缴费标准按在职劳动者的同比例执行，享受与在职职工的住房、医疗同等福利待遇。经批准“内部退养”的职工，不得复工复职。

争议焦点

某甲在其所在单位未提出工伤认定申请的情况下，在事故伤害发生之日起超过一年向省人社厅提出工伤认定申请，是否应当受理。

裁判结果

一审判决驳回某甲的诉讼请求。

二审判决驳回某甲的上诉，维持一审判决。

再审裁定驳回某甲的再审申请。

裁判理由

最高人民法院再审认为，《工伤保险条例》第十七条规定，职工发生事故伤害或者按照职业病防治法规定被诊断、鉴定为职业病，所在单位应当自事故伤害发生之日或者被诊断、鉴定为职业病之日起 30 日内，向统筹地区社会保险行政部门提出工伤认定申请。遇有特殊情况，经报社会保险行政部门同意，申请时限可以适当延长；用人单位未按前款规定提出工伤认定申请的，工伤职工或者其近亲属、工会组织在事故伤害发生之日或者被诊断、鉴定为职业病之日起 1 年内，可以直接向用人单位所在地统筹地区社会保险行政部门提出工伤认定申请。《工伤保险条例》第十八条第一款规定，提出工伤认定申请应当提交下列材料：①工伤认定申请表；②与用人单位存在劳动关系（包括事实劳动关系）的证明材料；③医疗诊断证明或者职业病诊断证明书（或者职业病诊断鉴定书）。第二款规定，工伤认定申请表应当包括事故发生的时间、地点原因以及职工伤害程度等基本情况。《工伤认定办法》第七条规定，工伤认定申请人提交的申请材料符合要求，属于社会保险行政部门管辖范围且在受理时限内的，社会保险行政部门应当受理。《最高人民法院关于审理工伤保险行政案件若干问题的规定》第七条规定，由于不属于职工或者其近亲属自身原因超过工伤认定申请期限的，被耽误的时间不计算在工伤认定申请期限内。有下列情形之一耽误申请时间的，应当认定为不属于职工或者其近亲属自身原因：①不可抗力；②人身自由受到限制；③属于用人单位原因；④社会保险行政部门登记制度不完善；⑤当事人对是否存在劳动关系申请仲裁、提起民事诉讼。本案中，一、二审业已查明，某甲在 2012 年 7 月 31 日发生事故伤害，在其所在单位未提出工伤认定申请的情况下，某甲应在事故伤害发生之日起 1 年内直接向省人社厅提出工伤认定申请。但某甲在 2014 年 9 月 23 日才向省人社厅提出工伤认定申请，已经超过上述法规规定的申请期限，且没有司法解释规定的可以认定为不属于职工自身原因的情形。同时，《工伤保险条例》第十四条第（一）项规定，职工在工作时间和工作场所内，因工作原因受到事故伤害的，应当认定为工伤。本院经询问查明，某甲于2001年7月已退出工作岗位，享受某公司发放的内部退养待遇。2012年7月31日发生事故伤害时，某甲既非在工作时间也非在工作岗位发生事故，不属于工伤认定的范围，依法也不应当认定为工伤。

案例索引

一审：(2015) 穗中法行初字第90号

二审：(2017) 粤行终142号

再审：(2018) 最高法行申6878号

案例83

个体工商户不服行政机关行政行为提起行政诉讼的，应以营业执照上登记的字号为原告

裁判观点

(1) 行政诉讼的起诉期限与民法上的诉讼时效有所不同。行政诉讼的起诉期限在性质上属于程序法上的法定期间，不能中断或者中止，特殊情况下才可申请延长或扣除被耽误的时间。起诉人如果未在法律规定的期间内提起诉讼且无正当理由，其诉权即告丧失。

(2) 依据《最高人民法院关于适用〈中华人民共和国行政诉讼法〉的解释》第十五条第二款的规定，个体工商户向人民法院提起诉讼的，有字号的，以营业执照上登记的字号为原告。以个体工商户经营者名义的起诉不能带来个体工商户起诉期限中断的效果，也不具备《行政诉讼法》第四十八条规定的起诉期限扣除和延长的法定情形。

法院查明事实

2016年6月6日，市人社局作出认定工伤决定，同意受伤职工认定为工伤，用人单位为某经销部。某经销部不服该认定工伤决定，申请行政复议。2016年8月29日，市政府作出维持市人社局的行政复议决定，并明确告知“如对本决定不服，可以自接到本决定之日起15日内向人民法院提起行政诉讼”。某经销部经营者某甲以个人名义对市人社局认定工伤决定和市政府行政复议决定向法院提起行政诉讼。法院受理后明确告知其应当以某经营部的名义提起诉讼，以某甲名义提起诉讼的主体不适格，但某甲坚持以自己的名义起诉，生效行政裁定驳回某甲的起诉。某经销部又于2017年8月14日就市人社局认定工伤决定和市政府行政复议决定提起行政诉讼。

争议焦点

某经销部的起诉是否超过法定起诉期限。

裁判结果

一审裁定驳回原告某经销部的起诉。

二审裁定驳回上诉，维持原裁定。

再审裁定驳回某经销部的再审申请。

裁判理由

最高人民法院再审认为，本案应审查的焦点问题是，某经销部的起诉是否超过法定起诉期限。

《行政诉讼法》第四十五条规定："公民、法人或者其他组织不服复议决定的，可以在收到复议决定书之日起15日内向人民法院提起诉讼。复议机关逾期不作决定的，申请人可以在复议期满之日起十五日内向人民法院提起诉讼。法律另有规定的除外。"《最高人民法院关于适用的解释》[①] 第五十九条规定："公民、法人或者其他组织向复议机关申请行政复议后，复议机关作出维持决定的，应当以复议机关和原行为机关为共同被告，并以复议决定送达时间确定起诉期限。"据此，某经销部不服市人社局作出的工伤决定以及市政府作出的维持上述决定的复议决定，应当自收到行政复议决定之日起15日内提起行政诉讼，某经销部于2016年8月31日收到复议决定，于2018年10月14日提起本案诉讼，显然超过了15日的起诉期限。一、二审裁定驳回其起诉，并无不当。

关于某经销部提出某甲提起行政诉讼的诉讼期间，不属于其自身的原因耽误起诉期限的情形，属于民事诉讼规定的诉讼时效中断的再审申请理由。对此本院认为，行政诉讼的起诉期限与民法上的诉讼时效有所不同。起诉期限在性质上属于程序法上的法定期间，不能中断或者中止，特殊情况下才可申请延长或扣除被耽误的时间。起诉人如果未在法律规定的期间内提起诉讼且无正当理由，其诉权即告丧失。本案中，87号工伤决定中所列用人单位和5号复议决定的申请人均为某经销部。依据《最高人民法院关于适用的解释》[②] 第十五条第二款的规定，个体工商户向人民法院提起诉讼的，有字号的，以营业执照上登记的字号为原告。因此，某甲的起诉并不能带来本案某经销部起诉期限中断的效果，其也不具备《行政诉讼法》第四十八条规定的起诉期限扣除和延长的法定情形。且某经销部在起诉状中称"2016年9月19日，经营者某甲以利害关系人的名义作为原告，提起行政诉讼，要求依法撤销工伤决定，被一审法院以诉讼主体不当裁定驳回，2017年5月24日被二审法院裁定维持，某经销部于2017年8月8日接到二

---

① 判决原文的司法解释名称是如此，作者认为司法解释全称应为《最高人民法院关于适用〈中华人民共和国行政诉讼法〉的解释》。

② 同上注。

审裁定”。即便如某经销部主张扣除某甲2016年9月19日至2017年8月8日的诉讼期间，其于2016年8月31日收到5号复议决定，于2018年10月14日提起本案诉讼，仍然超过15日的起诉期限。

案例索引

一审：(2017) 甘08行初37号

二审：(2018) 甘行终93号

再审：(2018) 最高法行申9393号

案例84

人民法院受理了行政诉讼后，当事人不能再对原行政行为提起复议

裁判观点

依据《行政复议法》第十六条第二款规定，劳动者不服人社部门作出的行政决定向人民法院提起行政诉讼，人民法院已经依法受理的，不得申请行政复议。

法院查明事实

(1) 第一轮行政诉讼。

某甲因其于2009年12月7日在某单位工作期间摔伤，多次提出工伤认定请求。2015年2月5日，某甲再次提交工伤认定申请，人社局于当年2月15日对其口头告知，其需先明确劳动关系，然后才能申请工伤认定。因对答复意见持有异议，某甲以人社局为被告，总工会、民政局、街道办事处、社区委员会为第三人，向法院提起了行政诉讼。一审法院认为原告向被告申请工伤认定时没有明确劳动关系，判决驳回了原告某甲的诉讼请求，终审判决维持原判，再审法院裁定驳回某甲的再审申请。

(2) 第二轮行政诉讼。

2015年12月30日，某甲再次向人社局递交了工伤认定申请。2016年3月13日，某甲以人社局未在法定期限内答复为由，通过顺丰速运向区人民政府寄送《行政复议申请书》，请求人社局对某甲工伤申请作出构成工伤的书面认定决定。区人民政府作出《驳回行政复议申请决定书》。因对复议答复意见有异议，某甲提起本次行政诉讼。

争议焦点

某甲不服人社局以需先明确劳动关系才能申请工伤认定的答复，提起行政诉

讼，经一审、二审、再审已经作出发生法律效力的裁判，又重新提出工伤认定申请，人社部门是否受理。

裁判结果

一审判决驳回原告某甲的诉讼请求。

二审判决驳回某甲的上诉，维持原判。

再审裁定驳回某甲的再审申请。

裁判理由

最高人民法院再审认为，《行政复议法》第十六条第二款规定：公民、法人或者其他组织向人民法院提起行政诉讼，人民法院已经依法受理的，不得申请行政复议。《行政复议法实施条例》第四十八条第一款第（二）项规定："有下列情形之一的，行政复议机关应当决定驳回行政复议申请：……（二）受理行政复议申请后，发现该行政复议申请不符合行政复议法和本条例规定的受理条件的。"本案中，某甲请求区人社局对其进行工伤认定一案，人民法院生效判决已经作出处理。后某甲又向区人社局申请工伤鉴定，在区人社局逾期未答复的前提下，向区政府申请行政复议。区政府根据人民法院对相关争议业已作出判决的事实，作出《驳回行政复议申请决定书》，认定事实清楚，适用法律、法规正确，程序合法。

案例索引

一审：（2016）辽 01 行初 145 号

二审：（2017）辽行终 1041 号

再审：（2018）最高法行申 9808 号

案例85

不服工伤认定决定超过法定申请期限提起行政复议的，不予受理

裁判观点

公民、法人或者其他组织认为具体行政行为侵犯其合法权益的，可以自知道该具体行政行为之日起 60 日内提出行政复议申请。除法律规定申请期限超过 60 日，或者因不可抗力或者其他正当理由耽误法定申请期限的，申请期限自障碍消除之日起继续计算外，超过法定的期限提出行政复议申请的，不予受理。

法院查明事实

2016 年 4 月 25 日，原告某甲因工作期间腰部受伤向市人社局提出工伤认定

申请，市人社局于2016年7月1日作出《认定工伤决定书》，并于2016年7月7日将该决定书向原告直接送达，该决定书告知了原告提起行政复议申请或行政诉讼的权利及期限。2018年9月4日，原告不服该《认定工伤决定书》向被告市人民政府提起行政复议申请，被告于2018年10月30日依法作出《驳回行政复议申请决定书》，认定原告的复议申请超过了申请期限，决定驳回原告的复议申请。原告不服，遂向法院提起诉讼。

另查明，原告向法院起诉后，因上述《驳回行政复议申请决定书》文字有误，原告要求被告出具更正后的行政复议决定书，被告遂于2018年11月7日重新作出《驳回行政复议申请决定书》，将文字有误部分予以更正，其他内容不变。原告签字领取了更正后的《驳回行政复议申请决定书》。

争议焦点

某甲提出行政复议申请是否超过法定申请期限。

裁判结果

一审判决驳回原告某甲的诉讼请求。

二审判决驳回某甲的上诉，维持原判。

再审裁定驳回某甲的再审申请。

裁判理由

一审认为，《行政复议法》第九条规定，公民、法人或者其他组织认为具体行政行为侵犯其合法权益的，可以自知道该具体行政行为之日起60日内提出行政复议申请；但是法律规定的申请期限超过60日的除外。因不可抗力或者其他正当理由耽误法定申请期限的，申请期限自障碍消除之日起继续计算。《行政复议法实施条例》第二十八条第（四）项亦规定了在法定申请期限内提出行政复议申请为行政机关受理复议申请的必要条件之一。本案原告某甲于2016年7月7日收到《认定工伤决定书》，《认定工伤决定书》中已经明确告知原告有提出行政复议申请的权利及申请期限，而原告至2018年9月4日才向被告市人民政府就该工伤认定书提出行政复议申请，明显超过上述法律规定的提起行政复议申请的期限。原告认为自己超过申请期限具有正当理由，根据原告的自述，其所谓的正当理由为其在《认定工伤决定书》作出后才发现之前的诊断证明中有关于自己患有腰椎间盘突出症的诊断，遂向被告提起复议。本院认为原告所主张的理由不属于《行政复议法》规定的不可抗力或其他正当理由。

二审认为，《行政复议法》第九条第一款规定，“公民、法人或者其他组织认为具体行政行为侵犯其合法权益的，可以自知道该具体行政行为之日起六十日内提出行政复议申请”。本案中，上诉人某甲于2016年7月7日收到675号决定书，675号决定书明确告知某甲有提出行政复议申请的权利及申请期限，而上诉人某甲至2018年9月4日才向被上诉人市政府就该工伤认定书提出行政复议申请，明显超过法定期限。

《行政复议法》第九条第二款规定，“因不可抗力或者其他正当理由耽误法定申请期限的，申请期限自障碍消除之日起继续计算”。“不可抗力或者其他正当理由”是指不可归咎于当事人且难以通过当事人的主观努力加以克服的困难情形。本案中，上诉人某甲认为自己在675号决定书作出后才发现之前的诊断证明中有关于自己患腰椎间盘突出症的诊断，故其超过申请期限具有正当理由。而上诉人某甲在675号决定书作出前已获得关于其患有腰椎间盘突出症的诊断，并不存在客观障碍阻止其以此为由向被上诉人市政府申请行政复议。故对于上诉人某甲的该项主张，本院不予支持。

最高人民法院再审认为，某甲于2016年7月7日收到《认定工伤决定书》，该决定书明确告知其有提出行政复议的权利及期限，某甲直至2018年9月4日才向市人民政府提出行政复议申请，明显超过法定的60日期限。某甲的再审申请不符合《行政诉讼法》第九十一条规定的情形。

案例索引

一审：（2018）苏03行初395号

二审：（2019）苏行终930号

再审：（2020）最高法行申3755号

案例86

在法定期限内没有提出工伤认定申请，劳动保险行政部门不再负有依当事人申请作出工伤认定的法定职责

裁判观点

（1）当事人及其近亲属或者其所在单位在交通事故发生之后，都未在《工伤保险条例》规定的法定期限内向劳动保险行政部门提出过工伤认定的申请，劳动保险行政部门已不再负有依当事人申请作出工伤认定的法定职责。

（2）当事人通过信访反映工伤认定事项，信访答复意见系涉信访事项，不属于行政复议的受理范围。

法院查明事实

原告甲于2011年1月2日下午驾驶无号牌电动自行车时发生交通事故，公安交管部门认定原告负事故次要责任。2017年3月31日，市人社局根据市信访局转交办的原告甲丈夫乙反映工伤认定的信访事项，作出《信访事项答复意见书》，答复意见主要内容为：A公司员工甲，于2011年1月2日在上班途中不慎被摩托车撞伤，劳动部门在了解情况后，不予认定工伤。我局社保科工作人员认为，2011年1月1日、2日A公司放假，甲被安排在2011年1月3日上午8时上

班。2011年1月2日下午甲从家里到城里宿舍（不在公司内）过程中发生交通事故，而不是由其住所到公司工作岗位的路途中发生交通事故，不符合《工伤保险条例》第十四条第（六）项规定，不属于工伤认定范围，不构成工伤，并口头给予答复。A公司和甲本人或者其近亲属没有在工伤申请时效内向我局提出受伤害者甲的工伤认定书面申请，所以我局未出具过关于受伤害者甲的工伤认定结论。

原告甲不服该答复意见，于2017年4月8日向被告市人民政府书面申请行政复议。被告于2017年4月10日予以受理后，以情况复杂为由，分别向原告甲、市人社局发出《行政复议决定延期通知书》，行政复议决定延期至2017年7月9日前作出。其间，被告对原告递交的证据材料予以审查核实，对原告本人、A公司员工丙作调查询问。2017年7月7日，被告作出《行政复议决定书》，认为原告的行政复议申请不符合《行政复议法》第六条及《行政复议法实施条例》第二十八条的受理条件，决定驳回申请人的行政复议申请。原告甲不服，诉来本院。

另查明：原告甲自认，2011年1月2日发生交通事故后，原告所在公司、原告或者其直系亲属均未向市人社局递交过书面的工伤认定申请。

争议焦点

市人民政府以甲的行政复议申请不符合法定受理条件为由作出驳回行政复议申请的决定是否正确。

裁判结果

一审驳回原告甲的诉讼请求。

二审驳回甲的上诉，维持原判。

再审裁定驳回再审申请人甲的再审申请。

裁判理由

最高人民法院再审认为，本案中，再审申请人甲的原审诉求为撤销市政府作出的9号行政复议决定，责令重作。根据原审法院查明的事实以及在案证据，再审申请人及其近亲属，或者是其所在单位在交通事故发生之后，都未在《工伤保险条例》规定的法定期限内向市社保局提出过工伤认定的申请。因此，市社保局已不再负有依再审申请人申请作出工伤认定的法定职责。另，本案还存在再审申请人的丈夫乙系通过市信访局反映工伤认定事项的情形，市信访局转交给市社保局办理，市社保局将其申请事项作为信访事项处理，作出《信访事项答复意见书》，并无不当。而市政府收到对该信访答复意见的复议申请后，在延长的法定期限内通过询问再审申请人本人及相关人员，核查证据材料，最后根据《行政复议法》和《行政复议法实施条例》的规定，认定该信访答复意见系涉信访事项，不属于行政复议的受理范围，作出不予受理的行政复议决定，亦无不妥，复议程序符合法律规定。

案例索引

一审：（2017）浙07行初630号

二审：（2017）浙行终1355号

再审：（2018）最高法行申8848号

案例87

超过法定起诉期限起诉的，人民法院不予立案

裁判观点

（1）根据《最高人民法院关于执行〈中华人民共和国行政诉讼法〉若干问题的解释》（法释〔2008〕8号）第四十一条第一款规定，工伤职工在领取一次性伤残补助金和一次性医疗补助金后，如对该两项待遇的计算标准有异议的，应当在实际领取该两项待遇之日起2年内向人民法院提起行政诉讼，超过法定起诉期限起诉的，人民法院不予立案。

（2）《最高人民法院关于执行〈中华人民共和国行政诉讼法〉若干问题的解释》第四十三条规定的"不属于自身的原因被耽误的时间"是指基于地震、洪水等客观因素耽误的时间，或者因限制人身自由不能提起诉讼耽误的时间。当事人单方向有关部门申诉信访，因申诉信访耽误的时间以及申请行政复议被耽误的时间，不属于被耽误的期限。

法院查明事实

甲起诉称，2011年6月21日其摔伤后，于2012年2月27日被认定为工伤，同年7月9日被鉴定为八级伤残。2013年7月、2015年9月，甲从社保部门分别领取了一次性伤残补助金和一次性医疗补助金。2014年用人单位向甲支付了一次性伤残就业补助金。之后，甲认为用人单位没有按照甲的实际平均工资作为工伤保险的缴费基数，医疗保险局对此也没有认真审核，导致其享受工伤保险待遇的赔付标准降低，造成损失，请求撤销市医疗保险局发放一次性伤残补助金和一次性医疗补助金的行政行为，重新审核发放甲应有的工伤保险待遇。

二审法院还查明，上诉人甲与用人单位以少缴社会保险费用为由提起民事诉讼，一审、二审均支持上诉人要求支付一次性伤残就业补助金的诉讼请求，驳回了支付一次性伤残补助金和一次性工伤医疗补助金及医疗费等费用的请求。之后，上诉人对上述请求再次提起民事诉讼，一审裁定和二审裁定均以诉请事项不属于民事案件受案范围为由，驳回甲的起诉。甲于2016年12月8日向市人社局申请行政复

议，该局于 2017 年 2 月 24 日复议决定由被申请人市社会保险事业管理局对甲反映的用人单位工伤保险少缴费进而待遇相应降低的事实予以依法处理。市社会保险事业管理局作出《关于甲反映问题的答复》。市医疗保险局作出《关于对甲工伤待遇降低问题的答复》。甲就工伤待遇降低问题向一审法院提起行政诉讼。

争议焦点

甲的起诉是否超过法定起诉期限。

裁判结果

一审裁定对甲的起诉不予立案。

二审裁定驳回上诉，维持原裁定。

再审裁定驳回甲的再审申请。

裁判理由

最高人民法院再审认为，甲提起本案的诉讼请求是请求撤销市医保局给甲发放一次性伤残补助金、一次性医疗补助金的行政行为，判决市医保局依照甲受工伤前 12 个月的平均月缴费工资重新审核，发放甲应有的工伤待遇。当时有效的《最高人民法院关于执行〈中华人民共和国行政诉讼法〉若干问题的解释》四十一条第一款规定："行政机关作出具体行政行为时，未告知公民、法人或者其他组织诉权或者起诉期限的，起诉期限从公民、法人或者其他组织知道或者应当知道诉权或者起诉期限之日起计算，但从知道或者应当知道具体行政行为内容之日起最长不得超过 2 年。"根据原审查明的事实，甲领取一次性伤残补助金和一次性医疗补助金的时间分别为 2013 年 7 月和 2015 年 9 月。根据上述法律规定，甲应当分别自 2013 年 7 月和 2015 年 9 月起 2 年内向人民法院提起行政诉讼，甲于 2017 年 10 月 11 日提起本案诉讼，明显超过法定起诉期限。一审法院裁定对甲的起诉不予立案，二审法院裁定维持一审裁定，并无不当。

案例索引

一审：（2017）甘 71 行初 241 号

二审：（2017）甘行终 657 号

再审：（2018）最高法行申 10321 号

案例 88

上级社会保险行政部门对下级行政部门的授权及管辖划分的行为属于不可诉行为

裁判观点

上级社会保险行政部门对下级社会保险行政部门的授权及管辖划分系上下级

行政机关之间的权限和管辖划分，并非针对具体事件作出的、具有外部效果的、行政法上的处理行为，行为本身不产生外部法律效力，属于不可诉的行为。

法院查明事实

2012 年 2 月 4 日，某公司的职工某甲在工作期间被致伤，造成左脚左胫腓骨开放性骨折。同年 4 月 27 日，某公司作为用人单位向县劳动和社会保障局申请工伤认定。同年 5 月，县劳动和社会保障局作出了工伤认定。2013 年 8 月 26 日，某公司以县劳动和社会保障局为被告，向法院提起诉讼，请求撤销县劳动和社会保障局作出的《认定工伤决定书》。一审法院以超过法定起诉期间为由作出裁定驳回某公司的起诉，二审维持一审裁定。在上述诉讼过程中，市人社局于 2013 年 12 月 5 日向县人民法院出具证明：根据《工伤保险条例》相关规定，我市各县（市）的工伤认定，应由市级社会保险行政部门办理。因工作需要，2013 年 5 月以前的工伤认定我局特授权给用人单位所在地县级社会保险行政部门办理。

某公司不服上述证明，向原审法院提起诉讼，请求确认授权县劳动和社会保障局实施工伤认定职权的行为违法、无效。

争议焦点

××市人社局对××县劳动和社会保障局实施工伤认定职权的授权行为是否违法。

裁判结果

一审判决确认被告××市人社局授权××县劳动和社会保障局为原告因某甲受到事故伤害申请工伤认定实施工伤认定职权的行为违法。

二审裁定撤销一审行政判决。

再审裁定驳回某公司的再审申请。

裁判理由

最高人民法院再审认为，原审查明，××市人社局根据工作需要，将 2013 年 5 月以前的工伤认定授权给辖区内用人单位所在地县级社会保险行政部门办理。上述××市人社局的授权及管辖划分系其对统筹地区内工伤认定管辖权所做的调整和划分，并非针对具体事件作出的、具有外部效果的、行政法上的处理行为。依照《最高人民法院关于适用〈中华人民共和国行政诉讼法〉的解释》第一条第二款第（五）项关于“下列行为不属于人民法院行政诉讼的受案范围……（五）行政机关作出的不产生外部法律效力的行为”的规定，因前述授权和管辖划分行为本身不产生外部法律效力，属于不可诉的行为，故二审裁定认定××市人社局授权××县劳动和社会保障局进行工伤认定的行为，系上下级行政机关之间的权限和管辖划分，不直接影响某公司的诉争权利，符合上述法律规定，并无不当。

案例索引

一审：（2015）衡中法行初字第 49 号

二审：（2016）湘行终147号
再审：（2019）最高法行申1383号

案例89

要求行政机关履行超出法定职责范围的诉讼被驳回[①]

裁判观点

（1）公民申请行政机关履行保护人身权、财产权等合法权益的法定职责，行政机关拒绝履行或者不予答复，公民、法人或者其他组织因此提起诉讼的，人民法院应当受理。此处的法定职责是指行政机关依据法律、法规或者规章等规定，具有针对相对人的申请直接进行处理的职责，不应包括上级行政机关对下级行政机关、本级人民政府对所属工作部门的层级监督、内部管理职责。

（2）根据《中华人民共和国仲裁法》（以下简称《仲裁法》）第十四条的规定，劳动人事仲裁委员会独立于行政机关，与行政机关没有隶属关系。行政机关并不具有对劳动人事仲裁委员会存在的违法行为予以纠正的法定职责。

（3）《社会保险法》第七条第二款规定，县级以上地方人民政府社会保险行政部门负责本行政区域的社会保险管理工作，县级以上地方人民政府其他有关部门在各自的职责范围内负责有关的社会保险工作。行政机关并不具有对职工应当享有的工伤保险待遇和职业病待遇进行管理的法定职责，亦不具备直接支付其社会保险待遇的法定职责。

法院查明事实

2008年5月14日，甲向法院提起行政诉讼，请求撤销市劳动局作出的第1号《行政复议不予受理决定书》，判令市劳动局履行法定职责。法院判决驳回甲的诉讼请求。

2009年1月5日，甲向法院提起行政诉讼，要求认定市医疗保险管理处、市社会劳动保险管理处、市劳动局三被告行政不作为，判令三被告从2008年8月1日起每月支付甲伤残津贴，并为甲缴纳基本医疗保险，赔偿甲伤残补助金、精神损害赔偿金。一审裁定驳回甲的起诉，二审裁定维持原裁定。

之后，甲又于2009年6月12日、2009年10月21日、2011年8月2日、2011年8月18日、2012年4月5日、2012年5月28日分别以市社保处为被告、

---

① 相似的案例还有最高人民法院（2018）最高法行申9888号、（2018）最高法行申11182号。

以市医保处为被告、以市劳动局为被告、以市人社局为被告、以地方税务局为被告、以区医疗保险管理处为被告、以市政府为被告、以用人单位为被告，向法院分别提起诉讼，要求相关行政部门或单位履行法定职责，确保其依法享受工伤保险待遇和职业病待遇，以上系列诉讼均被一审判决驳回其诉讼请求，二审判决均维持原判，再审裁定均驳回其再审申请。

2017 年 1 月 20 日，甲再次向法院提起诉讼，请求：①确认××市政府未依照相关法律规定，对其提交的申请书予以答复和告知违法，未能依照《职业病防治法》（2002 年 5 月 1 日起施行）第六条第二款的规定，确保甲依法享受工伤保险待遇和职业病待遇违法；②责令××市政府对其提交的申请书予以答复和告知，确保甲依法享受工伤保险待遇和职业病待遇。

争议焦点

（1）××市政府是否有对××市地方人力资源和社会保障行政主管部门、地方税务行政主管部门、地方社会保险经办机构等存在的违法行为予以纠正的法定职责。

（2）××市政府是否有对××市××区仲裁委员会的违法行为予以纠正的法定职责。

（3）××市政府是否有确保甲依法享有工伤保险待遇和职业病医疗保障待遇的法定职责。

裁判结果

一审裁定驳回甲的起诉。

二审裁定驳回甲的上诉，维持原裁定。

再审裁定驳回再审申请人甲的再审申请。

裁判理由

最高人民法院再审认为，从再审申请人甲提交的落款日期为 2016 年 9 月 26 日的《申请书》内容看，甲要求××市政府履行的职责包括三个方面：一是对××市地方人力资源和社会保障行政主管部门、地方税务行政主管部门、地方社会保险经办机构等存在的违法行为予以纠正；二是对××市××区仲裁委员会的违法行为予以纠正；三是确保甲依法享有工伤保险待遇和职业病医疗保障待遇。

关于甲要求××市政府履行的第一项职责。根据《行政诉讼法》第十二条第一款第（六）项规定，申请行政机关履行保护人身权、财产权等合法权益的法定职责，行政机关拒绝履行或者不予答复，公民、法人或者其他组织因此提起诉讼的，人民法院应当受理。此处的法定职责是指行政机关依据法律、法规或者规章等规定，具有针对相对人的申请直接进行处理的职责，不应包括上级行政机关对下级行政机关、本级人民政府对所属工作部门的层级监督、内部管理职责。××市政府作为地方一级人民政府，虽有依据《中华人民共和国地方各级人民代表大会和地方各级人民政府组织法》及相关法律规定监督所属工作部门的职责，但此种职责必须依法行使；作为地方一级人民政府一般也不宜直接逾越职权界限，代替相应工作部门对该工作部门职权范围内事项直接作出对外发生法律效力的行政决定，而此种监督职责也不直接设定当事人新的权利义务。如果甲认为××市政府所属工作部门未依法履行保护其人身权、财产权等合法权益的法定职责，应以相应工作部门为被告直接提起诉讼，以维护合法权益，并及时化解纠纷，减轻各方当事人的诉讼成本，其以××市政府为被告要求履行保护人身权、财产权等合法权益的法定职责，无法律依据。

关于甲要求××市政府履行的第二项职责。根据《仲裁法》第十四条的规定，仲裁委员会独立于行政机关，与行政机关没有隶属关系。故被上诉人××市政府并不具有对甲诉称××区仲裁委存在的违法行为予以纠正的法定职责。

关于甲要求××市政府履行的第三项职责。《社会保险法》第七条第二款规定，县级以上地方人民政府社会保险行政部门负责本行政区域的社会保险管理工作，县级以上地方人民政府其他有关部门在各自的职责范围内负责有关的社会保险工作。故××市政府并不具有对甲应当享有的工伤保险待遇和职业病待遇进行管理的法定职责，亦不具备直接支付其社会保险待遇的法定职责，甲要求××市政府确保其依法享有工伤保险待遇和职业病待遇没有法律依据。另外，甲已多次就其主张的工伤保险待遇和职业病待遇问题向人民法院提起诉讼，人民法院已经作出生效裁判。

案例索引

一审：（2017）苏10行初8号

二审：（2017）苏行终970号

再审：（2019）最高法行申3619号

案例90

因企业改制引发的对原企业职工落实安置待遇的历史遗留问题，不属于人民法院的主管范围

裁判观点

因企业改制引发的对原企业职工落实安置待遇的历史遗留问题，不属于人民法院的主管范围，企业制度改革和劳动用工制度改革中出现的具体情形，应当由政府有关部门按照企业改制的政策规定统筹解决。

法院查明事实

甲向法院起诉称：①甲于1983年被分配至某厂工作，1984年5月19日，在

工作中受伤致右下肢截肢。2002 年县人民政府依据相关政策对某厂进行企业改制。2003 年 7 月，甲的伤情经鉴定构成六级伤残，社保局向其颁发了工伤证。②省高级人民法院曾作出的《司法建议》认为，甲与某公司、财政局劳动争议纠纷系因某厂企业改制而引起的对原企业职工整体安置过程中出现的问题，应由当地政府及有关部门按照企业改制的政策规定统筹解决。建议依法统筹落实解决甲的工伤待遇，对甲的基本养老保险费、基本医疗保险费、失业保险费等社会保险费用予以确定，并责令某公司缴纳。③甲于 2015 年向县人民政府寻求解决工伤待遇问题，县人民政府以信访联席会议的形式解决甲的工伤待遇，出具《信访联席会议办公室关于甲工伤信访问题的处理意见》，让其签订息诉罢访协议书，给付伤残补助金。④甲称，县人民政府未按照省高级人民法院的《司法建议》解决其工伤保险待遇，属于行政不作为，起诉请求判令县人民政府为其解决工伤待遇，并责令某公司为其缴纳基本养老保险费、基本医疗保险费、失业保险费。

争议焦点

一、二审法院对甲的起诉不予立案是否存在错误。

裁判结果

一审裁定不予立案。

二审裁定驳回甲的上诉，维持原裁定。

再审裁定驳回再审申请人甲的再审申请。

裁判理由

最高人民法院再审认为，本案焦点问题在于一、二审法院对甲的起诉不予立案是否存在错误。经审查，甲请求县人民政府履行缴纳养老保险、医疗保险、失业保险等费用，依据其起诉的理由，纠纷属于 1983 年其在某厂工伤后引发的社会保障问题。从其主张的事实可知，其就此提起过劳动争议纠纷，且省高级人民法院作为二审法院，对其工伤待遇的落实以及三险缴纳等问题发送过《司法建议》。甲主张《司法建议》送达被建议单位后，行政机关存在不作为。该《司法建议》针对的被建议人为县政府、财政局、市深改领导小组、国有资产监督管理委员会等。从甲提交的起诉材料可知，2015 年 6 月 25 日《信访联席会议办公室关于甲工伤信访问题的处理意见》曾提出让甲签订息诉罢访协议书并领取原企业改制时剥离的伤残补助金。本院认为，本案属于因企业改制引发的对原企业职工落实安置待遇的历史遗留问题，不属于人民法院的主管范围，企业制度改革和劳动用工制度改革中出现的具体情形，应当由政府有关部门按照企业改制的政策规定统筹解决。原审裁定并无不当。

案例索引

一审：(2015) 陇行初字第 34 号

二审：(2016) 甘行终 80 号

再审：(2017) 最高法行申 6171 号

案例91

信访复核意见不具行政可诉性

裁判观点

（1）根据《最高人民法院关于不服信访工作机构依据处理信访事项的行为提起行政诉讼人民法院是否受理的复函》第（二）项规定，对信访事项有权处理的行政机关依据《信访条例》作出的处理意见、复查意见、复核意见和不再受理决定，信访人不服提起行政诉讼的，人民法院不予受理。

（2）根据《行政诉讼法》第十三条第（二）项和第五十三条第一款规定，公民、法人或者其他组织对行政机关制定、发布具有普遍约束力的决定、命令行为提起行政诉讼的，人民法院不予受理。但是，如果公民、法人或者其他组织对直接影响其合法权益的可诉行政行为提起行政诉讼时，一并对该行政行为所依据的规章以下的规范性文件请求予以审查的，人民法院应当予以受理。公民、法人或者其他组织不能对规章以下的规范性文件单独提起行政诉讼。

（3）《行政诉讼法》第十五条规定，对人社部门不依法落实工伤保险待遇的行政行为不服，应当向有管辖权的基层人民法院提起行政诉讼。

法院查明事实

甲原是某公司职工，1984年因工造成伤残，劳动鉴定为“丧失劳动能力”。1985年6月，某公司依据《国务院关于工人退休、退职的暂行办法》第一条第（四）项规定，为甲办理了退休手续，退休金按本人标准工资90%计发，享受因工残废护理费51元。2009年2月24日，市劳动能力鉴定委员会作出《劳动能力鉴定结论通知书》，鉴定甲为伤残四级。甲要求根据《工伤保险条例》支付一次性伤残补助金、补足退休金低于伤残津贴差额；请求签订服务协议的医疗机构进行康复治疗，解决因工伤导致的必要药品及辅助器具配置费用，为此长期上访。市建筑留守处于2014年7月17日作出《关于甲上访事项的处理意见》，针对甲的三点要求提出意见如下：关于一次性伤残补助金，因甲在2004年1月1日《工伤保险条例》施行前已经完成工伤认定并办理退休，享受了当时的工伤保险待遇，故不符合补发一次性伤残补助金的情况；同理，甲要求用工伤保险基金补足退休金低于伤残津贴差额的要求，亦不支持；甲定点医疗机构在2011年时已经确定为某医院，无须再次签订。市国资委办公室于2014年8月28日作出《关于甲上访诉求的复查意见》，除同意市建筑留守处的意见外，对于工伤导致的必须药品及辅助器具配置问题，认为甲于2011年11月按照《××市国有企业老工伤人员等纳入工伤保险统筹管理工作实施方案》纳入工伤保险统筹管理，已与原企业彻底脱离关系，工伤导致的必须药品及辅助器具配置等问题，需向社区劳动保障工作站反映解决。决定维持市建筑留守处的处理意见。2014 年 12 月 12 日市政府作出《关于原某公司甲上访诉求的复核意见》，不支持甲要求一次性伤残补助金及补足退休金低于伤残津贴的差额；对甲要求签订服务协议机构及解决工伤导致的必要药品及辅助器具费用问题，因本市符合条件的老工伤人员可纳入工伤保险基金管理，可享受旧伤复发医疗待遇；辅助器具配置需本人申请，经相关部门鉴定，具备条件的可以享受该项待遇。甲不服提起本案诉讼，请求：①撤销《关于原某公司甲上访诉求的复核意见》；②撤销 11 号方案；③责令市政府等依据国家相关法律、法规、规章的规定，按照四级伤残的标准，由工伤保险基金一次性支付甲伤残补助金；④判令支付甲从 2012 年 1 月至 2015 年 5 月差额补助金；⑤从 2015 年 5 月以后，由工伤保险基金每月支付甲养老金低于伤残津贴的差额；⑥将甲重新纳入工伤保险统筹管理；⑦停止侵害，赔偿损失，支付违约金，赔礼道歉。

争议焦点

（1）××市人民政府针对甲提出的信访复核事项作出的答复意见是否属于可诉的行政行为。

（2）××市政府作出 11 号方案的行政行为，是否属于可诉的行政行为。

（3）对人社部门不依法落实工伤保险待遇的行政行为不服，是否可以向中级人民法院提起行政诉讼。

裁判结果

一审裁定不予立案。

二审裁定驳回上诉，维持原裁定。

再审裁定驳回甲的再审申请。

裁判理由

最高人民法院再审认为，本案中甲在一审提出的诉讼请求共有七项，但均不属于行政诉讼的受案范围，不符合《行政诉讼法》规定的起诉条件。一、二审裁定对甲的起诉不予立案，认定事实清楚，适用法律正确。甲申请再审的理由和请求均不能成立。

第一，关于信访复核意见的可诉性问题。

《最高人民法院关于执行〈中华人民共和国行政诉讼法〉若干问题的解释》第一条第二款第（六）项规定，对公民、法人或者其他组织权利义务不产生实际影响的行为，不属于人民法院行政诉讼的受案范围。甲因工伤保险待遇问题长期上访，××市建筑留守处、××市国资委、××市政府分别作出信访答复、复查、复核意见。三份信访文书的处理意见一致，主要内容均是告知甲：其工伤保险待遇 1985 年已落实，要求按照《工伤保险条例》享受一次性伤残补助金、补足退休金低于伤残津贴的差额，没有法律和事实依据；要求签订服务协议机构以及解决因工伤导致的必要药品及辅助器具费用，可以向××市工伤保险部门申请。三份信访文书并未对甲信访事项作出新的处理，对甲权利义务不产生实际影响。因此，一、二审裁定认为甲所诉不属于行政诉讼受案范围，依法有据，应予支持。

第二，关于审查规范性文件问题。

根据《行政诉讼法》第十三条第（二）项和第五十三条第一款规定，公民、法人或者其他组织对行政机关制定、发布具有普遍约束力的决定、命令行为提起行政诉讼的，人民法院不予受理。但是，如果公民、法人或者其他组织对直接影响其合法权益的可诉行政行为提起行政诉讼时，一并对该行政行为所依据的规章以下的规范性文件请求予以审查的，人民法院应当予以受理。公民、法人或者其他组织不能对规章以下的规范性文件单独提起行政诉讼。本案中，11 号方案系××市政府针对不特定人作出的、可以反复适用的、具有普遍约束力的行政行为，是行政机关制定、发布的具有普遍约束力的决定、命令的行政行为，属于不可诉的行政行为。甲一审起诉时的诉讼请求是“依法撤销 11 号方案”，并非对行政机关依据 11 号方案作出的可诉行政行为起诉时，一并请求对 11 号方案的合法性进行审查。因此，一、二审对其该项诉讼请求裁定不予立案，亦并无不当。

第三，关于落实工伤保险待遇和行政赔偿问题。

《行政诉讼法》第四十九条第（四）项规定，提起行政诉讼，应当属于行政诉讼的受案范围和受诉人民法院的管辖。第十五条规定，对国务院部门或者县级以上地方人民政府所作的行政行为提起诉讼的第一审行政案件，由中级人民法院管辖。甲在一审提出的第三项至第六项诉讼请求，均是要求落实工伤保险待遇。根据 11 号方案，将国有企业老工伤人员纳入工伤保险统筹管理，系人社部门的法定职责。甲请求纳入工伤保险统筹，可以向有管辖权的人社部门提出申请，对人社部门不依法落实工伤保险待遇的行政行为不服，应当向有管辖权的基层人民法院提起行政诉讼。甲向××市中级人民法院提起诉讼，违反了《行政诉讼法》关于级别管辖的规定，不符合法定起诉条件。同时，甲以××市政府、××市国资委、××市信访局为被告，请求判决上述行政机关履行将其纳入工伤保险统筹的法定职责，上述机关并非其相关诉求的法定职责机关，被告亦不适格。

《中华人民共和国国家赔偿法》第二条规定，国家机关和国家机关工作人员行使职权，侵犯公民合法权益并造成损害的，受害人有权取得国家赔偿。本案中，甲虽有多项诉讼请求，但不符合法定的立案条件，无任何被诉行政行为被确认违法。故，甲请求赔偿损失、赔礼道歉的诉讼请求，没有事实依据，裁定不予立案亦无不当。

第四，关于遗漏诉讼请求问题。

一、二审经审理，对甲的全部诉讼请求均裁定不予立案。甲主张，一、二审裁定未对其请求落实社会保险工伤待遇的诉求予以答复，属于遗漏诉讼请求，与事实不符，对其该项申请再审理由不予支持。

案例索引

一审：（2015）七行立初字第2号

二审：（2015）黑高立行终字第23号

再审：（2016）最高法行申613号

案例92

行政机关以同一事实和理由作出与原行政行为基本相同的行政行为的，人民法院应予以撤销

裁判观点

行政机关在没有进行新的调查、取得新的证据的情况下，以同一事实和理由作出与原行政行为基本相同的行政行为的，违反了《行政诉讼法》第七十一条的规定，人民法院应予以撤销。

法院查明事实

甲系乙之妻，乙系某公司工作人员。2017年6月21日，乙和同事丙被某公司安排出差，6月23日21时许入住某酒店。之后，乙和同事在酒店二楼KTV唱歌，乙至6月24日1时许回房间休息，6月24日8时许，乙在酒店房间内床上被发现死亡。2017年8月15日，市人社局作出《不予认定工伤决定书》，决定不予以认定或者视同工伤，某公司不服，向省人社厅申请行政复议。2017年12月26日，省人社厅作出《行政复议决定书》，决定维持市人社局作出的《不予认定工伤决定书》。某公司不服，诉至一审法院。2018年2月8日，一审法院判决撤销市人社局作出的《不予认定工伤决定书》，撤销省人社厅作出的《行政复议决定书》。市人社局不服提起上诉，二审法院判决驳回上诉，维持原判。2018年8月20日，市人社局重新作出《不予认定工伤决定书》，仍决定不予以认定工伤或者视同工伤。某公司不服，诉至一审法院。

争议焦点

市人社局重新作出的《不予认定工伤决定书》是否合法。

裁判结果

一审判决撤销市人社局作出的《不予认定工伤决定书》；责令市人社局重新作出工伤认定决定。

二审判决驳回市人社局的上诉，维持原判。

裁判理由

一审认为，《行政诉讼法》第七十一条规定，人民法院判决被告重新作出行政行为的，被告不得以同一事实和理由作出与原行政行为基本相同的行政行为。本案中，市人社局重新作出《不予认定工伤决定书》依据的事实和理由，与市人社局前次作出的《不予认定工伤决定书》依据的事实和理由基本相同，没有新的事实和理由。故市人社局在人民法院判决其重新作出行政行为后，以同一的事实和理由作出与原行政行为基本相同的《不予认定工伤决定书》，依法应予撤销。

二审认为，在本院作出《行政判决书》后，市人社局在没有进行新的调查、取得新的证据的情况下，以同样的理由再次作出本案不予认定工伤决定，明显违反了《行政诉讼法》第七十一条的规定。一审判决撤销该不予认定工伤决定并责令重新作出工伤认定决定，是正确的。

案例索引

一审：（2018）湘0102行初268号

二审：（2019）湘01行终510号

案例93

职工发生交通事故后公安交管部门没有认定责任，人社部门未作出判定直接作出工伤认定，属主要证据不足①

裁判观点

《最高人民法院关于审理工伤保险行政案件若干问题的规定》第一条第一款、第二款规定："人民法院审理工伤认定行政案件，在认定是否存在《工伤保险条例》第十四条第（六）项'本人主要责任'、第十六条第（二）项'醉酒或者吸毒'和第十六条第（三）项'自残或者自杀'等情形时，应当以有权机构出具的事故责任认定书、结论性意见和人民法院生效裁判等法律文书为依据，但有相反证据足以推翻事故责任认定书和结论性意见的除外。前述法律文书不存在或者内容不明确，社会保险行政部门就前款事实作出认定的，人民法院应当结合其提供的相关证据依法进行审查。"据此，职工在上下班途中因交通事故受伤的，社会保险行政部门在认定工伤程序中应当根据是否存在交通事故、是否依法报案、出警情况以及交通事故现场情况等对职工是否应当负交通事故主要责任作出判定。社会保险行政部门在未作出该判定的情况下作出工伤认定，属主要证据不足。

---

① 案例来源："律呗"检索平台。

法院查明事实

甲与用人单位签订了《劳动合同书》，双方存在劳动关系。2016 年 2 月 12 日 16 时许，在甲驾驶摩托车下班回家途中，因躲避汽车摔伤。用人单位向市人社局申请工伤认定，市人社局作出不予认定工伤决定。甲不服，向市政府申请复议，市政府作出维持原行政行为的复议决定。

二审法院另查明，甲因躲避汽车摔倒后，路人及时向公安派出所报警。派出所及用人单位均向现场目击证人进行调查询问。两位证人均证明甲系因躲避变道的汽车而摔倒受伤。针对甲所发生的交通事故，公安交管部门未出具交通事故责任认定书。

争议焦点

甲受伤是否属于受到非本人主要责任的交通事故伤害。

裁判结果

一审判决撤销××市人社局作出的《不予认定工伤决定书》及××市政府作出的《行政复议决定书》；由××市人社局重新作出行政决定。

二审判决驳回上诉，维持原判。

裁判理由

二审认为，本案的主要争议焦点为甲受伤是否属于受到非本人主要责任的交通事故伤害。首先，关于甲发生的事故是否属于因交通事故的问题。根据《道路交通安全法》第一百一十九条第（五）项的规定：“交通事故，是指车辆在道路上因过错或者意外造成的人身伤亡或者财产损失的事件。”本案中，甲系骑摩托车在道路上行驶过程中，为躲避变道的汽车而摔倒，造成人身损害，因此甲属于因交通事故受伤。其次，关于××市人社局认定的甲在交通事故中需要承担主要或全部责任是否正确的问题。根据《最高人民法院关于审理工伤保险行政案件若干问题的规定》第一条第一款、第二款的规定：“人民法院审理工伤认定行政案件，在认定是否存在《工伤保险条例》第十四条第（六）项‘本人主要责任’、第十六条第（二）项‘醉酒或者吸毒’和第十六条第（三）项‘自残或者自杀’等情形时，应当以有权机构出具的事故责任认定书、结论性意见和人民法院生效裁判等法律文书为依据，但有相反证据足以推翻事故责任认定书和结论性意见的除外。前述法律文书不存在或者内容不明确，社会保险行政部门就前款事实作出认定的，人民法院应当结合其提供的相关证据依法进行审查。”本案中，甲因交通事故受伤后，公安机关并未出具交通事故责任认定书，在此情况下，××市人社局在认定工伤程序中有权对事故责任作出判断。但在诉讼过程中，××市人社局应当提供证据证明其结论的合法性，并由人民法院予以审查。××市人社局在对事故责任进行判断时，应根据是否存在交通事故、是否依法报案、出警情况以及交通事故现场情况等综合判断劳动者是否对交通事故负主要责任。本案被上诉人甲受伤后，路人及时向公安机关报警。公安机关出警后，对现场目击证人进行了调查询问，但未出具事故责任认定书。用人单位在对事故调查核实后，形成了事实调查报告，并经内部审批后认为甲属于工伤，并向××市人社局提出工伤认定申请。在整个过程中，没有充分证据证明甲的驾驶行为需要对交通事故承担主要责任或全部责任。在受伤职工与用人单位均认为符合工伤的情况下，××市人社局作出的不予认定工伤决定主要证据不足，依法应予撤销。

案例索引

一审：（2019）辽1224行初79号

二审：（2020）辽12行终108号

参考文献

1. 专著

［1］郑晓珊：《工伤保险法体系——从理念到制度的重塑与回归》，清华大学出版社 2014 年版。

［2］杨科雄：《最新工伤认定规则与适用》（第二版），法律出版社 2015 年版。

［3］国务院法制办公室政法人力资源社会保障法制司、人力资源和社会保障部法规司、工伤保险司编：《最新工伤保险条例释义》，中国法制出版社 2011 年版。

［4］最高人民法院民事审判第一庭编著：《最高人民法院劳动争议司法解释（三）的理解与适用》，人民法院出版社 2015 年版。

［5］王林清：《劳动纠纷裁判思路与规范释解》，法律出版社 2016 年版。

2. 期刊

［1］胡玉浪、刘鸿：《通勤事故工伤认定标准探析》，《天津市工会管理干部学院学报》2009 年第 17 卷第 2 期。

［2］马永欣、李涛、杨科雄：《〈最高人民法院关于审理工伤保险行政案件若干问题的规定〉的理解与适用》，《人民司法（应用）》2014 年第 23 期。

3. 公众号

［1］“天同诉讼圈”微信公众号。

［2］“劳动法行天下”微信公众号。

［3］“劳动法研究”微信公众号。

［4］“劳动法江湖”微信公众号。

［5］“陕西省法律风险研究中心”微信公众号。

［6］“广东艾伯纳律师事务所”微信公众号。

［7］“最高案例解释”微信公众号。

［8］“炜衡律师”微信公众号。

后　记

律师执业三十年，笔者一直专注劳动法领域，早就想编一本关于工伤保险待遇纠纷方面的书。经过一年时间的思考，不断修改补充，本书终于脱稿。但是，笔者对我国现行工伤保险制度体系的思考远没有停止。

我国在1951年颁行了具有浓厚计划经济色彩的企业保障模式的《中华人民共和国劳动保险条例》，1996年颁行了《企业职工工伤保险试行办法》，开始从企业保障转为社会保障。2003年施行《工伤保险条例》，2010年施行《社会保险法》，2011年修订《工伤保险条例》，同年颁布了《工伤认定办法》，逐步构建了我国的工伤保险法律制度，在保障工伤职工得到经济上的补偿和身体上的职业康复、分散用人单位的风险、指引用人单位和劳动者采取必要的措施以预防工伤，从而在构建和谐劳动关系、促进社会稳定等方面，发挥着巨大的作用。

然而，在现实中，劳动者和用人单位即工伤保险待遇享受主体和承担主体的范围被法律严格限定，而经济社会的发展促使社会分工向更加精细的方向发展，新型用工模式大量涌现，这些客观情况的变化对现有劳动法律关于劳动关系的内涵和外延规定以及劳动关系的确认标准提出了前所未有的巨大挑战。

现行《工伤保险条例》仅用简单且抽象的三个条文分别规定工伤认定、视同工伤和排除工伤的情形，工伤待遇纠纷案件的处理有较大的灵活性和自由裁量空间。

实务中，在现有工伤认定的法律体系下，正常的工伤认定程序可能会分出很多岔路：在劳动者不服劳动保障行政部门不予受理工伤认定申请时，可能要进入行政复议或者行政诉讼一审、二审甚至再审程序；在劳动保障行政部门对工伤事实进行调查核实的程序中，在劳动关系处于不明状态时，工伤认定会被中止，转由劳动争议仲裁机构确认劳动关系，往往会存在一裁二审甚至再审，在终审判决确认劳动关系后，再回到工伤认定程序；在劳动保障行政部门作出工伤认定决定后，当事人一方或者双方不服的，还可能再次存在行政复议或者行政诉讼一审、二审甚至再审程序。整个工伤认定流程可能涉及行政认定、劳动仲裁、民事诉讼、行政复议、行政诉讼五大程序，这种情况在本书选取的案例中也有所体现，工伤救济所追求的效率被冗长的认定流程所延缓，保障职工合法权益的立法宗旨被淡化。

对于劳动者特别是工作在高危行业的劳动者来说，本应受到工伤保险制度的防护层庇护，隔断行业本身所带来的事故风险对劳动者的影响。但是，目前劳动者的参保范围令人担忧，一方面，法律规定的参保范围远未覆盖全社会；另一方面，即使是在法律规定的参保范围中，也有部分用人单位没有为本单位全部劳动者办理社会保险。参保范围和参保强制性的不足，使得原属于工伤劳动者的法定的、当然的权利演变成一种“或然”的权利，未参保的工伤劳动者难以以被保险人的身份直接向劳动保障行政部门请求工伤待遇，不得不转为向人民法院提起民事诉讼主张人身损害赔偿，而侵权责任的归责原则、责任构成要件、承担责任的方式、赔偿项目和赔偿数额、赔偿保障等与实行无过错责任的工伤认定及其待遇存在较大的差异，本该属于劳动者的工伤保险待遇将无法得到及时、足额满足。

《社会保险法》构建的先行支付制度的价值在于用人单位或第三人不支付工伤保险待遇时，能够向工伤劳动者提供快速的救济，保证受害人能获得及时的医疗救治，以及避免未缴纳工伤保险费的用人单位劳动者无法享受工伤保险待遇。工伤保险基金先行支付制度似乎给化解淤积多年的工伤保障顽疾带来一丝光明。但现实是，如果用人单位或者侵权人本身无偿还能力，又怎能期待工伤保险基金能代位追回已经垫付的补偿？如果不能追回，则意味着最终须由工伤保险基金承担事故成本，在目前参保率不高的现实情况下，现有基金根本无法周转。

此外，在实务中出现的一些问题也不容忽视。

最具代表性的莫过于“过劳死”的争议。长期高强度的连续加班，超重的劳动负荷给劳动者身心造成巨大的压力而精神崩溃，最终造成精神病以及源于精神病的自杀，已成为为数不少的一个群体。1996 年《企业职工工伤保险试行办法》（劳部发〔1996〕266 号）第八条第（四）项曾规定“在生产工作的时间和区域内，由于不安全因素造成意外伤害的，或者由于工作紧张突发疾病造成死亡或经第一次抢救治疗后全部丧失劳动能力的”应当认定为工伤，该规定本来与“过劳死”认定为工伤仅相差一步之遥。但现行的《工伤保险条例》却以时间节点进行界定，在工作时间和工作岗位，突发疾病死亡或者在 48 小时之内经抢救无效死亡的，才认定为视同工伤，将超过 48 小时的突发疾病死亡排除在视同工伤的情形之外，在实践中存在的为数不少的“过劳死”等与工作有直接或间接相关的事故认定为视同工伤的可能通道又被堵塞了。

对于工伤保险法律存在的一些缺陷，期待立法解释、司法解释予以填补、完善，更期待《工伤保险条例》从行政法规上升至《工伤保险法》。

在本书即将付梓之际，笔者感谢文献资料中所列的所有作者，感谢本书所涉微信公众号的设立人和号内的相关文章作者，感谢笔者参加的旨在交流劳动法的几个群里的群友，特别感谢曲以江、连允林两位副主编，他们以丰富的人力资源管理经验对本书提出了许多很好的意见，对本书的出版给予了莫大的支持。

希望本书可以在创建我国和谐劳动关系的宏伟工程中作出一点微小的贡献。

衷心祝愿所有的劳动者平安工作！

温必潜

2023 年 2 月于广州